Familienunternehmen der Zukunft

Arnold Weissman/Pascal Barreuther

Familienunternehmen der Zukunft

Wie Sie Digitalisierung und Disruption positiv nutzen können

1. Auflage

Haufe Group
Freiburg · München · Stuttgart

Bibliografische Information der Deutschen Nationalbibliothek

Die Deutsche Nationalbibliothek verzeichnet diese Publikation in der Deutschen Nationalbibliografie; detaillierte bibliografische Daten sind im Internet über http://dnb.dnb.de/ abrufbar.

Print:	ISBN 978-3-648-15922-4	Bestell-Nr. 10828-0001
Epub:	ISBN 978-3-648-15925-5	Bestell-Nr. 10828-0100
Epdf:	ISBN 978-3-648-15927-9	Bestell-Nr. 10828-0150

Arnold Weissman/Pascal Barreuther
Familienunternehmen der Zukunft
1. Auflage, Mai 2022

© 2022 Haufe-Lexware GmbH & Co. KG, Freiburg
www.haufe.de
info@haufe.de

Bildnachweis (Cover): © denisismagilov, Adobe Stock

Produktmanagement: Dr. Bernhard Landkammer
Lektorat: Ursua Thum, Text+Design Jutta Cram, Augsburg

Dieses Werk einschließlich aller seiner Teile ist urheberrechtlich geschützt. Alle Rechte, insbesondere die der Vervielfältigung, des auszugsweisen Nachdrucks, der Übersetzung und der Einspeicherung und Verarbeitung in elektronischen Systemen, vorbehalten. Alle Angaben/ Daten nach bestem Wissen, jedoch ohne Gewähr für Vollständigkeit und Richtigkeit.

> Sofern diese Publikation ein ergänzendes Online-Angebot beinhaltet, stehen die Inhalte für 12 Monate nach Einstellen bzw. Abverkauf des Buches, mindestens aber für zwei Jahre nach Erscheinen des Buches, online zur Verfügung. Ein Anspruch auf Nutzung darüber hinaus besteht nicht.
>
> Sollte dieses Buch bzw. das Online-Angebot Links auf Webseiten Dritter enthalten, so übernehmen wir für deren Inhalte und die Verfügbarkeit keine Haftung. Wir machen uns diese Inhalte nicht zu eigen und verweisen lediglich auf deren Stand zum Zeitpunkt der Erstveröffentlichung.

Inhaltsverzeichnis

Vorwort von Torsten Toeller 9
Vorwort von Michael Winter 11
Vorwort der Autoren 13

1	**Einführung**	**15**
1.1	Disruption gefährdet die Marktführerschaft	19
1.2	Die Zukunft des Innovationsmanagements	21
1.3	»Ich kenne meine Kunden«	22
1.4	In vier Schritten zur Geschäftsmodellinnovation	23
2	**Die phasenübergreifenden Faktoren**	**27**
2.1	Einbindung in die Unternehmensstrategie	28
	2.1.1 Die Bedeutung der Strategie in einer chaotischen Welt	30
	2.1.2 Sinn und Unsinn einer digitalen Strategie	33
	2.1.3 Das Geschäftsmodell in der Strategieentwicklung	36
	2.1.4 Kontinuierliche Disruptionsanalyse des Geschäftsmodells	37
	2.1.5 Eine Strategie ist nur so gut wie ihre Umsetzung	38
2.2	Weiterentwicklung der Unternehmenskultur	39
	2.2.1 Unternehmenskultur in Familienunternehmen	40
	2.2.2 Digitale vs. analoge Kultur	42
	2.2.3 Digital Mindset	43
	2.2.4 Der Frustfaktor in der Kompetenzentwicklung	44
	2.2.5 Kommunikation: Schlüsselelement der Veränderung	49
2.3	Anpassung der Organisationsstruktur	51
	2.3.1 Kein Patentrezept für die agile Organisation	52
	2.3.2 Die Organisationsveränderung folgt der Kulturveränderung	55
	2.3.3 Das Kerngeschäft muss weitergehen	57
	2.3.4 Organisationale Ambidextrie	58
	2.3.5 Ausgründungen, Tochterunternehmen oder Beteiligungen?	59

Inhaltsverzeichnis

3	**Phase I: Die Umweltanalyse als Grundlage künftigen Erfolgs**		**69**
3.1	Digitalisierung: Treiber der Disruption		71
	3.1.1	Digitale Technologien kennen	73
	3.1.2	Trends verändern die Welt	76
	3.1.3	Service- statt Produktfokus	78
	3.1.4	Plattformen: disruptive Sahneschnitten	79
3.2	Der Kunde im Mittelpunkt		81
	3.2.1	Fakten und Daten statt Annahmen	82
	3.2.2	Den Kunden entdecken	85
3.3	Wie disruptiv ist Ihre Branche?		89
	3.3.1	Welche disruptiven Wettbewerber gibt es?	89
	3.3.2	Kooperation statt Hinterstübchen	90
	3.3.3	Prüfen Sie Ihren digitalen Reifegrad	93
3.4	Benchmarking ist zu wenig		95
	3.4.1	Geschäftsmodelle des Wettbewerbs analysieren, nicht kopieren	96
	3.4.2	Den Benchbreak wagen	96
3.5	Disruptive Komponenten analysieren		98
4	**Phase II: Disruptive Ideengenerierung**		**107**
4.1	Branchenlogik brechen		107
	4.1.1	Forget Evolution	109
	4.1.2	Revolutionize – think pink	110
	4.1.3	Das eigene Geschäftsmodell in Zweifel ziehen	112
4.2	Ein digitales Innovationsteam schaffen		113
	4.2.1	Teamzusammensetzung und Kompetenzen	115
	4.2.2	Freiheit und Unabhängigkeit unerlässlich	118
	4.2.3	Support der Geschäftsführung entscheidend	120
4.3	Vom Schmerzpunkt des Kunden zur Idee		121
	4.3.1	Das Team ist der bessere Ideenfinder	121
	4.3.2	Von 100 auf 3 ist top	124
	4.3.3	Das Team setzt schneller und besser um	125
5	**Phase III: Disruptive Geschäftsmodellentwicklung**		**133**
5.1	Go Start-up!		134
	5.1.1	Build – Measure – Learn	134
	5.1.2	Pitch vor der Geschäftsführung	136

	5.1.3	Mit dem MVP an den Markt	138
	5.1.4	Businessplan – es wird ernst	139
	5.1.5	Finanzierung disruptiver Geschäftsmodelle	140
	5.1.6	Exkurs: Dunkle Wolken am Finanzierungshimmel	141
5.2		Ist Scheitern keine Option?	143
	5.2.1	Spielfeld für die Nachfolger	143
	5.2.2	Scheitern ist normal	145

6		Phase IV: Geschäftsmodell-Implementierung	151
6.1		Keine Umsetzung ohne die Mitarbeitenden	152
	6.1.1	Vertrauen treibt positive Veränderung	153
	6.1.2	Digitalteam und Kernorganisation: Win-win	153
	6.1.3	Digitalteam: Motor der Kulturentwicklung	154
	6.1.4	Konsequenz in der Umsetzung	156
6.2		Ziele und Zahlen	157
	6.2.1	Konkret werden mit OKR	158
	6.2.2	KPI und OKR: Freunde oder Feinde?	161
6.3		Das Unternehmenscockpit	163
	6.3.1	Wertorientierte Unternehmensführung	164
	6.3.2	Keine Wirkung ohne Ursache	164
	6.3.3	Digitalisierung und Unternehmenssteuerung	165

7		New Leadership	169
7.1		Auf dem Weg zu einer neuen Führungskultur	171
	7.1.1	Der Servant Leader	172
	7.1.2	Veränderung Schritt für Schritt	173
7.2		Zum New Leader werden	178
	7.2.1	Sich selbst führen	180
	7.2.2	Der Unternehmensgarten	181
7.3		Den Change begleiten	182
	7.3.1	House of Change	183
	7.3.2	Kommunikation und Konsequenz	186
	7.3.3	Exkurs: Externe Kommunikation	189

8	Zukunftsfähig sein und bleiben	193
8.1	Wir brauchen einen Bewusstseinssprung	194
8.2	Das Haus modernisieren	196

9	Schlusswort – Loslassen lernen	201

Danke!	203
Literaturverzeichnis	204
Stichwortverzeichnis	209
Die Autoren	215

Vorwort von Torsten Toeller

Liebe Leserinnen und Leser,

ich habe Fressnapf 1990 gegründet. 30 Jahre später konnten wir das beste Jahr der Firmengeschichte feiern. Und genau auf dem Höhepunkt unseres Erfolgs haben wir damit begonnen, unser Unternehmen von Grund auf zu erneuern, ein ganz neues Geschäftsmodell zu entwickeln. Wir transformieren unser Unternehmen vom Händler für Tiernahrung und Zubehör zu einem digitalen, technologieaffinen, datengesteuerten Ökosystem mit dem Motto »Happier pets – happier people«. Wir bauen ein komplettes Ökosystem rund ums Tier, einen Marktplatz für unsere Kunden, der nicht nur unsere Produkte anbietet, sondern auch Content, Beratung, Services und Dienstleistungen von Dritten. Wir erfinden Fressnapf noch einmal komplett neu – vom Versorger zum Umsorger.

Wir sind dankbar für das, was wir erreicht haben, aber wir wissen auch, dass wir nicht stehen bleiben dürfen, jeden Tag dazulernen müssen. Erfolg kommt nicht von selbst. Wir müssen den Mut haben, Dinge zu verändern, auch wenn sie heute gut laufen. Celebrating the past, pioneering the future!

Dieses Buch bietet Ihnen ein praktisches Modell mit wertvollen und elementaren Anregungen für die Entwicklung und Umsetzung neuer, innovativer Geschäftsmodelle sowie wertvolle Transformationserfahrungen aus Familienunternehmen. Spannende Interviews mit den Inhabern und Geschäftsführern von Familienunternehmen verschiedener Größe geben tiefe Einblicke in die unterschiedlichen Wege, die sie mit ihren Unternehmen bei der Entwicklung neuer Geschäftsmodelle gehen. Ich freue mich ganz besonders, dass auch Fressnapf eines dieser Unternehmen ist.

Das Buch macht Mut, Dinge auszuprobieren, Fehler zuzulassen und den eigenen Weg zu finden. Es wird nicht verschwiegen, dass die digitale Transformation Investitionen erfordert und ein neues Geschäftsmodell Fehlschläge mit sich bringen wird oder nach der Umsetzung kontinuierlich weiterentwickelt werden muss. Der Schlüssel einer erfolgreichen digitalen Transformation sind jedoch die Menschen, ihre Veränderungsbereitschaft und ihr Engagement. Wenn es Ihnen und Ihrem Führungsteam gelingt, im Unternehmen Begeisterung und Aufbruchstimmung zu entfachen sowie Sinn/Purpose zu vermitteln, werden Sie gewinnen und zukünftig erfolgreich sein.

Aus meiner Erfahrung heraus empfehle ich Ihnen: Seien Sie mutig, anders, neugierig und offen, wagen Sie Neues, denn Stillstand ist Rückschritt.

Torsten Toeller, Gründer und Inhaber der Fressnapf Holding SE

Vorwort von Michael Winter

Liebe Leserinnen und Leser,

als mich die Autoren dieses Buches fragten, ob ich zu ihrem neuen Werk ein Vorwort verfassen könnte, habe ich mich sehr darüber gefreut. Denn die Frage, warum sich ein deutsches Familienunternehmen mit Digitalisierung beschäftigen sollte, bekomme selbstverständlich auch ich häufig gestellt – wie ich persönlich finde, immer noch zu häufig. Der Grund, warum das so ist, liegt vielleicht darin, dass die »Tradition«, für die Familienunternehmen in Deutschland stehen, in der heutigen Zeit in der öffentlichen Diskussion oftmals als »verstaubt« oder »überdauert«, innerhalb mancher Unternehmen aber auch als »unantastbar« angesehen wird. Doch dem ist nicht so.

In einem Unternehmen, das seit fast hundert Jahren existiert, hatte jede Generation der Unternehmerfamilie zu ihrer Zeit ihre eigenen großen Herausforderungen, mit denen sie umgehen musste. Für die heutige Generation ist dies, neben anderen großen Themen wie dem Klimawandel, die zunehmende Digitalisierung. Für die nun heranwachsenden Generationen ist sie schon keine Herausforderung mehr, sondern eine vollkommene Selbstverständlichkeit. Wenn man nun bedenkt, dass der Begriff »Generation« dabei nicht nur die Nutzer unserer Produkte und unsere Geschäftskunden und -partner umfasst, sondern auch unsere Mitarbeiter und Führungskräfte, stellt sich die Frage nach dem Warum nicht mehr, sondern nur noch nach dem Wie. Digitalisierung ist normal und so müssen wir sie auch annehmen. Selbst wenn wir als Unternehmensführer von heute nicht damit groß geworden sind, müssen wir das Unternehmen an die kommende Generation so übergeben, dass sie in diesem »neuen Normal« selbstverständlich agieren und weiterhin erfolgreich sein kann.

Die Erfolge der Vergangenheit und die vorhandenen Assets im Unternehmen sind dabei keine »Hypothek«, sondern das starke und notwendige Fundament für die erfolgreiche Weiterentwicklung. Sie bilden, gemeinsam mit den moralischen und ethischen Werten, die Ausgangsbasis, um sich neue Methoden anzueignen, neue Geschäftsfelder zu erkunden, sich in neue Netzwerke einzubringen und damit das nächste erfolgreiche Kapitel im großen Buch eines Familienunternehmens zu schreiben.

In diesem Sinne wünsche ich Ihnen, liebe Leserinnen und Leser, viel Freude bei der Lektüre dieses Buches und viel Erfolg bei der Gestaltung Ihres ganz persönlichen Weges in unsere Welt von morgen.

Michael Winter, geschäftsführender Gesellschafter uvex group

Vorwort der Autoren

Liebe Leserinnen und Leser,

Familienunternehmen stehen in einem harten globalen Wettbewerb mit sich ständig und rasant verändernden Märkten. Ökonomien und die darin operierenden Familienunternehmen sehen sich einem kontinuierlichen Evolutions- bzw. Mutationsprozess gegenüber. Durch die Digitalisierung konkurrieren sie mit bereits bekannten und neuen Wettbewerbern, die in ihre Wertschöpfungsketten eindringen und ganze Branchen auf den Kopf stellen. Zudem hinterlassen Bankenkrisen, Pandemien, Lieferkettenprobleme der Globalisierung, der Green Deal etc. einen nachhaltigen Impact. Geschäftsmodelle, die jahrzehntelang funktioniert haben, geraten ins Abseits. Es gilt, neue Chancen rasch zu erkennen und zu ergreifen.

Die vertraute Welt gibt es nicht mehr. Technologie-, Kapital- und Innovationszyklen werden immer kürzer. Die Märkte sind transparenter, disruptiver und wettbewerbsintensiver geworden. Langjährige Trends, die den Führungskräften das Leben so angenehm gemacht haben, sind zerbrochen. Gleichzeitig eröffnet sich eine neue Welt an Möglichkeiten, Chancen und Risiken. Wir leben in spannenden, aber herausfordernden Zeiten. Deshalb brauchen wir neue Konzepte, Denkweisen, Ansätze und Instrumente, um in Zeiten starker Unsicherheiten richtige Entwicklungen einzuleiten.

In der Digitalisierung gibt es nur die Ziffern 1 und 0. Was heute noch eine 1 ist, kann schon morgen eine 0 sein.

Wenn Familienunternehmen weiterhin ganz oben mitspielen oder die Marktführerschaft behalten möchten, müssen sie ihre Geschäftsmodelle auf den Prüfstand stellen und neue Wege gehen. Kundenfokussierung, digitale und Datenkompetenz in allen Unternehmensbereichen werden unerlässlich. Die neuen Geschäftsmodelle sind nicht mehr produkt-, sondern kunden-, technologie- und datengetrieben. Physische Waren und Dienstleistungen werden dem Kunden nicht mehr direkt angeboten. Vielmehr rücken die Services, die ergänzend zu den Waren angeboten werden, in den Fokus. Für Familienunternehmen ist es aber entscheidend, Technik, Vermarktung und politische Rahmenbedingungen sowie die Lösung für das wirkliche Kundenproblem in einem Geschäftsmodell zusammenzuführen.

Hinterfragen Sie jetzt Strategie und Geschäftsmodell im Hinblick auf die veränderten Rahmenbedingungen sowie die möglichen Chancen mit disruptivem Charakter. Verlassen Sie Ihre gewohnten Denkstrukturen und Ihre Komfortzone, öffnen Sie sich und Ihr Unternehmen gegenüber neuen Ideen, Arbeitsweisen und -methoden, schauen Sie über den Tellerrand hinaus, gehen Sie unbekannte Pfade und erschließen Sie sich neue Welten. Probieren Sie Dinge aus, seien Sie mutig. Nicht alles wird oder muss unmittelbar erfolgreich sein, aber alles ist Teil einer wertvollen Lernkurve. Eventuell müssen Sie kurzfristig mit einem negativen Ergebnis rechnen. Aber nichts zu tun bringt Sie auf keinen Fall weiter. Es ist, wie es ist, aber es wird, was Sie als Unternehmer daraus machen.

Neue innovative bzw. disruptive Geschäftsmodelle zu entwickeln ist nicht so schwierig, wie manche denken. In diesem Buch stellen wir Ihnen einen gangbaren und praktischen Weg zu digitalen und/oder disruptiven Geschäftsmodellen vor, ausgelegt auf die besonderen Belange von Familienunternehmen. Dabei schenken wir der speziellen, in Familienunternehmen herrschenden Wertekultur besondere Beachtung.

Wirkliche Veränderung wird nur aus einer veränderten Haltung heraus möglich sein. Das heißt, Sie müssen bei sich selbst anfangen. Seien Sie mutig und tun Sie, was nötig ist, um auch in der digitalen Welt und der künftigen Wirtschaftsordnung zu den Marktführern zu gehören oder diese anzugreifen.

Go disruptive!

Arnold Weissman und Pascal Barreuther

1 Einführung

> »Wer nichts verändern will, wird auch das verlieren,
> was er bewahren möchte.«
> Gustav Heinemann

Unternehmen müssen sich nicht erst seit heute neu erfinden. Veränderung gab es schon immer. Der Titel eines der ältesten Bücher der Welt, des chinesischen Weisheits- und Orakelbuches, »I Ging« bedeutet so viel wie »Das Buch der Wandlungen«. Und Heraklit formuliert in seiner dynamischen Philosophie: »Man kann nicht zweimal in denselben Fluss steigen.« »Panta rhei«, alles fließt, alles ist in Bewegung. Die Veränderung hat die Menschen zu allen Zeiten beschäftigt.

Doch im Unterschied zu früher hat die rasant fortschreitende Digitalisierung den Wandel enorm beschleunigt. Veränderung findet nicht mehr evolutionär im Verlauf vieler Jahrzehnte statt, sondern exponentiell, in kürzester Zeit. Es dauerte beispielsweise 35 Jahre, bis ein Viertel der Bevölkerung das Telefon nutzte, beim Smartphone dauerte es keine drei Jahre. 2007 kam das erste Smartphone auf den Markt. Heute werden laut Statista in Deutschland jedes Jahr rund 22 Millionen Smartphones verkauft, weltweit waren es 2020 1,28 Milliarden Stück, zehn Jahre zuvor gerade einmal 304 Millionen. Smartphones sowie das zugehörige Ökosystem machen unter anderem MP3-Player, Taschenrechner, gedruckte Fahrpläne, Taschenlampen, Digitalkameras und Navigationssysteme überflüssig, indem sie alle Funktionen in einem mobilen Gerät zusammenführen. Wir lesen mit Smartphones Zeitung, unterhalten uns mit Videospielen, checken das Wetter, machen Reservierungen, suchen nach Restaurants und Sehenswürdigkeiten, kommunizieren von unterwegs mit Freunden und Geschäftspartnern per Videochat, erledigen Bankgeschäfte und vieles mehr. Das Ende der Möglichkeiten ist längst nicht erreicht. Es spricht viel dafür, dass Technologien wie die Blockchain, die Entwicklung künstlicher Intelligenz, virtuelle Lebenswelten (Meta) sowie die Robotik ähnliche Auswirkungen in der Zukunft haben werden.

Als Amazon 1994 als Onlineshop für Bücher gegründet wurde, rechnete kaum jemand mit einem schnellen Erfolg. Zwei Jahre später erzielte das Unternehmen aber einen Umsatz von 15,7 Millionen US-Dollar. 1997 waren es bereits 147,8 Millionen Dollar, 2020 386 Milliarden US-Dollar. In den gerade einmal 27 Jahren seit seiner

1 Einführung

Gründung wurde Amazon zu der Bedrohung des Einzelhandels schlechthin und greift mit seinem Bezahlsystem auch Banken und PayPal an.

Alphabet (Google), Amazon, Apple, Meta Platforms, Microsoft und Tesla – alle mit digitalen Geschäftsmodellen – zählen zu den zehn wertvollsten Unternehmen der Welt. Apple, 1976 gegründet, wurde Anfang Januar 2022 zum ersten Unternehmen in der Geschichte mit einer Marktkapitalisierung von mehr als drei Billionen Euro. Zum Vergleich: SAP, das deutsche Unternehmen mit der derzeit höchsten Marktkapitalisierung, bringt es auf gerade einmal 149 Milliarden Euro (Stand Dezember 2021) und liegt auf Platz 78 der weltweiten Rangliste – bezeichnend, dass das wertvollste deutsche Unternehmen sein Geld mit Software verdient.

Die jüngsten Nachrichten aus dem Silicon Valley zeigen, dass die amerikanischen Unternehmen schon zum nächsten Angriff blasen. Während wir in Europa über die Nutzung von Atomenergie diskutieren, erschaffen die Amerikaner neue Welten, im Wortsinn. Das Internet funktionierte bisher als eine große Tauschbörse für Texte, Fotos und Videos. Geht es nach dem Willen von Mark Zuckerberg & Co. wird der Nutzer des Internets zum Mitbewohner einer neuen Welt. Zuckerberg sagt: »Du schaust nicht mehr auf das Internet. Du bist drin. Du wirst Teil dieser Erfahrung. Das neue Metaverse ist das Präsenzgefühl.«

Und er ist nicht der Einzige, der an dieser neuen Welt arbeitet. Nvidia aus Kalifornien zum Beispiel arbeitet an seiner eigenen Welt »Omniversum«. Apple, Intel, Nike und andere investieren ebenfalls kräftig. Jeder will beim neuen Hype dabei sein. Es wird geschätzt, dass Firmen mit ihren Metaversum-Angeboten bis in vier Jahren etwa 80 Milliarden US-Dollar umsetzen werden.

Worum geht es? Menschen sollen sich als Avatare in der virtuellen Welt bewegen. In der Gaming-Szene kann man bereits sehen, was möglich ist. Dort können die Spielerinnen und Spieler spezielle Ausrüstung für ihren Avatar kaufen, zum Beispiel einen Rucksack, mit dem man fliegen kann. Aber es geht nicht nur um Gaming. Im Gegenteil, denn es wird möglich sein, digitale Zwillinge von ganzen Fabriken, Maschinen und Menschen zu erstellen. Die Ingenieure könnten neue Maschinen im digitalen Raum in Betrieb nehmen. Fehler fallen dort auf und müssen nicht mühsam behoben werden, wenn die Produktion laufen soll. Dazu gibt es bereits ein gemeinsames Projekt von Nvidia und BMW, das man sich auf YouTube anschauen kann unter dem Titel »NVIDIA Omniverse – Designing, Optimizing and Operating the Factory of the Future«. Schauen

1 Einführung

Sie sich das Video an. Dann werden Sie sehen, dass wir in Deutschland, in Europa nicht nur ein bisschen hinterherhinken, sondern irgendwo staunend auf den hinteren Rängen sitzen. Wenn wir das Konzept weiterspinnen, werden die Implikationen für die Arbeitswelt, für die Lernwelt und für den privaten Bereich offensichtlich.

Die amerikanischen Unternehmen haben mit ihren innovativen, häufig rein digitalen Geschäftsmodellen ganze Branchen auf den Kopf gestellt. Dabei wurden bekannte und etablierte Unternehmen disruptiert und in ernsthafte Schwierigkeiten gebracht. Und das ist nur die Spitze des Eisbergs. Aber es muss nicht immer nur Amerika, Asien oder auch Israel sein. Thermondo bedrängt die Heizungsbranche, Flixbus – heute Flix – hat renommierte Anbieter aus dem Markt gedrängt und übernommen, FinTechs bedrohen die Geschäfte der Banken und Thomann hat den Handel mit Musikgeräten revolutioniert. Spotify hat die Musikbranche in die Knie gezwungen, denn der Kunde kauft Musik nicht mehr, sondern streamt. Dabei sind digitale Technologien die Enabler, der Markt bzw. der Kunde begeistert sich für den Nutzen und die Lösungen, die aufgrund dieser Technologien angeboten werden können. Amazon & Co. haben verstanden, dass sie sich auf den Kunden fokussieren müssen. Sie lösen die Probleme ihrer Kunden, erfüllen deren Wünsche, auch wenn diese vielleicht noch nicht einmal selbst wissen, dass sie diesen oder jenen Wunsch haben. Oder wussten Sie im Jahr 2007, dass Ihnen ein Smartphone fehlte, das Ihren Alltag einmal elementar beeinflussen würde? Wenn das Metaversum Wirklichkeit wird, können Sie bei Amazon, Zalando oder wo auch immer mit dem eigenen Avatar einen Anzug, ein Kleid oder Schuhe anprobieren, ohne dass Sie sich selbst aus- und umziehen oder bücken müssen – und das 24/7. Wo, glauben Sie, werden die Kunden künftig am liebsten einkaufen, zumal Sie im Metaverse nicht nur einen Laden mit einigen Quadratmetern zur Verfügung haben werden, sondern einen Giga-Shop?

»Wenn ich die Menschen gefragt hätte, was sie wollen,
hätten sie gesagt, schnellere Pferde.«
Henry Ford

Digitale Transformation !

Als »digitale Transformation« bezeichnet man im Zusammenhang mit neuen Informations- und Kommunikationstechnologien die Neuausrichtung von oder die Neuinvestition in digitale Geschäftsmodelle sowie Systeme und Prozesse entlang der Wertschöpfungskette im Unternehmen. Ziel ist es, in jedem einzelnen Kontaktpunkt des »customer experience lifecycle« effizienter mit Kunden und Partnern interagieren zu können.

1 Einführung

Handeln statt diskutieren

Anfangs betrachteten wir die neuen Unternehmen mit ihren digitalen Geschäftsmodellen erstaunt und ungläubig. Es dauerte einige Zeit, bis die traditionellen Unternehmen begriffen, dass diese neuen Wettbewerber für jeden von ihnen eine ernst zu nehmende Bedrohung werden könnten. Seit rund fünf Jahren sprechen wir jetzt über die digitale Transformation, die unsere Unternehmen in die Lage versetzen soll, schnell auf Marktveränderungen zu reagieren, kundenfokussiert zu handeln und sich mit digitalen Geschäftsmodellen zukunftsweisend aufzustellen. Und doch ist die digitale Transformation in den meisten Unternehmen ausgeblieben. Warum? Viele Führungskräfte, Unternehmerinnen und Unternehmer haben nicht verstanden, worum es wirklich geht. Sie haben den Ernst der Lage nicht erkannt, geben sich mit ein bisschen digitaler Kosmetik zufrieden. Doch ein digitales Projekt hier und da, ein bisschen Agilität, ein E-Shop, die Präsenz in den sozialen Medien sind keine digitale Transformation. Eine Transformation ist etwas, aus dem etwas radikal Neues entsteht, vergleichbar mit einer Raupe, aus der ein Schmetterling wird. Doch viele Unternehmen modernisieren nur, häuten sich und bleiben unter der neuen Haut dieselben.

Die Angst vor dem Risiko

Die Zögerlichkeit gegenüber Disruption und digitaler Transformation in vielen Familienunternehmen ist nicht verwunderlich, wenn man sich den Umgang von Familienunternehmen mit Risiken anschaut. »Anders als bei börsennotierten Großkonzernen geht es um das eigene Geld. Damit wird vorsichtig umgegangen«, erklärt Prof. Dr. Nadine Kammerlander, Wirtschaftswissenschaftlerin, Inhaberin des Lehrstuhls für Familienunternehmen und Co-Direktorin des Instituts für Familienunternehmen und Mittelstand an der WHU-Otto Beisheim School of Management in Vallendar. »Familienunternehmen haben einen ganz anderen Zugang zum Risiko. Es geht um die Frage des maximalen Verlustes, um die Frage, was passiert, wenn alles in die Hose geht. Dabei ist es egal, ob der maximale Verlust mit 0,1-prozentiger oder zehnprozentiger Wahrscheinlichkeit eintritt. Wenn die Möglichkeit des Maximum Loss besteht, in welchem Falle das Unternehmen komplett insolvent ist, alle Mitarbeitenden ihre Jobs verlieren und die Familie einen immensen Reputationsschaden erleidet, wird die Unternehmerin, der Unternehmer dieses Risiko nicht eingehen – egal wie gering die Möglichkeit ist. Dieses Risikoverhalten bestimmt auch den Umgang von Familienunternehmen mit Digitalisierung und Disruption«, betont die Wissenschaftlerin. »Die Familie muss sich überlegen, was passiert, wenn die digitale Transformation nicht funktioniert, wenn sich doch andere Technologien durchsetzen oder wenn es kein Marktinteresse mehr gibt. Gerade digitale Geschäftsmodelle haben anfangs oft keine positiven Zahlen bzw. Ergebnisse. Die Unternehmer müssen sich das gut überlegen, durchrechnen und das Risiko minimieren. Minimieren können sie dieses nicht mit klassischen Methoden, sondern mit adaptivem Projektmanagement, indem sie wirklich agil arbeiten, viele Iterationen haben, häufig Anpassungen vornehmen und die entsprechenden agilen Projektmanagementstrukturen laufen lassen – anders als beim klassischen Projektmanagement«.[1] Armin Renz, Geschäftsführer der Erwin Renz Metallwarenfabrik, gibt zu bedenken: »Bei Innovationen gibt es immer ein Risiko. Auch unsere Investitionen waren höher als anfangs gedacht. Aber wir denken langfristig und sind überzeugt, dass unsere Zukunft von dem digitalen Produkt abhängt. Insofern haben wir gar keine andere Wahl, als ins Risiko zu gehen.«

1.1 Disruption gefährdet die Marktführerschaft

Disruption

Eine Disruption ist eine umwälzende Neuerung, gegen die bestehende Geschäftsmodelle oder/und Technologien keine Chance mehr am Markt haben. Disruptive Geschäftsmodelle stellen ganze Branchen auf den Kopf und verdrängen etablierte, erfolgreiche Unternehmen fast vollständig vom Markt. Laut Clayton M. Christensen finden disruptive Innovationen meistens in neuen Märkten und/oder am unteren Ende des vorherrschenden Marktes statt. Während die Etablierten noch auf ihre traditionellen Geschäftsmodelle und Produkte setzen, entgeht ihnen, dass eine Technologie ausgereizt ist und der hohe Weiterentwicklungsaufwand kaum noch einen Mehrwert für den Kunden bietet, weil dessen eigentliches Problem nicht beseitigt wird.

Disruptive Innovation wird oftmals von Neueinsteigern getrieben. Sie starten häufig bei Nischenkunden oder in Nischenmärkten mit einem einfacheren und meist günstigeren Angebot. Anschließend entwickeln die Neueinsteiger das Angebot kontinuierlich weiter und ziehen somit nach und nach Kunden von den etablierten Unternehmen ab. Eine Idee kann auch anfangs einen disruptiven Charakter haben, stellt aber am Ende vielleicht gar keine Disruption dar. Im Laufe der Zeit können neue

---

1   Dieses Zitat stammt aus einem Gespräch der Autoren mit Prof. Dr. Nadine Kammerlander. Weitere Interviews speziell für dieses Buch wurden geführt mit: Johannes Ellenberg, Alexander Fackelmann, Norbert Heckmann, Heiko Onnen, Armin Renz, Dr. Johannes Steegmann. Aus diesen Interviews stammen die entsprechenden Zitate in diesem Buch.

1 Einführung

Erkenntnisse und Gegebenheiten aufkommen, in deren Folge sich der disruptive Charakter einer Idee abschwächen oder sogar verschwinden kann.

Ein Beispiel für eine Disruption, die wir miterlebt haben, ist der Sprung von der klassischen Fotografie zur Digitalfotografie. Eine völlig neue Technologie führte dazu, dass eine ganze Branche in die Notaufnahme musste. Kodak erzielte 1991 einen Umsatz von 19,4 Milliarden US-Dollar und war im Aktienindex S&P 500 gelistet. Nachdem die Digitalfotografie Anfang der 1990er-Jahre massentauglich geworden war und Kodak nicht mithalten konnte, lag der Wert der Aktie am 7. Dezember 2011 unter einem Dollar. Am 19. Januar 2012 stellte das Unternehmen einen Insolvenzantrag. Die Entwicklung war umso tragischer, als Steven Sasson, der bei Kodak arbeitete, bereits 1975 die erste Digitalkamera entwickelt hatte. Das Kodak-Management wollte davon jedoch nichts wissen.

Werden also grundlegende Marktveränderungen von den Marktführern nicht erkannt, besteht die Gefahr, dass die Unternehmen die Befriedigung der neuen Markt- und Kundenbedürfnisse versäumen und ihre Wettbewerbsfähigkeit verloren geht. Sie erlauben so den disruptiven Geschäftsmodellinnovationen der neuen Wettbewerber – und auch der bekannten –, das etablierte und dominierende Geschäftsmodell am Markt anzugreifen. Dadurch nehmen sie sich selbst die Chance, der Angreifer oder Vorreiter zu sein. Versäumt es der Marktführer, sich kritisch zu hinterfragen und ist nicht in der Lage, mit einem disruptiven Geschäftsmodell vorwegzugehen, wird er durch einen (neuen) Wettbewerber angegriffen und/oder vom Markt verdrängt. Die Auswirkungen der Disruption treten für die Unternehmen meistens schnell, radikal und irreversibel auf. Ein rasanter Absturz des Marktführers ist unaufhaltsam.

Auch Familienunternehmen sind der Gefahr der Disruption ausgesetzt. Denn große und mittelständische Familienunternehmen gleichermaßen treffen strategische Entscheidungen, die sowohl richtig als auch falsch sein können. Allerdings haben Fehlentscheidungen bei Familienunternehmen häufig wesentlich gravierendere Auswirkungen als bei Großkonzernen, die möglicherweise über ihren Zugang zum Kapitalmarkt bessere Möglichkeiten haben, Fehler zu korrigieren. Manchmal sind die Konzerne auch so groß, dass ihr Scheitern nach dem Motto »too big to fail« als systemrelevant eingeordnet wird. In solchen Fällen können diese Player häufig Zuflucht unter einem vom Staat aufgespannten Schutzschirm finden, was Familienunternehmen in der Regel verwehrt bleibt.

Als Unternehmer, Geschäftsführer und Manager sollten Sie sich deshalb im Hinblick auf die Zukunft Ihres Unternehmens drei zentrale Fragen stellen:
- Ist unser traditionelles Geschäftsmodell künftig noch tragfähig und können wir den kommenden Herausforderungen standhalten oder besteht die Gefahr, von einem (neuen) Wettbewerber disruptiert zu werden?
- Welchen Weg müssen wir gehen, um veränderten Marktbedingungen gerecht zu werden oder sie sogar selbst einzuleiten?
- Auf welche Weise werden wir künftig auf Kundenseite für einen Mehrwert sorgen?

Es ist die Kernaufgabe jedes Unternehmens, das weiterhin am Markt erfolgreich sein möchte, sich mit diesen Fragen auseinanderzusetzen. Ob Sie sich der Aufgabe stellen und wie Sie sie lösen, ist für Ihr Unternehmen überlebenswichtig.

Wer nicht transformiert, stirbt.

1.2 Die Zukunft des Innovationsmanagements

Es ist nichts Neues, dass die stetige Weiterentwicklung des Unternehmens eine wesentliche Voraussetzung für den langfristigen Unternehmenserfolg ist. Die kontinuierliche Entwicklung und Vermarktung neuer, an den Kundenbedürfnissen orientierter Produkte, Dienstleistungen und Geschäftsmodelle sowie permanente Veränderungsbereitschaft müssen innerhalb der Organisation zur Selbstverständlichkeit werden. Der Druck, immer effektiver und effizienter zu innovieren, wächst. Das heißt nicht, dass das Rad immer wieder neu erfunden werden muss. Oft entstehen Innovationen, indem heute schon bestehende Lösungen angepasst, aufgebrochen und neu zusammengesetzt oder miteinander verbunden werden. Häufig werden Lösungen aus einer anderen Branche adaptiert. Das kann sehr erfolgreich sein, wenn die übernommenen Lösungen an das Unternehmen sowie den relevanten Markt angepasst werden.

Viele Innovationen entstehen eher zufällig. Andere werden aus der Praxis heraus entwickelt. Die meisten Innovationen sind jedoch Verbesserungen des Bestehenden. Gerade der deutsche Mittelstand ist stolz auf seine Perfektion, die Qualität seiner Produkte und die Null-Fehler-Kultur. In einer sich immer schneller verändernden digitalen Welt sind das jedoch Eigenschaften, die eher hinderlich sind, wenn es darum geht mitzuhalten – zumindest bei entscheidenden Innovationen. Bei disruptiven

Innovationen sehen wir häufig, dass neue Kundenbedürfnisse oder die Bedürfnisse bisher nicht beachteter Kunden geweckt und bedient werden. Genau das führt letztlich zu einem Alleinstellungsmerkmal.

Drei Faktoren sorgen dafür, dass Innovationsmanagement Erfolge bringt:
1. Eine **Innovationsstrategie**, die sich aus der übergeordneten Unternehmensstrategie ableitet, macht deutlich, in welchen Markt-, Produkt- oder Technologiefeldern innoviert werden soll. Gleichzeitig bleibt die Geschäftsmodellentwicklung im Fokus. Abweichende Chancen, die sich spontan ergeben, werden evaluiert und gegebenenfalls integriert.
2. **Organisatorische Voraussetzungen**, die einen strukturierten Innovationsprozess ermöglichen. Dabei sollte nicht auf den üblichen Wasserfallprozess gesetzt werden, sondern auf iterative Vorgehensweisen (mehr dazu in den Kapiteln 4 und 5).
3. Eine **Innovationskultur**, die dazu motiviert, Risiken einzugehen, Neues und Ungewöhnliches zu wagen. Führungskräfte, die den Mitarbeitenden Freiheit und Sicherheit geben, innovative Ideen zu verfolgen, sind dabei unerlässlich (mehr dazu in Kapitel 2).

1.3 »Ich kenne meine Kunden«

Wenn Unternehmerinnen und Unternehmer den Satz »Ich kenne meine Kunden« im Brustton der Überzeugung sagen, drängt sich meistens ein »Wirklich?« auf. Ja, es stimmt, Familienunternehmen kennen ihre Kunden in der Regel ziemlich gut. Wenn es allerdings um Innovation geht, wird in Unternehmen oft nicht vom Kunden, sondern von der Technologie aus gedacht. Deshalb sind Familienunternehmen unschlagbar bei inkrementellen Innovationen, also der stetigen Verbesserung ihrer Produkte, seien es Motorsägen oder Fischfiletiermaschinen.

> *Der Kunde zahlt nicht für ein Produkt oder für eine Lösung, sondern für den Nutzen daraus.*
> *Diese Regel gilt immer, auch und gerade in Zeiten der Digitalisierung.*

Nehmen wir das Beispiel Fischfiletiermaschine. Der Kunde kauft die Fischfiletiermaschine, weil er seinen Fisch filetieren, verpacken und verkaufen möchte. Würde ihm ein Start-up die Möglichkeit bieten, die teure Maschine zu nutzen und nicht zu kaufen, könnte er beispielsweise nach Kilo tatsächlich verarbeitetem Fisch bezahlen. Der Maschinenhersteller verliert auf diese Weise ziemlich schnell seine Kundenbasis bzw. den Zugang zum Kunden und wird möglicherweise zum Maschinenlieferanten des Start-ups. Das Start-up hat erkannt, dass der Kunde gar keine Fischfiletiermaschine kaufen, sondern nur seinen Fisch filetieren möchte. Das ist der Unterschied zwischen »den Kunden kennen« und »dem Kunden Lösungen für sein Problem bieten«, der Unterschied zwischen technologiegetrieben und marktgetrieben.

> **Drei Felder der Innovation nach Christensen**
>
> Die **kontinuierliche (inkrementelle) Innovation** schafft nichts wirklich Neues, sondern verbessert bestehende Produkte, zum Beispiel eine neue Version eines Automodells oder eine verbesserte Fischfiletiermaschine.
> Die **iterative Innovation** konzentriert sich auf neue Produkte, die auf technologischen Entwicklungen und Trends basieren, zum Beispiel ein Elektromotor statt ein Verbrenner.
> Die **disruptive Innovation** schafft ein neues Geschäftsmodell, zum Beispiel wenn ein Autohersteller zum Mobilitätsdienstleister wird.

Disruptive, radikale Innovation bedeutet firmenintern fast immer eine Bedrohung oder sogar eine Kannibalisierung des Kerngeschäfts. Und dennoch liegt im digitalen und disruptiven Wandel auch eine große Chance, die gerade traditionelle Familienunternehmen ergreifen müssen. Entscheidend für ihre Zukunft ist die Fähigkeit, sich in stets kürzer werdenden Zyklen kontinuierlich zu erneuern, sich immer wieder neu zu erfinden. Innovation muss als Kernkompetenz etabliert werden.

> *»Removing the faults in a stage-coach may produce a perfect stage-coach,*
> *but is unlikely to produce the first motor car.«*
> Edward de Bono

Die Studie »Deutschlands nächste Unternehmergeneration« des Friedrichshafener Instituts für Familienunternehmen lässt zwar den Schluss zu, dass die Digitalisierung in mittelständischen Unternehmen als Chance betrachtet wird, aber hauptsächlich, um unternehmensintern Prozesse besser zu analysieren und zu optimieren. Auf diese Weise bleiben die echten Chancen der Digitalisierung größtenteils ungenutzt.

1.4 In vier Schritten zur Geschäftsmodellinnovation

Angesichts der Gefahr von Disruption durch neue und bekannte Wettbewerber müssen Sie als Unternehmerin, Unternehmer, Geschäftsführer oder Führungskraft die Frühwarnindikatoren für Marktveränderungen früher und schneller wahrnehmen

1 Einführung

als bisher. Nur so können Sie sicherstellen, dass Ihr Unternehmen gut auf die Zukunft vorbereitet ist. Ihre Kunden, aber auch Ihre Wettbewerber werden Sie künftig vor deutlich größere Herausforderungen stellen als bisher – und sie werden vor allem völlig neuartig sein. Strategie, Organisations- und Geschäftsmodellentwicklung sind zusammen mit der Sicherung der Nachfolge die wichtigsten Elemente der Unternehmensentwicklung in Familienunternehmen.

In der Konsequenz ergibt sich für jedes Unternehmen die Notwendigkeit, die traditionellen und bestehenden Geschäftsmodelle regelmäßig zu hinterfragen und zu validieren. Nur durch die optimale Ausgestaltung des eigenen Geschäftsmodells kann der strategische Nutzen bestmöglich ausgereizt und der Verlust der Konkurrenzfähigkeit verhindert werden. Außerdem werden auf diese Weise nachhaltige Wettbewerbsvorteile generiert und gesichert. Mit einem eigenen neuen Geschäftsmodell wird es möglich, das Unternehmen in zunehmend dynamischen Märkten langfristig erfolgreich aufzustellen und zu positionieren.

Ein Modell aus der Praxis
Für das Vorgehen zur Entwicklung und Implementierung eines digitalen und/oder disruptiven Geschäftsmodells in Familienunternehmen haben wir das in Abbildung 1 visualisierte Modell entwickelt. (Zu Beginn von Kapitel 3, in der Abbildung 8, finden Sie eine detaillierte Darstellung des Modells.) Es ist eine Vorgehensweise, die aus der Praxis heraus entstanden ist, aufbauend auf jahrzehntelanger Erfahrung in der Beratung und Begleitung von Familienunternehmen. Die Basis bildet eine primäre Datenerhebung mithilfe von Experteninterviews, die unabhängig von den Interviews in diesem Buch geführt wurden, angereichert durch umfangreiche praktische Erfahrung. Bei den Experten handelt es sich um Geschäftsführer bzw. Unternehmer oder Manager auf Geschäftsführungsebene. Die teilstrukturierten Interviews wurden transkribiert und anschließend systematisch auf mehrheitliche und deckungsgleiche Aussagen hin analysiert. Daraus wurden verschiedene Erkenntnisse und Handlungsempfehlungen abgeleitet, aus denen heraus das vierphasige Vorgehensmodell entwickelt wurde, das wir Ihnen in diesem Buch vorstellen.

»Kontinuierliche Weiterentwicklung« darf im Modell nicht als fünfte Phase verstanden werden. Das einmal entwickelte und implementierte Geschäftsmodell wird mit Sicherheit nicht für die kommenden 20 Jahre Bestand haben, denn der Markt wird sich weiter verändern. Insofern ist die kontinuierliche Überprüfung, Validierung und Weiterentwicklung des Geschäftsmodells eine nicht endende Notwendigkeit.

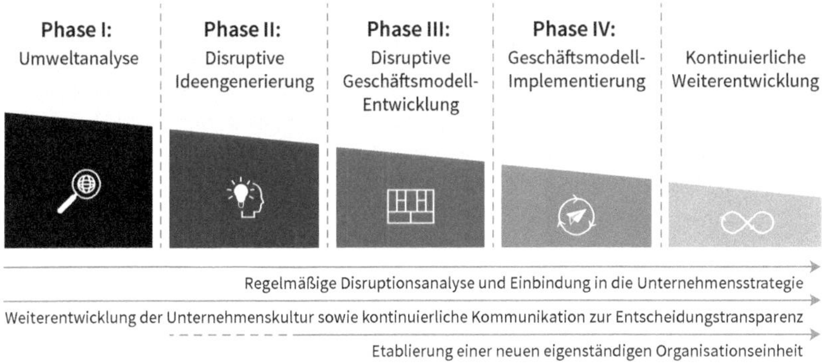

1.4 In vier Schritten zur Geschäftsmodellinnovation

Phase I:	Phase II:	Phase III:	Phase IV:	
Umweltanalyse	Disruptive Ideengenerierung	Disruptive Geschäftsmodell-Entwicklung	Geschäftsmodell-Implementierung	Kontinuierliche Weiterentwicklung

Regelmäßige Disruptionsanalyse und Einbindung in die Unternehmensstrategie

Weiterentwicklung der Unternehmenskultur sowie kontinuierliche Kommunikation zur Entscheidungstransparenz

Etablierung einer neuen eigenständigen Organisationseinheit

Abb. 1: Vierphasiges Modell zur Geschäftsmodellinnovation (Quelle: eigene Darstellung)

Quick Check

- Die Disruption erfasst alle Branchen. Kein Unternehmen ist davor gefeit. Je früher Unternehmen dies verstehen und entsprechend handeln, desto größer ihr Spielraum.
- Inkrementelle Innovation ist nicht mehr ausreichend, um Marktführer zu bleiben oder langfristig im Markt zu bestehen.
- Bei der digitalen Transformation geht es nicht um Technologie, sondern um das Geschäftsmodell und eine neue Innovationskultur.
- Die neuen digitalen und/oder disruptiven Geschäftsmodelle sind kunden-, technologie- und datengetrieben, nicht produktgetrieben.

2 Die phasenübergreifenden Faktoren

Die drei phasenübergreifenden Faktoren sind die Basis des Vier-Phasen-Modells zur Entwicklung digitaler und/oder disruptiver Geschäftsmodelle (siehe Abbildung 1). Strategie, Kultur und Organisationsstruktur werden sich kontinuierlich verändern müssen, damit neue Geschäftsmodelle umgesetzt werden können. In diesem Kapitel zeigen wir, welche Bedeutung diese drei Faktoren für den Erfolg eines Transformationsprojekts haben.

Die Welt wird sich nie wieder so langsam verändern wie in den letzten zehn Jahren.

Im Moment fährt Ihr aktuelles Geschäftsmodell vielleicht noch gute Gewinne ein, doch das wird nicht so bleiben. Geschäftsmodelle haben schon immer ein Ablaufdatum. Neu ist die Schnelligkeit, mit der das heute geschieht. Auch ein neues Geschäftsmodell wird sich immer wieder verändern müssen oder sich sogar irgendwann als überhaupt nicht mehr zukunftsfähig erweisen. Je früher Sie mit der Transformation und der Entwicklung neuer Geschäftsmodelle beginnen, desto größer sind die Überlebenschancen des Unternehmens. Für den schnellen Takt der Veränderung, der von außen in das Unternehmen hineingetragen wird, ist es von größter Bedeutung, dass die Organisation agiler, flexibler und veränderungsbereiter wird. Johannes Steegmann, Co-Geschäftsführer der Fressnapf-Gruppe, hält es für notwendig, mit der Transformation frühzeitig zu beginnen, am besten solange es dem Unternehmen gut geht und die notwendigen Ressourcen vorhanden sind, denn: »Ein disruptives Geschäftsmodell zu entwickeln und zu implementieren ist kein Sprint, sondern ein Marathon. Sie müssen über einen längeren Zeitraum investieren. Es besteht eine gewisse Unsicherheit und immer ein Risiko.«

Johannes Ellenberg, mehrfacher Start-up-Gründer und Buchautor, sieht bei Investitionsentscheidungen für Familienunternehmen eigentlich einen klaren Vorteil: »Potenziell haben sie die Möglichkeit, schnelle Entscheidungen zu treffen. Allerdings verhindert oft die Last der Verantwortung, dass der Unternehmer das notwendige Risiko eingeht. Familienunternehmer begreifen sich meistens als Hüter des Unternehmens, bis sie es an die nächste Generation weitergeben. Das ist eine ungeheure Last, die leider manchmal Disruption, die mit einem hohen Risiko einhergeht, verhindert.«

2 Die phasenübergreifenden Faktoren

> **!** **Strategische Treiber**
>
> Noch nicht überzeugt von der Notwendigkeit einer Geschäftsmodellveränderung? Dann stellen Sie sich die Frage, wie viel Umsatz Sie über die nächsten fünf Jahre erzielen müssen, um weiterhin gesund zu wachsen. Berücksichtigen Sie dabei die zu erwartenden Umsatzrückgänge durch mangelnde Nachfrage, Substitutionen, überalterte Produkte, Preisverfall und neue Wettbewerber. Wie viel davon können Sie durch Produktverbesserungen und -erweiterungen auffangen? Sie werden feststellen, dass eine Diskrepanz zwischen dem angestrebten Wachstum und den Umsätzen besteht, die Sie erzielen können. Genau hier liegt das Potenzial (und die Notwendigkeit) für Innovation und digitale Erneuerung.

2.1 Einbindung in die Unternehmensstrategie

Ohne die Anpassung der Unternehmensstrategie ist die digitale Transformation nicht zu erreichen. Daher ist der erste phasenübergreifende Faktor in unserem Modell die richtige Einbindung des Geschäftsmodells in die Unternehmensstrategie. Bei der Strategie eines Unternehmens geht es um die einfachen und doch so schwer zu beantwortenden Fragen:

- Womit wird das Unternehmen in sieben Jahren sein Geld verdienen?
- Wird das heutige Geschäftsmodell dafür noch das richtige sein?

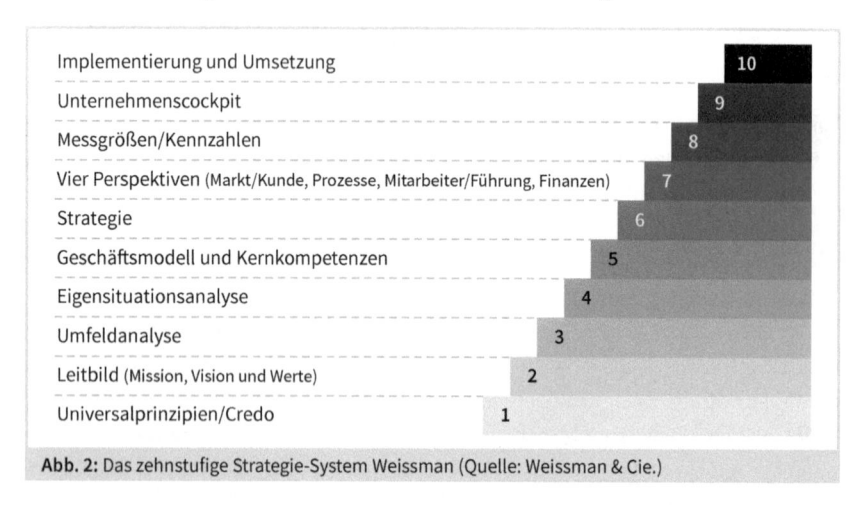

10	Implementierung und Umsetzung
9	Unternehmenscockpit
8	Messgrößen/Kennzahlen
7	Vier Perspektiven (Markt/Kunde, Prozesse, Mitarbeiter/Führung, Finanzen)
6	Strategie
5	Geschäftsmodell und Kernkompetenzen
4	Eigensituationsanalyse
3	Umfeldanalyse
2	Leitbild (Mission, Vision und Werte)
1	Universalprinzipien/Credo

Abb. 2: Das zehnstufige Strategie-System Weissman (Quelle: Weissman & Cie.)

Wie Abbildung 2 zeigt, hat die Strategie eine enge Verbindung zu den relevanten Geschäftsmodellen im Unternehmen. Die Strategie beinhaltet wichtige Parameter, die

2.1 Einbindung in die Unternehmensstrategie

sowohl Ihre Geschäftsmodelle betreffen als auch Sie dabei unterstützen, die Entwicklung der richtigen Geschäftsmodelle voranzutreiben. Doch welche Lebensdauer hat eine Strategie in der heutigen sich schnell verändernden Welt? Ist jedwede Strategie in dieser Welt nicht überholt, bevor die Strategieentwicklung abgeschlossen ist?

Mit dem »Zehnstufigen System Weissman« zur Strategieentwicklung und -implementierung können Unternehmen eine Strategie entwickeln und umsetzen. Es erlaubt ihnen, Turbulenzen vorauszusehen und ihre Strategie künftigen Erfordernissen anzupassen. Es ist ein Instrument, das Unternehmen dabei unterstützt, sich nachhaltig zukunftsfähig und krisenresistent aufzustellen. Eine Berücksichtigung der Disruptionsthematik in der Unternehmensstrategie hat insofern höchste Priorität.

Natürlich weiß kein Mensch, wie die Welt in sieben Jahren aussehen wird. Dafür verändert sie sich viel zu schnell und unvorhersehbar. Die entscheidende Frage einer Strategie ist auch nicht, welche finanziellen Ergebnisse unser Unternehmen im Jahr 2029 erzielen wird. Die entscheidende Frage lautet: Was will ich? Was soll mein Unternehmen in sieben Jahren können, damit wir morgen noch »kraftvoll zubeißen« können? Strategie ist kein Zahlenspiel, sondern ein Kompetenzmodell. Strategie ist die Antwort auf die Frage: »Was muss ich in den nächsten sieben Jahren können und auch dazulernen, um dann ein Meister meines Fachs zu sein?« Denn eines ist sicher: Was wir heute können, ist bei vielen von uns sicher sehr gut, vielleicht exzellent, aber es ist definitiv zu wenig oder nicht das Richtige für morgen.

> **Strategie wird mit Bleistift geschrieben** !
>
> Eine Strategie ist etwas Lebendiges, etwas, das ständig weiterentwickelt, den aktuellen Bedingungen angepasst werden muss. Strategie muss in die Zukunft reichen und gleichzeitig die Gegenwart bedienen. Wir sprechen hier vom 7-3-1-Prinzip. Die langfristige Perspektive des strategischen Rahmens beträgt etwa sieben Jahre, die mittelfristige Perspektive drei Jahre und die kurzfristige unterjährige Perspektive für die laufende, operative Strategieumsetzung ein Jahr. Dieses Prinzip überführt die Strategie in einen agilen fortlaufenden Prozess, der nie endet. Vom langfristigen Zielbild (sieben Jahre) aus werden die wesentlichen Zwischenschritte und Meilensteine zur Zielerreichung auf einen mittelfristigen Zeitraum (drei Jahre) heruntergebrochen. Eine Strategie hilft uns, unsere großen Visionen und langfristigen Ziele zu operationalisieren, griffiger zu machen. Was muss in den nächsten drei Jahren erreicht sein, um das langfristige Ziel zu realisieren? Dies bildet die Grundlage, die kurzfristig umzusetzenden Aktivitäten (ein Jahr) zu planen und zu verfolgen.

2 Die phasenübergreifenden Faktoren

Alle drei Perioden werden jährlich im Sinne eines Rolling Forecast aktualisiert und um jeweils ein Jahr fortgeschrieben. 7-3-1 ist eine Denkhaltung, ein Prozess, kein Projekt. Auf diese Weise bleibt die Strategie immer aktuell. Veränderte Rahmenbedingungen und erste Rückmeldungen vom Markt auf einzelne Aktivitäten können frühzeitig einbezogen werden. Damit verliert der Begriff »Strategie« gleichermaßen den Anstrich des Abstrakten und ausschließlich Langfristigen. Strategie wird auf diese Weise durch eine agile Methodik sehr lebendig und zum Bestandteil der täglichen Arbeit.

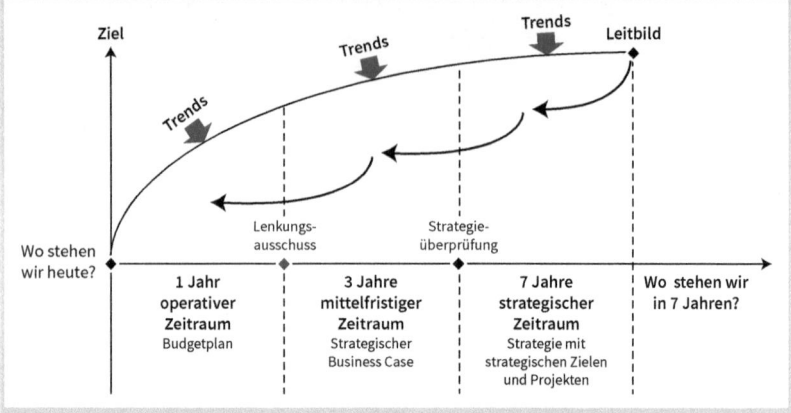

Abb. 3: Das 7-3-1-Prinzip in der Strategieentwicklung (Quelle: Weissman & Cie.)

Wir müssen also die Strategie immer wieder überprüfen. Wenn wir das tun, stellen wir auch das Geschäftsmodell regelmäßig auf den Prüfstand.

2.1.1 Die Bedeutung der Strategie in einer chaotischen Welt

Um die neue Welt mit ihren sich rasant verändernden Märkten zu beschreiben, hat sich der Begriff »VUCA« etabliert. Das Akronym kommt eigentlich aus dem Jargon des amerikanischen Militärs. Dort wird es benutzt, um einen chaotischen Krieg im Unterschied zu einem Krieg mit klarem Frontverlauf zu beschreiben.

Schauen wir uns zunächst einmal an, was die VUCA-Welt ist, wofür die Abkürzung steht.

V = volatility (Volatilität)
U = uncertainty (Unsicherheit)
C = complexity (Komplexität)
A = ambiguity (Ambiguität, Mehrdeutigkeit, keine eindeutigen Grundlagen für Entscheidungen)

Es wird einfacher, die VUCA-Welt zu verstehen, wenn wir das Ganze etwas herunterbrechen. Unsere Welt wird
- **globaler.** Die globale Verflechtung von Wirtschaft, Politik, Kultur und Umwelt wächst.
- **digitaler.** Die digitale Welt bestimmt unser Leben in allen Bereichen und ist ein Motor für Wachstum und Beschäftigung.
- **vernetzter.** Unternehmen, Käufer, Verkäufer, Produkte, Mensch und Maschine sind zunehmend vernetzt.
- **integrierter.** Die Kommunikation ist allumfassend und vernetzt, strategisch und damit zielgerichtet.
- **volatiler.** Unser wirtschaftliches Umfeld verändert sich immer schneller und wird dabei zunehmend unberechenbar.
- **transparenter.** Verbraucher treffen autonome Entscheidungen und lösen sich vom »Diktat« des Marketings.
- **individueller.** Die Forderung der Menschen nach individuellen und relevanten Lösungen nimmt rasant zu.

Aber auch die VUCA-Welt beschreibt die Umgebung, in der unsere Unternehmen heute wirtschaften, nur noch unzureichend. Deshalb noch ein ergänzendes Konzept: Der amerikanische Autor und Zukunftsforscher Jamais Cascio ist der Schöpfer des Akronyms »BANI«. Er hat es zum ersten Mal am 29. April 2020 in einem Beitrag auf der Plattform »Medium«[2] verwendet.

B = brittle (brüchig)
A = anxious (ängstlich)
N = non-linear (nicht linear)
I = incomprehensible (unfassbar)

Hinter BANI steckt der Gedanke, dass die heutigen Probleme weder einfach noch kompliziert noch komplex sind, sondern chaotisch. Kurz: Wir leben in einer chaotischen Umgebung, in der nichts eindeutig ist. Glücklicherweise liefert Cascio auch ein paar Hinweise, wie wir mit BANI umgehen können. Brüchigkeit verlange Belastbarkeit und Lockerheit. Angst trete man am besten mit Achtsamkeit und Sympathie ent-

---

2 https://medium.com/@cascio/facing-the-age-of-chaos-b00687b1f51d

2 Die phasenübergreifenden Faktoren

gegen. Nicht Lineares brauche Kontext. Flexibilität und Unverständlichem begegne man mit Transparenz und Intuition.

Egal, ob nun VUCA oder BANI: Die Welt befindet sich in stetigem Wandel – panta rhei, alles fließt. In dieser Welt gewinnen nicht mehr die Großen gegen die Kleinen, sondern die Veränderungsbereiten gegen die Bewahrenden, die Beweglichen gegen die Schwerfälligen.

> **!** **Ist Ihr Unternehmen beweglich und veränderungsbereit?**
> - Verändert sich Ihr Unternehmen **langsamer** als sein Umfeld?
>   Hier die schlechte Nachricht: Das Angebot des Unternehmens wird zunehmend austauschbar und vermutlich wird das Unternehmen mittelfristig aus dem Markt ausscheiden.
> - Verändert es sich **genau so schnell** wie sein Umfeld?
>   Ihr Unternehmen hat die Grundvoraussetzung, um zu überleben, aber es ist ein Follower. Es muss sich den von anderen gesetzten Standards anpassen. Wettbewerbsvorteile wird es nur geben, wenn Ihr Unternehmen besser wird als das Original.
> - Verändert es sich **schneller** als sein Umfeld?
>   Sie sind der Regelbrecher, derjenige, der neue, innovative Standards setzt und die ganze Branche zwingt, sich daran zu orientieren. Sie handeln nach dem Prinzip »Survival of the fittest«: Sie operieren vor dem Bedarf, nehmen Erwartungen und Herausforderungen des Marktes vorweg und können dadurch verteidigungsfähige Wettbewerbsvorteile aufbauen.

Doch wie sollen wir dieser Welt begegnen, wenn sie sich ständig verändert? Wie sollen wir in dieser Unsicherheit Entscheidungen treffen, eine Strategie festlegen, uns für ein Geschäftsmodell entscheiden?

Die Welt wird anders – »weiter wie bisher« kann somit nicht die Lösung sein.

Werte als Kompass in einer chaotischen Welt
Zunächst einmal sollten wir uns auf das konzentrieren, was jede Strategie überdauert und unser Kompass in dieser verrückten neuen Welt sein kann: unsere Werte. Sie sind das Fundament, auf dem jedes Familienunternehmen gebaut ist, die Basis für Identität und Stolz, Grundlage starker Marken, von Attraktivität und Identifikation. Langlebige Familienunternehmen gründen auf Werten, die den Zusammenhalt der Familie stärken, die Überlebensfähigkeit des Unternehmens erhöhen und die Weitergabe des Unternehmens an die nächste Generation ermöglichen. Doch Werte entfalten ihre positive Wirkung nur dann, wenn sie mit der Strategie und dem Geschäftsmodell übereinstimmen, sich in der Organisation widerspiegeln und von der

2.1 Einbindung in die Unternehmensstrategie

Führung vorgelebt und eingefordert werden. Hinzukommen muss »das Bild einer wünschenswerten Zukunft«, ein Bild, das als Kompass und Orientierung dient, Sinn stiftet, Motivation auslöst. Nur so entsteht eine Unternehmensstrategie, die die Überlebensfähigkeit des Unternehmens in den Mittelpunkt stellt.

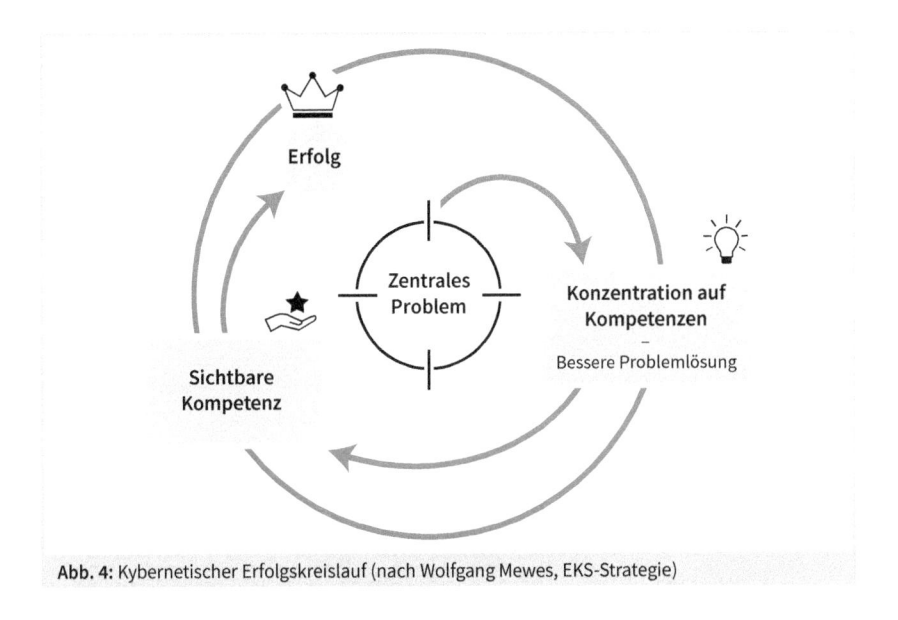

Abb. 4: Kybernetischer Erfolgskreislauf (nach Wolfgang Mewes, EKS-Strategie)

Strategiearbeit muss konkrete Schritte und Etappen auf dem Weg zu den Wettbewerbsvorteilen von morgen liefern, denn sie sind die Ursache für die erfolgreiche Differenzierung vom Wettbewerb. Wer zentrale Marktprobleme sichtbar besser löst als andere, setzt einen kybernetischen Kreislauf in Gang und kann seinen Erfolg nicht verhindern.

2.1.2 Sinn und Unsinn einer digitalen Strategie

Es besteht kein Zweifel, dass die Digitalisierung sowohl unser Privat- als auch unser Geschäftsleben grundlegend verändert hat und es digitale Technologien wie Extended Reality (XR) und künstliche Intelligenz (KI) weiter verändern werden. An Handlungsbedarf für jedes Unternehmen besteht insofern ebenfalls kein Zweifel. Wenn Sie das erkannt haben und anerkennen, muss das Unternehmen zwingend eine an der Unternehmensstrategie ausgerichtete digitale Strategie haben. So müssen

Sie beispielsweise im Bereich Finanzen für entsprechende Investitionen für ausreichend Liquidität sorgen. Ebenso müssen Sie sich mit zukünftigen Geschäftsfeldern, Wettbewerbsvorteilen und Positionierungen, mit den künftig notwendigen Kernkompetenzen und der Gestaltung der Wertschöpfungskette sowie der strategischen Zielrichtung befassen.

Prof. Dr. Kammerlander ist überzeugt, dass insbesondere Familienunternehmen unbedingt eine Digitalisierungsstrategie brauchen: »Sie sollte mit der Strategie des Unternehmens verzahnt sein. Man digitalisiert ja nicht der Digitalisierung wegen. Wenn ein Unternehmer oder eine Unternehmerin nur digitalisiert, weil alle sagen, man müsse es tun, aber sie nicht darüber nachdenken, welche wirtschaftlichen Vorteile – wie etwa Effizienz, Qualität oder die Verbesserung oder Erarbeitung neuer Geschäftsmodelle – es bringt, brauchen sie nicht zu digitalisieren. Also muss man sich als Unternehmer überlegen, welche Ziele man mit der Digitalisierung verfolgt und was sie in der Zukunft bringt. Dafür ist ein Strategieprozess sinnvoll, der die digitale Vision und Mission aufzeigt und konkretisiert.«

Ein zweiter Grund, weshalb Familienunternehmen eine Digitalisierungsstrategie brauchen, ist laut Prof. Dr. Kammerlander die Belegschaft: »In den Interviews für unsere Studie ›Digitale Transformation im Mittelstand und in Familienunternehmen‹ haben Dr. Jonas Soluk und ich festgestellt, dass das Fehlen einer Digitalisierungsstrategie und das Fehlen expliziter Kommunikation oft dazu führte, dass sich jeder etwas anderes unter Digitalisierung vorstellte. Die Marketingabteilung dachte: ›Wunderbar, wir machen Digitalisierung. Wir bekommen also mehr Budget für Social-Media-Kampagnen.‹ Die Produktion sah Industrie 4.0 und eine umfangreiche Vernetzung vor sich. Der Vertrieb dachte an E-Commerce-Shops und die Personalabteilung hoffte auf digitalisierte Prozesse zur Erfassung der Arbeitszeit. Auf jedem Gebiet herrschten unterschiedliche Auffassungen von Digitalisierung, die zwar irgendwo in diesem Gesamtbild zusammenpassten, aber doch sehr unterschiedlich waren. Unterschiedliche Vorstellungen bringen auch unterschiedliche Ergebnisse und erfordern einen unterschiedlichen Aufwand. Um keinen Frust zu erzeugen, sollte das Ganze einmal niedergeschrieben und kommuniziert werden.«

Formulieren Sie in Ihrer digitalen Strategie eine Vision. Sie ist der Leitstern, dem Sie folgen können und von dem Sie Ihre digitalen Ziele ableiten. Die Vision der Gimborn-Gruppe zum Beispiel lautet: »We love cats. And it shows! Die Gimborn Gruppe ist der führende Partner rund um die Fürsorge für Katzen – wir schaffen wert(e)orientiertes

2.1 Einbindung in die Unternehmensstrategie

Wachstum in ausgewählten Kategorien und Märkten mit unseren nachhaltigen und innovativen Marken.«

> »*Eine gemeinsame Vision ist nur dann eine Vision,*
> *wenn sich viele Menschen ihr wahrhaft verschrieben haben,*
> *weil sie ihre eigene, ganz persönliche Zielstellung widerspiegelt.*«
> Peter Senge

Wie die Vision zum Warum wurde !

Start-ups sprechen nicht von einer Vision. Für sie ist das Warum viel wichtiger, die Frage nach dem Sinn. Warum gibt es unser Unternehmen und welchen Nutzen bietet es seinen Kunden, der Gesellschaft, der Menschheit? Das Warum ist nicht so weit weg von der Vision, aber im Laufe der Zeit ist die Vision erodiert. Wenn die Vision erst einmal lautet: »Wir wollen der größte Online-Weinhändler in Deutschland werden«, muss man sich nicht wundern, wenn sich niemand dafür begeistert, weder Mitarbeitende noch Kunden. Wem nützt das denn? Im Wesentlichen doch den Eigentümern. Die Mitarbeitenden haben davon im besten Fall eine etwas höhere Vergütung, die Kunden überhaupt nichts, höchstens hin und wieder eine Rabattaktion. »Wir versorgen Weinliebhaber mit den besten ökologisch angebauten Weinen der Welt – schnell und unkompliziert«, wäre schon besser. Oder die Vision eines Reifenherstellers: »Wir produzieren Reifen, die das Unfallrisiko auf Glatteis um 60 Prozent senken.« Auf jeden Fall lohnt es sich, über das Warum, über die Vision oder den Massive Transformative Purpose (MTP) – was ist das größte Problem, das ich gelöst sehen möchte? – gründlich nachzudenken, denn das zieht Menschen, Kunden und Mitarbeitende an. Meistens werben Unternehmen mit dem, was sie machen (tolles Produkt) und wie (modernste Produktion) sie es machen. Viel wichtiger ist aber zu kommunizieren, warum sie es tun. Nur das berührt Menschen, macht sie stolz, zu Fans und Followern. »Menschen kaufen kein Produkt, weil es so toll ist; sie kaufen, weil sie vertrauen«, sagt der britische Unternehmensberater Simon Sinek.

Der Ausgangspunkt einer digitalen Strategie muss immer das Verständnis davon sein, was der Kunde morgen will und braucht – nicht, was man im Unternehmen noch entwickeln könnte.

In der Entwicklung einer digitalen Strategie sollten Sie Antworten auf folgende Fragen finden:
- Welchen Einfluss haben digitale Technologien auf Ihre Industrie bzw. Branche?
- Wie verändern neue Technologien und digitale Ökosysteme Ihre Geschäftswelt und das Verhalten Ihrer Kunden?

2 Die phasenübergreifenden Faktoren

- Wie werden diese Veränderungen die Wettbewerbsfähigkeit Ihrer Produkte, Services, Ihres Marketings, Ihres Vertriebs und Ihrer operativen Systeme beeinflussen?
- Wann werden diese Veränderungen Sie spürbar beeinflussen?
- Welche Marktteilnehmer sind betroffen?
- Welche Umsetzungs- und Kompetenzlücken gibt es?
- Welche Fähigkeiten müssen aufgebaut werden?
- Gibt es sinnvolle Partnerschaften?
- Welche Anpassungen sind in der Organisation notwendig?

2.1.3 Das Geschäftsmodell in der Strategieentwicklung

! **Geschäftsmodell**

Ein Geschäftsmodell ist die visuelle beziehungsweise beschreibende Darstellung der für den Unternehmenserfolg entscheidenden Schlüsselfaktoren mit dem dazugehörigen Ertragsmodell. Einfach gesagt: Ein Geschäftsmodell ist die Logik, mit der ein Unternehmen seinen Lebensunterhalt verdient.

Das Geschäftsmodell ist innerhalb des »Zehnstufigen Strategiesystems Weissman« (Abbildung 2) einer der wichtigsten Systembausteine: Es bildet ab, wie aus der Zielformulierung von Mission und Vision auf dem Markt Gewinne generiert werden können. Das Zusammenspiel von Strategie und Geschäftsmodell ist für Unternehmen und deren langfristigen Erfolg also elementar. Die Strategie ist dabei Grundlage für die Selektion, Ausarbeitung und Realisierung eines neuen Geschäftsmodells. Sie beinhaltet für Sie als Unternehmer den Zielzustand und legt den Fokus auf die Unternehmenspositionierung innerhalb der angestrebten Märkte. Das übergeordnete Ziel an dieser Stelle ist die nachhaltige Wettbewerbsdifferenzierung. Geschäftsmodelle hingegen befinden sich in der Gegenwart der betrachteten Organisation und legen das Hauptaugenmerk auf den Kunden sowie dessen Nutzen.

Die Validierung eines bestehenden bzw. die Schöpfung eines neuen Geschäftsmodells ist somit vor allem vor dem Hintergrund des strategischen Managements sinnvoll. Denn innerhalb des Strategieprozesses finden sich oft übergeordnete Ziele, die das zu entwickelnde Geschäftsmodell direkt betreffen. Strategie und Geschäftsmodellvorhaben müssen zueinander passen. Eine Verteidigungsstrategie ist für Disruptionen im Geschäftsmodellumfeld meist nicht förderlich und die Unternehmen sehen Disruptionen häufig als mögliche Gefahr. Daher ist es für etablierte Unternehmen sinnvoll, die strategische Bedeutung disruptiver Innovationen in die Strategie aufzunehmen, zu dokumentieren und innerhalb der Organisation zu verdeutlichen. Auf diese Weise kann die Thematik intern aktiv gefördert und das Bewusstsein für die Notwendigkeit für Veränderung bei allen Stakeholdern geschärft werden.

2.1.4 Kontinuierliche Disruptionsanalyse des Geschäftsmodells

Eine kontinuierliche Disruptionsanalyse des Geschäftsmodells ist notwendig, um langfristig besser zu sein als alle anderen. Wenn sich die Rahmenbedingungen verändern, können auch die besten Geschäftsmodelle von heute auf morgen überholt sein. Deshalb ist Voraussicht essenziell. Per Ledermann, CEO von Edding, erkannte früh die Bedrohung durch die Digitalisierung und das papierlose Büro. Er wusste, dass sein Geschäft trotz 80 Prozent Marktanteil bedroht war. Man begann konsequent nach neuen Wachstumsfeldern zu suchen. Eines davon ist »edding code«. Dabei kommt leitfähige Tinte zum Einsatz, die als unsichtbarer Code auf Papier, Verpackungen oder Label gedruckt wird und mittels Smartphone ausgelesen werden kann. Damit bieten sich unter anderem neue Lösungen zur Verifizierung der Echtheit von Markenprodukten und zur Dokumentensicherheit. Eine weitere Innovation ist »edding L.A.Q.U.E.« – Nagellack. Das Design ist dem der edding-Marker nachempfunden.

In unserer jahrzehntelangen Beratertätigkeit haben wir häufig festgestellt, dass selbst in gesättigten Märkten immer wieder neue, innovative Lösungen auftreten, die etablierten Unternehmen Schwierigkeiten bereiten oder gar Marktanteile abnehmen. So wurden beispielsweise lokale Schuhgeschäfte durch Ketten wie Deichmann angegriffen, die wiederum von Onlinehändlern wie Zalando, About You oder Javari bedroht werden. Familienunternehmen können dieser Entwicklung nicht untätig zuschauen, wenn sie ihr langfristiges Überleben sichern wollen. Sie müssen sich von ihren traditionellen Geschäftsmodellen lösen oder sie zumindest hinterfragen und frühzeitig neue Möglichkeiten evaluieren. Denn Geschäftsmodellinnovationen werden künftig die gleiche, wenn nicht sogar eine größere Bedeutung haben als technische oder prozessbezogene Innovationen.

Beispiel

Der Heizungsbauer Thermondo, 2012 gegründet, hat einen Algorithmus entwickelt, den digitalen Heizungsbauer »Manfred«, der auf die unternehmenseigene Produktdatenbank für Gas- und Ölheizungen sowie Solarthermie zurückgreift und in Echtzeit Angebote erstellt.

2 Die phasenübergreifenden Faktoren

Der Algorithmus findet über eine kurze Befragung auf der Website die für den Kunden passende Heizung. In der anschließenden telefonischen Beratung wird das Angebot präzisiert. Vom ersten Kontakt bis zur Installation bietet das Unternehmen alles aus einer Hand. Als Komplettanbieter hält Thermondo die Vertriebsschnittstelle zum Endkunden besetzt und hat in kürzester Zeit eine Marke als Problemlöser aufgebaut. Die Newcomer bieten mittlerweile sogar Leasing-Heizungen an und waren bereits nach kurzer Zeit der größte Kunde des Heizungsherstellers Viessmann. Jetzt geht es den Heizungsherstellern ans Geschäft, denn Thermondo entwickelt nun auch eigene Heizungen, wenn auch nur für Ein- und Zweifamilienhäuser. Der bisherige Kunde wird somit für die Hersteller zum Wettbewerber. Durch die Rundum-Sorglos-Pakete für Thermondo-Kunden werden mittlerweile sogar die Energieversorger herausgefordert.

Dieses Beispiel verdeutlicht anschaulich, dass es keine noch so konservative Branche gibt, die vor Disruption sicher ist. Die kontinuierliche Validierung des eigenen Geschäftsmodells im Rahmen des Strategieprozesses ist zwingend notwendig, damit Sie auch in Zukunft erfolgreich sein können. Wir empfehlen Ihnen dringend, diesbezüglich eine regelmäßige Analysephase im Unternehmen zu etablieren. Setzen Sie dabei nicht ausschließlich auf die Geschäftsführung. Beziehen Sie Menschen aus verschiedenen Fachbereichen und Hierarchieebenen ein. Dadurch erweitern Sie den Wissens- und Erfahrungshorizont des Analyseteams und stellen sicher, dass die Analyse nicht nur aus Ihrer Sicht als erfolgreicher Unternehmer erfolgt.

Mehr dazu finden Sie in der Beschreibung von Phase I des Vorgehensmodells in Kapitel 3.

2.1.5 Eine Strategie ist nur so gut wie ihre Umsetzung

Sie werden die Statistiken kennen, nach denen 60 bis 80 Prozent der Strategien an der Umsetzung scheitern. Die Gründe dafür sind vielfältig, hier nur einige davon:
- fehlende Kommunikation und Transparenz
- Widerstand gegen den Veränderungsprozess
- zu wenig Fokussierung, keine Meilensteine
- fehlende Messbarkeit des Fortschritts
- mangelnde Konkretisierung
- zu wenig Konsequenz

Die Hauptursache für das Scheitern bei der Umsetzung einer Strategie liegt in der Komplexität, die ein solcher Prozess mit sich bringt: Aus den in der Strategieentwicklung erarbeiteten meist sehr abstrakten und schwer greifbaren Zielen müssen nun sehr konkrete Projekte und Maßnahmen abgeleitet werden. Diese sollten bestmöglich aufeinander abgestimmt und mit klaren Verantwortlichkeiten hinterlegt sein. Aber:

- Wie wird sichergestellt, dass jeder Beteiligte seine individuellen Aktivitäten konsequent an den übergreifenden Zielen ausrichtet?
- Wie kommuniziert man die neue Strategie adäquat, damit diese auch von wirklich allen Mitarbeitenden als verbindlich angesehen wird?
- Wie integriert man das alles in das operative Tagesgeschäft?

Wir sind der Meinung, dass die Arbeit mit Objectives and Key Results (OKR) hier eine sehr gute Lösung darstellt.

Eine ausführliche Vorstellung von OKR finden Sie in Kapitel 6.2.

2.2 Weiterentwicklung der Unternehmenskultur

Eine Unternehmenskultur zu managen ist,
wie einen Pudding an die Wand zu nageln.

Die Entwicklung der Unternehmenskultur ist der zweite phasenübergreifende Faktor, wenn Sie ein digitales oder gar disruptives Geschäftsmodell entwickeln möchten – vielleicht sogar der schwierigste.

Denn hier geht es um Menschen, wie sie miteinander arbeiten, wie sie denken. Ein Veränderungsprozess im Ausmaß der digitalen Transformation stellt das bis dato gültige Miteinander, ja das gesamte Mindset der Organisation und jedes Einzelnen mehr oder weniger zur Disposition. Das bringt Ängste, Gefühle der Unzulänglichkeit und Bedrohung sowie Widerstand hervor.

Eine Änderung der Unternehmenskultur lässt sich nicht verordnen, sie muss sich entwickeln, kontinuierlich und konsequent gefördert werden. In Abbildung 5 sehen Sie, welche Aspekte in die Unternehmenskultur einfließen. Sie können nicht isoliert betrachtet werden, sondern nur im Zusammenhang. Wenn sich beispielsweise der Führungsstil nicht entsprechend ändert, werden sich auch Kommunikation und Fehlertoleranz nicht entwickeln. Wenn sich die Unternehmensführung Neuem

2 Die phasenübergreifenden Faktoren

gegenüber verschließt, werden auch die Mitarbeitenden nicht offen für Neues und Veränderung sein. Doch genau diese Offenheit ist unabdingbar für die Entwicklung digitaler und disruptiver Geschäftsmodelle.

»Unternehmenskultur ist die Summe aller Selbstverständlichkeiten im Unternehmen.«
Jill Schmelcher, Gesellschafterin Weissman & Cie.

Abb. 5: Elemente der Unternehmenskultur (Quelle: eigene Darstellung)

2.2.1 Unternehmenskultur in Familienunternehmen

Die Entwicklung und Implementierung digitaler und disruptiver Geschäftsmodelle erfordert eine entsprechende Unternehmens- und Führungskultur. Die noch immer in vielen Familienunternehmen vorherrschende patriarchale Führungskultur läuft sowohl der Entwicklung digitaler und disruptiver Geschäftsmodelle zuwider als auch den Wünschen junger Nachfolger und neuer Mitarbeitergenerationen, die sich mehr eigenverantwortliches Arbeiten, Entscheidungsfreiheit und Teamarbeit wünschen. Das heißt für Führungskräfte, sich auf Moderations-, Förder- und Begleitungsfunktionen zu konzentrieren statt auf klassische Managementaufgaben.

2.2 Weiterentwicklung der Unternehmenskultur

Management findet immer auf der Sachebene statt, Führung hingegen auf der Beziehungsebene.

Gute Führung basiert auf Vertrauen, Verantwortung und Verbindlichkeit. Zu einer zeitgemäßen Führung gehören eine ehrliche, konsistente Kommunikation und transparente Entscheidungen. Das bedeutet für viele Führungskräfte loszulassen, den Mitarbeitenden mehr Verantwortung und Entscheidungsbefugnisse zuzugestehen, auf Herrschaftswissen zu verzichten. Es ist Aufgabe der Führungskräfte, für ein Umfeld zu sorgen, in dem sich die Mitarbeitenden entwickeln wollen, es können (Enablement) und auch dürfen. Dazu gehört, dass Mitarbeitenden Fehler gestattet sind.

Wenn Sie Ihren Mitarbeiterinnen und Mitarbeitern eine größere Entscheidungsbefugnis geben, müssen Sie auf die Entscheidungskompetenz jedes Einzelnen vertrauen und dürfen ihn bei einer falschen Entscheidung nicht im Regen stehen lassen. Auch wenn es hin und wieder eine »falsche« Entscheidung geben mag, ist doch der Nutzen von Fehlern ungleich größer: Ohne die Freiheit, Fehler zu machen, kann keine Innovation entstehen. Die Mitarbeitenden sind die Experten für ihre Arbeit – trauen Sie ihnen etwas zu.

Beispiel !

In einem Unternehmen sollten Prozesszeiten und Ausfälle in der Endmontage reduziert werden. Normalerweise hätten sich die Fertigungsplaner mit dieser Aufgabe beschäftigen müssen. In diesem Fall wurden jedoch die Produktionsmitarbeiter aufgefordert, sich im Rahmen der Digitalisierung zu überlegen, wie man das Problem beheben könnte, und ihre Ideen auch umzusetzen. Als Anerkennung sollten die Mitarbeitenden einen Anteil an der Kosteneinsparung erhalten. Jeder war nach dieser Ankündigung darauf bedacht, seine Prozesse eigenständig zu optimieren. Die Erfolge waren signifikant, denn das Team in der Produktion war in diesem Fall der Experte. Die Teammitglieder wussten durch die tägliche Praxis besser als jeder Fertigungsplaner, wo etwas nicht rundlief und was dagegen getan werden konnte.

Einen weiteren Aspekt sollten Sie ebenfalls nicht vergessen: Führungskräfte haben eine Vorbildfunktion. Sie sind sozusagen die Promis, die von den Paparazzi, den Mitarbeiterinnen und Mitarbeitern, ständig genauestens beobachtet werden. Das gilt in Familienunternehmen ganz besonders für die Unternehmerfamilie. Wenn sie Veränderungen nicht ernst meint und vorantreibt, bleibt die Weiterentwicklung der Unternehmenskultur ein frommer Wunsch.

Die Führungskultur bestimmt die Unternehmenskultur, die der Schlüssel für die künftige Innovations- und Wettbewerbsfähigkeit ist. Von der Führungskultur hängen Motivation, Leistung und Erfolg der Mitarbeitenden ab. Wenn die Führungskultur mit der beabsichtigten strategischen Veränderung nicht konform geht oder ihr sogar widerspricht, bleibt die Unternehmenskultur, wie sie ist, und dann wird sich gar nichts ändern oder nur per Befehl top-down. Doch jede so erzwungene Veränderung kann nur kurzlebig sein und die Strategie kann nicht nachhaltig umgesetzt werden. Norbert Heckmann, Sprecher der Geschäftsleitung der Adolf Würth Gmbh & Co. KG, sieht den Zusammenhang zwischen Führungs- und Unternehmenskultur sowie Innovationsfähigkeit ebenfalls. Er ist überzeugt: »Wenn die Unternehmenskultur Innovationen nicht fördert, gibt es keine disruptiven Ideen. Reinhold Würth sagt seit 60 Jahren: ›Mich interessiert, was hinter dem Berg ist oder um das Eck.‹ Das heißt ja nichts anderes als ›ich will innovative Lösungen‹, egal welcher Ausprägungen. Wenn ich keine eigenen Ideen habe, brauche ich Partner, die mich auf Dinge aufmerksam machen, an die ich bisher nicht gedacht habe.«

! **Nichts macht erfolgreicher, als andere erfolgreich zu machen**

Führung bedeutet, Menschen auf ein höheres Niveau zu bringen. Wer ein Unternehmen führt, hat genau diese Aufgabe – bei sich selbst und bei den Mitarbeitenden. Ob jemand eine Führungskraft ist, entscheidet nicht die Position im Organigramm, sondern das entscheiden die Mitarbeitenden. Führende haben Folgende!

Für Familienunternehmen ist es sicherlich schwierig, ein digital souveränes Unternehmen zu schaffen, ohne dabei die Herkunft zu vergessen. Der Spagat zwischen Tradition und Innovation, dem Erhalt der Werte und der notwendigen Neuausrichtung am Markt kann jedoch gelingen. Dazu ist vor allem eine Führung nötig, die der Innovation Raum gibt, zum Beispiel in einer eigenen Abteilung oder einem Spin-off.

Die Besetzung der Führungspositionen ist die wichtigste strategische Entscheidung.

2.2.2 Digitale vs. analoge Kultur

Die Unterschiede zwischen digitaler und analoger Kultur zeigen sich in erster Linie in den Arbeits- und Denkweisen, aber auch in der Organisationsstruktur. In der folgenden Tabelle werden einige beispielhafte Unterschiede aufgelistet.

Digitale Kultur	Analoge Kultur
scheitern, ausprobieren	Null-Fehler-Toleranz
build – measure – learn	Wasserfall-Methode
Innovation vom Kunden aus gedacht	Innovation von innen
Minimum Viable Product (MVP)	perfektes Produkt
kunden- und datengetrieben	produkt- und servicegetrieben
Netzwerke	Kooperationen
Teams	Einzelkämpfer/Hierarchien
Offenheit und Neugier	Verteidigung des Gewohnten
Teilen	Herrschaftswissen
Selbstverantwortung	Kontrolle

Tab. 1: Digitale vs. analoge Kultur

Es lassen sich sicherlich noch mehr Unterschiede zwischen digitaler und analoger Kultur finden. Der wesentliche Unterschied liegt aber nicht in der Methodik, sondern im Verhalten und der Haltung der beteiligten Personen. Wenn in Ihrem Unternehmen die Haltung vorherrscht »Der neue Kram bringt doch nichts. Wir sind erfolgreich seit über 50 Jahren«, dann wird es ein sehr schwieriger Weg. Wenn Ihre Ingenieure ihr Pflichtenheft mehr lieben als freies Denken und wenn sie ständig versuchen, sich abzusichern, werden Sie ein Problem haben. Das sollte Sie aber nicht entmutigen, denn in jedem Unternehmen finden sich Menschen, die »out of the box« denken, Neuem mit Offenheit und Neugier begegnen und mit Freude in ein innovatives Team wechseln werden. Die Frage, die Sie sich stellen müssen, lautet: »Möchte ich diese Innovation und bin ich bereit, in diesen Bereich zu investieren, meinem Innovationsteam den Rücken zu stärken und Fehlschläge zu akzeptieren?«

2.2.3 Digital Mindset

Die größte Herausforderung ist es, etwas im Kopf zu verändern.

Digitale und/oder disruptive Geschäftsmodelle bringen immer grundlegende Neuerungen in Unternehmen und ganzen Branchen mit sich. Veränderungsbereitschaft und Agilität sind daher wichtige Merkmale der neuen Unternehmenskultur. Mitarbeitende und Führende müssen in der Lage sein, sich immer wieder schnell auf Neues in verschiedenen Dimensionen einzustellen.

Digitale und disruptive Geschäftsmodelle verlangen neue Denkansätze, die sich im Prozess der Entwicklung häufig selbst torpedieren können. Dann müssen sie von Neuem überdacht und die alten Ansätze möglicherweise verworfen werden. Schenken Sie neuen Denkweisen und von der Norm abweichenden Herangehensweisen der Mitarbeitenden Anerkennung. Fördern Sie Menschen, die unkonventionell denken, wissbegierig und neugierig, offen gegenüber Neuem und digital affin sind, sich neuen Themen öffnen, über den eigenen Tellerrand hinausschauen. Lassen Sie sie bei einem Fehler nicht im Regen stehen. Ermutigen Sie Ihre Mitarbeiterinnen und Mitarbeiter, aus dem Scheitern die richtigen Erkenntnisse zu ziehen und zu lernen.

> *Wenn sich das Mindset nicht verändert, wird die digitale Transformation zur Mission Impossible.*

Wer zuerst kommt ...
In vielen Unternehmen begegnen wir potenziell erfolgversprechenden, aber risikoreichen Ideen, die jedoch nicht bis zur Marktrealisierung unterstützt werden. Den Unternehmen ist das Risiko des Scheiterns zu groß und es wird konsequent vermieden. Die Führungsebene bleibt lieber im sicheren Fahrwasser des bereits Bekannten und der in der Vergangenheit erworbenen Erfahrung. Dadurch wird aber jungen Start-ups der Vortritt gelassen. Die Verantwortlichen glauben, das etablierte Unternehmen könne noch einsteigen, wenn die Start-ups die Innovation erst einmal erfolgreich realisiert hätten. Allerdings ist es dann häufig zu spät, denn es gilt meistens das Prinzip »the winner takes it all«. Fördern und integrieren Sie Risikobereitschaft in die Unternehmenskultur. Vergessen Sie nicht: Eine neue Fehlerkultur und mehr Risikobereitschaft müssen vom Topmanagement ausgehen und getrieben werden.

2.2.4 Der Frustfaktor in der Kompetenzentwicklung

Kennen Sie das? Sie kommen in ein Unternehmen, in dem Ihnen der Chef stolz die Café- und Loungebereiche im Großraumbüro zeigt und zum Schluss auf den komplett verstaubten Tischkicker verweist. Der Tischkicker macht ein Unternehmen ebenso wenig zu einer agilen Organisation wie Design-Thinking- oder Scrum-Seminare.

2.2 Weiterentwicklung der Unternehmenskultur

Agilität funktioniert nur, wenn die Mitarbeitenden Verantwortung übernehmen wollen, können und dürfen. Agile Methoden setzen auf interdisziplinäre Teams, Visualisierung, Transparenz und einen klar umrissenen Innovationsprozess. Die agilen Werkzeuge, derer man sich bedient, sind nicht schwierig in der Handhabung. Um neue Ideen zu entwickeln, brauchen die Mitarbeitenden Schulungen in den Methoden, die eingesetzt werden. Dabei muss darauf geachtet werden, was für das Unternehmen und die einzelnen Mitarbeiter auf ihrem individuellen Entwicklungsstand sinnvoll ist. Nicht jeder muss Design Thinking oder Lean Start-up beherrschen, aber davon gehört, eine Ahnung haben, worum es sich handelt und was damit erreicht werden soll, ist für alle Mitarbeitenden sinnvoll und erstrebenswert. Ermöglichen Sie allen, ihre Fähigkeiten zu nutzen und zu trainieren, zum Beispiel in einfachen Projekten, die auch umsetzbar sind. Dafür eignen sich beispielsweise Prozessoptimierungen. Bieten Sie, wo nötig, Coachings an.

Agile Instrumente !

OKR – Rahmenwerk zur demokratischen Zielsetzung
Design Thinking – systematische, teambasierte Herangehensweise zur Ideenfindung
Scrum – Rahmenwerk zur empirischen, inkrementellen und iterativen Lösungsentwicklung
Kanban – Rahmenwerk zur Produktionsprozesssteuerung
Holokratie – flache, rollenbasierte Organisationsmodelle

Digital Cells !

Denken Sie auch an die Mitarbeitenden, die eine Affinität zu Digitalisierung haben, zum Beispiel jüngere Mitarbeitende. Sie brauchen mehr Input und mehr Möglichkeiten, neu erworbene Fähigkeiten und Kenntnisse auszuprobieren, als Menschen, die sich eher schwertun, sich von alten Vorgehens- und Denkweisen zu lösen. Eine Möglichkeit, junge und digital affine Mitarbeitende einzubinden, sind Digital Cells, kleine interdisziplinäre Teams, die überschaubare Digitalprojekte vorantreiben. Es muss ja nicht gleich ein disruptives Geschäftsmodell sein. Den Mitgliedern der Digital Cells sollten Sie auch weitergehende Fortbildungsmöglichkeiten bieten. Sie können zu Keimzellen der digitalen Transformation werden.

Für einfache Probleme braucht man keine Agilität. Agile Methoden sind sinnvoll in einem Umfeld, das von Unsicherheit geprägt ist und sich schnell verändert. Einen neuen Rückspiegel oder Motor zu entwickeln, erfordert nicht unbedingt Agilität. Wenn der Automobilhersteller aber zum Mobilitätsanbieter werden will, ist Agilität sinnvoll.

2 Die phasenübergreifenden Faktoren

Das Gießkannenprinzip in der Kompetenzentwicklung wird künftig nicht mehr funktionieren. Jeder Mitarbeitende wird ein eigenes Kompetenzmodell brauchen, dessen Schwerpunkt auf seiner Persönlichkeit, seinen Fähigkeiten liegt und auf der Frage: »Was möchte/muss ich morgen können?«

Wenn die Umsetzung der Strategie neue Kompetenzen verlangt oder Mitarbeitende den Anforderungen nicht gerecht werden, müssen sie die geforderten Kompetenzen erwerben können oder eine Aufgabe bekommen, die sie erfüllen können. Manche Mitarbeitende stehen auch an einem Platz, der ihren Fähigkeiten nicht entspricht. Die Aufgabe langweilt sie. Unterforderung ist genauso demotivierend und frustrierend wie Überforderung.

Menschen können ihr Potenzial nur voll ausschöpfen, wenn die Rahmenbedingungen ihnen dies erlauben. Zu den Rahmenbedingungen gehören Leistungsfähigkeit bzw. Kompetenz, Leistungsbereitschaft bzw. Motivation und die Leistungsbedingungen bzw. Arbeitsinstrumente. In der Teamkompetenzmatrix brechen wir die Kompetenzanforderungen, die sich aus der Strategie ergeben, auf Abteilungen oder Teams herunter und stellen uns die Frage: Welche Kompetenzen benötigt das Team heute und in Zukunft, um die Strategie optimal umsetzen zu können? Sobald die relevanten Kompetenzfelder erfasst sind, werden alle Teammitglieder hinsichtlich ihrer Kompetenz im einzelnen Kompetenzfeld bewertet. Dabei hat sich die Einteilung in Einsteiger, Anwender und Experten bewährt.

Kompetenz	Einsteiger	Anwender	Experten
A Fachliche Anforderungen			
Projektmanagement	• Er/Sie kennt theoretisch und praktisch Projektmanagementtools. • Er/Sie hat bereits in Projekten als Teilprojektleiter gearbeitet und auch als Projektleiter in kleineren Projekten.	• Er/Sie hat einen fundierten Erfahrungsschatz in der Projektarbeit aufgebaut und beherrscht alle einzusetzenden Instrumente (Projektplanung bis Projektcontrolling und -beurteilung).	• Er/Sie ist ein exzellenter Projektmanager und gefragter Projektcoach.

2.2 Weiterentwicklung der Unternehmenskultur

Kompetenz	Einsteiger	Anwender	Experten
B Organisatorische Anforderungen			
Planung und Aufgabenverteilung im Projektmanagement	• Im Bereich Projekte verschafft er/sie sich einen grundlegenden Überblick über alle in der Firma X laufenden und geplanten Projekte (Masterplan). • Er/Sie kann die grundsätzlichen Aufgabenverteilungen der Projektmitarbeitenden je Projekt beurteilen.	• Aufgrund der Masterplanung kann er/sie erarbeitete Projektbudgets in der Firma X in einen Gesamtkontext stellen. • Er/Sie kann den Mitarbeitereinsatz in Projekten der Firma X hinsichtlich Über- oder Unterdeckung bewerten und ggf. Umverteilungen vornehmen.	• Er/Sie steht Projektleiterinnen und -leitern in allen Projektbudgetierungs- und Mitarbeiterplanungsaufgaben als Coach zur Verfügung.
C Soziale Kompetenz			
Führungsfähigkeit in Projekten	• Projektarbeit stellt besondere Anforderungen an die Führungskompetenz. Er/Sie verschafft sich regelmäßig einen Überblick über die laufenden Projekte und berücksichtigt dabei die individuelle Belastungssituation der im Projekt Mitarbeitenden.	• Er/Sie führt eigene Projekte, indem er/sie Mitarbeitende individuell eher steuernd oder eher koordinierend unterstützt. • Er/Sie sucht nach Ansatzpunkten, diese Art der Führung auch bei anderen Projektleitern zu etablieren.	• Er/Sie führt und fördert die einzelnen Teammitglieder, – indem er/sie projektspezifische, fachliche und individuelle Ziele mit den Projektmitarbeitenden vereinbart; – die Mitarbeitenden bei der Erarbeitung begleitet. • Er/Sie stellt sicher, dass dies in allen Projekten der Firma X so gehandhabt und durchgeführt wird.

2 Die phasenübergreifenden Faktoren

Kompetenz	Einsteiger	Anwender	Experten
D Denkrahmen			
Denkrahmen Projektmanagement	• Er/Sie versteht die jeweiligen Projektziele und die zugrunde liegende Planung (Aktivitäten und Meilensteine). • Er/Sie sucht nach prinzipiellen Ansatzmöglichkeiten, das jeweilige Projekt inhaltlich und zeitlich voranzutreiben (Sicherstellung der Meilensteine).	• Er/Sie hinterfragt die jeweiligen Projektziele und die zugrunde gelegte Planung. • Er/Sie stellt alle Projekte in der Firma X in einen Zusammenhang und kann dadurch Priorisierungen in der Masterplanung vorschlagen und dies auch unterjährig durchführen.	• Er/Sie sucht nach Verbesserungspotenzialen in den einzelnen Projekten, d. h. er/sie versteht sich als inhaltlicher Ideengeber und als Coach für effizientes Projektmanagement. • Er/Sie entwickelt neue Projektthemen aus der Unternehmensanalyse von Firma X sowie aus dem unternehmerischen Umfeld (Entwicklungen in der Branche, gesetzliche Veränderungen, Mitarbeiterbefragung ...).

Tab. 2: Teamkompetenzmatrix (Quelle: Lisa Ahrweiler-Weissman)

Auf diese Weise entsteht ein Ist-Kompetenzprofil des Teams. Beim Vergleich von Ist und Soll werden die Kompetenzlücken deutlich, woraus der Schulungs- und Entwicklungsbedarf für jeden Einzelnen abgeleitet werden kann. In der digitalen Welt geht es um Teams. Mit diesem Kompetenzmodell rücken Sie das Team in den Vordergrund, geben jedem, was er braucht, und geben ihm im Team den richtigen Platz.

Und noch einmal zurück zum Tischkicker und den Seminaren: Niemand wird den Tischkicker nutzen, solange der Vorgesetzte mit gerunzelter Stirn oder hochgezogenen Brauen daran vorbeigeht, sobald jemand spielt. Wer euphorisch vom Design-Thinking-Seminar zurückkommt und sein Wissen nie anwenden kann, ist frustriert und demotiviert. Stellen Sie sicher, dass Kommunikation und Handeln der Führenden übereinstimmen.

Mehr über die Rolle der Führung erfahren Sie in Kapitel 7.

Unternehmen müssen Plattformen sein, auf denen sich Mitarbeiter entfalten können, um bessere Ergebnisse zu erzielen.

Sie sollten sich bewusst sein, dass Sie für ein Innovationsteam, das ein digitales oder disruptives Geschäftsmodell entwickeln soll, vermutlich nicht alle Teammitglieder im eigenen Unternehmen finden werden. Ein gemischtes Team ist eine gute Sache, denn die Teammitglieder von außen haben keine Geschichte mit dem Unternehmen und sind nicht in dessen Prozessen verhaftet. Sie haben einen anderen Blickwinkel, bringen neue Erfahrungen und Kompetenzen ein.

In einem gesunden Unternehmen haben Mitarbeiter kein Mitspracherecht. Sie haben eine Mitsprachepflicht!

2.2.5 Kommunikation: Schlüsselelement der Veränderung

Wenn die Mitarbeitenden nur sehen, »dass es läuft«, dass sie Überstunden schieben und die Auftragsbücher überquellen, sind sie ohne entsprechende Kommunikation seitens der Führung nicht in der Lage, Bedrohungen bzw. die Notwendigkeit zur Veränderung zu erkennen. Für sie scheint alles in bester Ordnung. Noch schlimmer ist es, wenn Mitarbeiterinnen und Mitarbeiter die Bedrohung erkennen, aber mit ihrem Anliegen nicht ernst genommen werden oder wegen allen anderen dringlichen Aufgaben keine Zeit haben, über eine Problemlösung nachzudenken. Es ist entscheidend für den Erfolg jeder Veränderung, deren Notwendigkeit und Sinn zu erklären sowie entsprechend zu handeln. Eine Veränderung mit disruptivem Charakter in Ihrem Geschäftsmodell hat erhebliche Auswirkungen auf die gesamte Organisation und die Abläufe. Mitarbeitende und Führende müssen verstehen, warum die bevorstehenden Schritte notwendig sind, und sich sicher sein, dabei begleitet zu werden. Verstehen sie es nicht oder fühlen sie sich alleingelassen, werden sie den Change nicht mittragen, sondern eventuell sogar dagegenarbeiten.

»Die Erfahrung zeigt, dass die meisten Bedenken der Mitarbeitenden von Firmen, die digitalisieren, von der Sorge der Überforderung getrieben werden«, sagt Prof. Dr. Kammerlander. »Es ist nun einmal über eine gewisse Zeit sehr viel Mehraufwand,

2 Die phasenübergreifenden Faktoren

weil neue Systeme gepflegt werden und Mitarbeitende sich weiterbilden müssen.« Mit einer konsistenten Kommunikation können Sie nicht nur die Loyalität und das Engagement Ihrer Mitarbeiter sichern, sondern wirken auch der Angst vor Überforderung und Veränderung entgegen.

Prof. Dr. Kammerlander empfiehlt Unternehmerfamilien und Geschäftsleitungen darüber hinaus, sich Gedanken darüber zu machen, wie sie mit einem ganz speziellen Typ von Mitarbeitenden umgehen möchten: »Es handelt sich hierbei um die jungen, smarten, gut ausgebildeten Mitarbeitenden Ende 20, Anfang 30, die alles verstehen und sich an dieser Stelle vielleicht noch mehr einbringen möchten als an anderer Stelle und als andere Mitarbeitende. Diese Mitarbeitenden können auf zwei Arten gesehen werden: als die Nervensägen, die ständig mehr wissen möchten oder als wichtiges Asset für die Firma. Wenn man als Unternehmen eine Möglichkeit findet, diese Digital Natives einzufangen, ihnen mehr Informationen zukommen zu lassen und sie an dieser Stelle verstärkt einzusetzen, kann man einen deutlichen Mehrwert für das Unternehmen generieren und zudem die Zufriedenheit der Mitarbeitenden erhöhen.«

Beachten Sie bei Ihrer Kommunikation die folgenden Grundsätze:
- Die Unternehmensführung muss sich aktiv an der Kommunikation beteiligen und nicht nur informieren.
- Ermuntern Sie die Mitarbeitenden zur Diskussion.
- Achten Sie darauf, dass das, was Sie sagen, mit Ihrem Handeln übereinstimmt.
- Nutzen Sie alle Wege der Kommunikation inklusive Trainingsprogrammen, Feedbackgesprächen oder Routinebesprechungen, Websites, Social Media und Chats.
- Vergessen Sie die Gefühle nicht. Wenn sich Mitarbeitende verweigern, geht es meistens nicht um Sachthemen, sondern um Gefühle wie Angst oder Unsicherheit. Gute Gefühle dagegen bringen jede Menge Motivation und Energie.
- Der Mensch kommt viel besser mit Geschichten und Bildern zurecht als mit nüchternen Informationen und Fakten. Erzählen Sie von einer positiven Zukunft. Lassen Sie Mitarbeitende von ersten Erfolgen, die Teams oder Abteilungen haben, berichten.
- Sprechen Sie die Sprache derer, die Sie erreichen möchten.
- Betrachten Sie die Kommunikation mit Mitarbeitenden als interne Marketingkampagne.
- Kommunikation unterstützt Sie dabei, Entscheidungen transparent und nachvollziehbar zu machen.

Bringen Sie die interne Kommunikation auch technisch auf den neuesten Stand. Es gibt zahlreiche Lösungen für (Social) Intranets sowie Kollaborationslösungen für jeden Bedarf. Es wird kaum einen Mitarbeitenden geben, der privat nicht Social Media, Clouds, Chats und Videocalls nutzt. Alle erwarten beruflich denselben »Komfort« wie im privaten Leben. Schaffen Sie die Voraussetzungen dafür mit Hard- und Software.

2.3 Anpassung der Organisationsstruktur

Die Organisation, also die Unternehmensstruktur ist der Rahmen zur Umsetzung der Strategie. Die Organisation muss der Strategie folgen und deren Erfordernisse abbilden. Denn nur so lassen sich die aufgrund der Strategie und der relevanten Treiber entwickelten Geschäftsmodelle realisieren. Alle Prozesse und Strukturen müssen entsprechend ausgerichtet sein. Die Organisationsform muss zum Unternehmen passen und die Umsetzung der Strategie erlauben. Hierarchisch organisierte Unternehmen tun sich angesichts komplexer und sich rasant verändernder Märkte sowie der Notwendigkeit hoher Flexibilität und Agilität zunehmend schwer. Die Organisationen der Zukunft werden vernetzte und virtuelle Organisationen sein. Dafür verbinden sich voneinander unabhängige Unternehmen, Geschäftseinheiten und/oder Einzelpersonen für die Dauer eines bestimmten Projekts oder Auftrags. Gegenüber Dritten tritt die virtuelle Organisation als einheitliches Unternehmen auf. Der physische Standort der einzelnen Mitwirkenden ist irrelevant. Ziel solcher zeitweiliger Zusammenschlüsse ist es, eine besonders kundenorientierte und wettbewerbsfähige Leistungserstellung zu erreichen. Digitale Technologie ist dafür der Enabler.

Die Organisation ist das Vehikel, um die in der Strategieentwicklung identifizierten Wettbewerbsvorteile und die zugrunde liegenden Kernkompetenzen erfolgreich am Markt umzusetzen.

Die Strategie legt fest, welche Kompetenzen aktuell, in einem Jahr, drei und sieben Jahren gebraucht werden. Die Organisation muss so aufgebaut sein, dass sie diese Kompetenzen abbilden kann. Das kann zum Beispiel bedeuten, dass in der Geschäftsführung ein Digital- oder Plattformexperte angesiedelt sein muss, wenn Sie auf ein disruptives digitales Geschäftsmodell setzen. Mit Sicherheit werden Marketing und Vertrieb angepasst werden müssen. Dort muss viel stärker als bisher das Kundenverhalten analysiert und Anpassungen beim Angebot vorgenommen werden. Das wiederum erfordert eine andere Zusammenarbeit mit anderen Unternehmenschteilen, eine höhere Kompetenz bezüglich Daten und Customer Journey sowie eine andere Incentivierung für den Vertrieb. Dieses Spiel können Sie letztlich mit allen Abteilungen Ihres Unternehmens machen, denn die Digitalisierung verändert alles, nicht nur die IT oder die Produktion.

Nur durch das Zusammenspiel der drei phasenübergreifenden Faktoren unseres Modells – Strategie, Unternehmenskultur, Organisation – können innovativ denkende Mitarbeiter und disruptive Ideen gefördert, entwickelt und die Ideen unter besten Voraussetzungen zielführend ausgearbeitet und vorangetrieben werden.

2.3.1 Kein Patentrezept für die agile Organisation

Es gibt für Agilität und agile Organisationen keine eindeutige Definition. Agilität beinhaltet aber mit Sicherheit die Fähigkeit einer Organisation, sich auf Unsicherheit einzustellen und Entscheidungen unter Unsicherheit zu treffen. Diese Fähigkeit ist für die Entwicklung digitaler und/oder disruptiver Geschäftsmodelle eine elementare Voraussetzung. Entsprechende Team- und Projektarbeit, größere Verantwortung und Entscheidungsfreiheit für den Einzelnen und für Teams unterstützen die Entwicklung einer agilen Organisation.

> **!** **Agile Organisation**
>
> Für uns ist eine agile Organisation eine Organisation, die in der Lage ist, sich kontinuierlich und schnell an eine komplexe, turbulente und unsichere Umwelt anzupassen. Agile, im Wortsinne bewegliche Organisationen stellen demnach das Gegenteil zu organisationaler Trägheit dar.

Doch warum brauchen wir überhaupt eine agile Organisation?
Lassen wir zunächst Zahlen sprechen:
- Über 40 Prozent aller agilen Organisationen verzeichnen überdurchschnittliche Ergebnisse.
- Sie erzielen bis zu fünf Mal häufiger höhere Margen und stärkeres Wachstum als ihre Wettbewerber.
- Sie erreichen eine kürzere »Time to Market« als normale Organisationen.
- Agile Frameworks (v. a. Scrum) führen zu 25 Prozent mehr nutzbarem Code bei gleicher Zeit.

Doch es geht nicht nur um Zahlen. Die klassische hierarchische Organisation ist nicht flexibel genug, ihre Prozesse und Regeln zu starr, um die Anforderungen der Märkte an Schnelligkeit und Wendigkeit zu erfüllen. Es geht heute nicht mehr um den massenhaften Ausstoß von Produkten zu geringsten Kosten. Individualität und maximaler Kundennutzen sind heute die Dinge, die von Unternehmen erwartet werden. Unternehmen müssen die Problemlöser ihrer Kunden werden. Diese Erwartungen können agile Unternehmen besser erfüllen.

Bei der Feuerwehr oder in der Armee muss einer das Sagen haben und die anderen müssen ihm gehorchen. In der Produktion müssen Perfektion und Qualität einen hohen Stellenwert einnehmen. Darüber kann nicht diskutiert werden, doch wenn es um Entwicklung, um neue Ideen und insbesondere um digitale und disruptive Geschäftsmodelle, um kreative Leistung, Schnelligkeit und Flexibilität geht, hat das Kästchenorganigramm ausgedient.

Manche sind der Meinung, das klassisch-hierarchische Modell müsse auf den Kopf gestellt werden, andere sehen die Organisation der Zukunft als Baum oder als Satelliten-Modell, auf jeden Fall soll die Oberfläche nach außen größer sein als bisher und es soll fachübergreifend gearbeitet werden. Das geht natürlich nicht, wenn niemand über den Tellerrand schauen und keine Entscheidungen treffen darf. Kollaboration statt Konkurrenz der Silos um Macht und Budgets sollte künftig die Devise sein. Johannes Steegmann, Co-Geschäftsführer Fressnapf-Gruppe, betont die Notwendigkeit der völligen Veränderung: »Das Unternehmen muss sich komplett neu erfinden, wenn Sie beginnen, eine Plattform und ein Ökosystem aufzubauen. Plötzlich ist alles digital und miteinander verknüpft. Prozesse, die Art und Weise der Zusammenarbeit und die Unternehmenskultur ändern sich. Es werden neue Mitarbeiter eingestellt und auch die langjährigen Mitarbeiter müssen lernen und sich entwickeln. Die Organisationsstruktur passt nicht mehr, da der Silo-Gedanke nicht mehr zeitgemäß ist, sowie integrativer und über Bereichsgrenzen hinweg in Produktteams zusammengearbeitet wird.«

Der Großteil der Familienunternehmen wird von einem klassischen, hierarchischen Organisationsaufbau aus starten. Letztlich ist die Organisationsform ein Hilfsmittel, um Aufgabenstellungen leichter, schneller und effizienter zu lösen. Insofern muss die Gestaltung der Organisation zur Strategie passen. Eine agile Organisation ohne die Anforderungen einer entsprechenden Strategie ist sinnlos. Deshalb kann es auch sein, dass manche Unternehmen niemals zur agilen Organisation werden, sondern zum Beispiel im Stadium der Projektorganisation oder der hybriden Organisation verharren. Es gibt demzufolge keinen Zwang, alle Hierarchien abzubauen. Letztlich muss folgende Frage beantwortet werden: Hemmen Hierarchien, Spielregeln und Gewohnheiten die Organisation und kann sie, so wie sie ist, ausreichend flexibel agieren?

Experten sehen die Projekt-, die Matrix-, die hybride und die digitale Organisation als Vorstufen zur agilen Organisation. Die agile Organisation wird als Netzwerk definiert, das proaktiv und antizipativ auf Veränderungen reagiert. Das richtige Mindset und die entsprechende Unternehmenskultur sind ausschlaggebend für den Erfolg von agilen Vorhaben. Agile Organisationen leben ein »Bottom-up«-Prinzip, das vom Engagement und Mut der Mitarbeitenden lebt.

> **Formen agiler Organisationen**
>
> - Die **Projektorganisation** kann wie die Matrixorganisation eher als Vorstufe einer agilen Organisation betrachtet werden. Sie integriert zeitlich befristete Projekte in die bestehende, dauerhafte Organisationsstruktur. Vorteile: fach- und abteilungsübergreifende Zusammenarbeit, Etablierung agiler Arbeitsformen in kleinen Gruppen.
> - Für die **Matrixorganisation** wird das Unternehmen nach Funktion und Objekten gegliedert. Die Mitarbeiter haben in der Regel einen fachlichen und einen disziplinarischen Vorgesetzten. Vorteile: kurze Kommunikationswege, flexible Berücksichtigung wettbewerbsrelevanter Aspekte, Vorrang von Sachkompetenz, Förderung von Teamarbeit, Nutzung gemeinsamer Ressourcen. Größter Nachteil: Gefahr von Kompetenz- und Machtkonflikten.
> - In einer **Netzwerkorganisation** schließen sich mehrere rechtlich selbstständige, wirtschaftlich interdependente Unternehmen zusammen. Vorteile: Die wechselseitige Ergänzung und Konzentration von Kernkompetenzen führen zu Wettbewerbsvorteilen. Möglicher Nachteil: Die ausgeprägte Autonomie der beteiligten Unternehmen kann zu Interessenkonflikten führen. **Netzwerke** bzw. **Ökosysteme** sind vor allem für kleinere und mittelgroße Unternehmen geeignet. Kräfte werden gebündelt, Kundenprobleme lassen sich ganzheitlich betrachten und lösen. Alle müssen gewinnen können.
> - Die **Amöbenorganisation** hat keine festen Strukturen. Sie passt sich den jeweiligen Erfordernissen an. Sie besteht aus lern- und entscheidungsfähigen Teams, die durch flache Hierarchien miteinander verbunden sind. Die klassische Hierarchie gibt es nicht mehr. Mentoren werden durch das Kollektiv bestimmt. Über einen Beteiligungsplan profitieren die Mitarbeiter vom Unternehmenserfolg.
> - Die **Satellitenorganisation** ist der schnelle Weg. Kleine Einheiten werden aus dem Unternehmen ausgegliedert und können in abgestimmten Suchfeldern Ideen testen und verwirklichen. Sie sind locker an das Unternehmen angegliedert, haben aber eigene Budgets und arbeiten unabhängig mit agilen Methoden.

2.3 Anpassung der Organisationsstruktur

Machen Sie sich klar, was agile von etablierten Organisationen unterscheidet:
- Klassische Organisationen haben Kunden, das Produkt steht im Mittelpunkt, sie produzieren Masse, ihre Innovationen sind meistens erneuernd. Die Führungskräfte treffen die Entscheidungen und geben sie nach unten weiter.
- In der agilen Organisation steht der Kunde im Mittelpunkt. Sich selbst organisierende Teams sind völlig auf den Kunden und seine Bedürfnisse fokussiert und betrachten den Kunden als Partner in der Produktentwicklung. Sie treffen eigene Entscheidungen und übernehmen dafür die Verantwortung.
- Führungskräfte in agilen Organisationen nehmen eine »dienende« Funktion ein, sind Entwickler, Moderatoren und Coaches der Teams. Kommunikation und Zielklarheit sind unverzichtbar.
- Die agile Organisation ist im hoch entwickelten Zustand ein Netzwerk mit unterschiedlich großen Netzwerkknoten und wechselnden Zugehörigkeiten.

Stagilität statt Agilität !

Wir sehen den Schlüssel zum Erfolg für Familienunternehmen nicht allein in Agilität, sondern in »Stagilität«: Unternehmen sind gefordert, zunächst Stabilität in der Gegenwart zu schaffen, um dann an Agilität für die Zukunft arbeiten zu können. Denn beides ist gleichermaßen essenziell für die Wettbewerbsfähigkeit heutiger und zukünftiger Unternehmen. Das zentrale Werkzeug, um die zunehmende Komplexität zu beherrschen, ist die intelligente Verbindung von Mensch, Technologie und IT. Der Rohstoff, den es braucht, um mit dieser Komplexität umgehen zu können, heißt Vertrauen. Die wichtigste strategische Entscheidung in Unternehmen sehen wir deshalb in der Besetzung der Führungspositionen mit den richtigen Menschen – Menschen, für die Führung bedeutet, andere emporzuheben. Weiter hängt der Erfolg maßgeblich von der Wertebasis und der Kultur des Unternehmens ab, denn wenn Führungskräfte und Mitarbeitende nicht für die Sache brennen, können sie nach außen nicht leuchten. Entscheidend für das Entstehen von Spitzenleistungen ist also die Kultur, die im Inneren des Unternehmens herrscht.

2.3.2 Die Organisationsveränderung folgt der Kulturveränderung

Abbildung 6 zeigt, welche Charakteristika nötig sind, um die Entwicklung und Implementierung eines digitalen und/oder disruptiven Geschäftsmodells in der Organisation bzw. in einer disruptiven Geschäftseinheit zu ermöglichen.

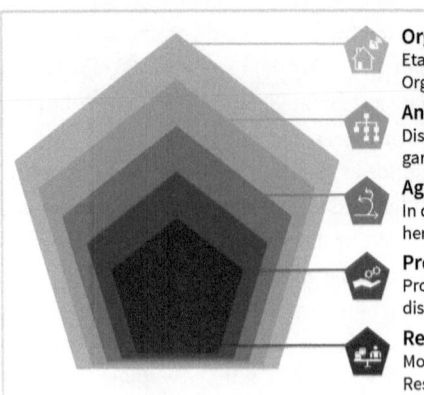

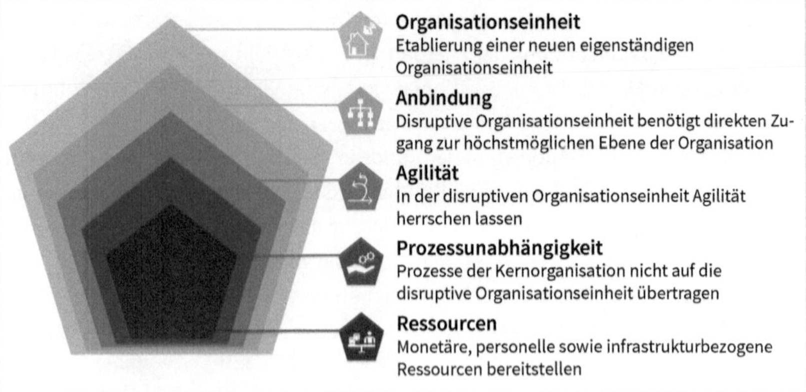

2 Die phasenübergreifenden Faktoren

Organisationseinheit
Etablierung einer neuen eigenständigen Organisationseinheit

Anbindung
Disruptive Organisationseinheit benötigt direkten Zugang zur höchstmöglichen Ebene der Organisation

Agilität
In der disruptiven Organisationseinheit Agilität herrschen lassen

Prozessunabhängigkeit
Prozesse der Kernorganisation nicht auf die disruptive Organisationseinheit übertragen

Ressourcen
Monetäre, personelle sowie infrastrukturbezogene Ressourcen bereitstellen

Abb. 6: Notwendige Charakteristika einer zusätzlichen Organisationseinheit innerhalb und/oder außerhalb des Unternehmens (Quelle: eigene Darstellung)

Um es klar zu sagen: Kein Unternehmen, auch kein Familienunternehmen, wird von heute auf morgen zu einer digitalen, agilen Organisation. Wie gesagt, wir haben es mit einem riesigen Veränderungsprojekt und damit mit zahlreichen Widerständen zu tun. Je größer das Unternehmen ist, desto länger wird die Kulturveränderung und damit die Organisationsveränderung dauern.

Unsere Empfehlung ist deshalb, eine zusätzliche Organisationseinheit zu etablieren, innerhalb oder am besten außerhalb des Unternehmens, eine agil arbeitende Einheit, die in der Lage ist, ein digitales oder auch disruptives Geschäftsmodell zu entwickeln und zu realisieren. Sie können es Hub, Lab, Maier-X oder Inno2030 nennen oder wie wir in diesem Buch: **Digitaleinheit**. Aus dieser Einheit heraus können kleine Schnellboote, Satelliten, Start-ups, Spin-offs entstehen, also neue Unternehmen, in denen die in der Digitaleinheit entstandenen und am Markt validierten Geschäftsmodellideen umgesetzt werden. Damit schaffen Sie die oben erwähnte Satellitenorganisation mit der Muttergesellschaft oder der Holding als Dach.

Wichtig ist, dass die Rahmenbedingungen, unter denen die Digitaleinheit und die Spin-offs operieren, stimmen. Dazu gehören nicht nur eine Umgebung und Kompetenzen, die Agilität erlauben. Ebenso wichtig sind Unabhängigkeit von den Prozessen der Kernorganisation, die Bereitstellung finanzieller, personeller und infrastrukturbezogener Ressourcen sowie ein direkter Zugang der Einheit zur höchstmöglichen Ebene der Organisation.

In den Kapiteln 4 und 5 beschreiben wir den Ideation- und Creation-Prozess in einer Digitaleinheit ausführlich.

2.3.3 Das Kerngeschäft muss weitergehen

Es geht in der Digitaleinheit nicht um die zufällige Auswahl und Umsetzung einer Geschäftsidee. Auch hier gibt es Prozesse und Regeln, denen man folgt. Sie sind lediglich anders, als wir es in der Kernorganisation bisher gewohnt waren. Wir sind uns auch bewusst, dass Sie diese Vorgehensweise nicht auf einen Schlag ins Gesamtunternehmen übernehmen können, denn das Kerngeschäft folgt anderen Regeln.

Wenn Sie ein digitales oder disruptives Geschäftsmodell implementieren, geht das in der Regel nicht mit einem großen Knall. Sie werden (zunächst) das Kerngeschäft weiterführen müssen. Zum einen vertrauen Ihre Kunden darauf, zum anderen erwirtschaften Sie dort die Erträge, die Sie brauchen, um Innovationen und neue Geschäftsmodelle auf den Weg zu bringen – nicht zu vergessen die möglicherweise Jahre dauernde Kulturveränderung im gesamten Unternehmen. Auch das sind Gründe, die für Digitaleinheiten und/oder Start-up-Gründungen sprechen. Man kann die Veränderung im Großen sicher beschleunigen, indem man den Organisationsrahmen so setzt, dass die Entwicklung zu einer agilen Organisation gefördert wird, aber bis es so weit ist, bleibt ein Anfang im »geschützten Raum« die beste Option für schnelle Resultate.

Im Kerngeschäft erwartet der Kunde nach wie vor höchste Präzision und Qualität, Liefertreue, null Fehler. Dasselbe gilt für die internen Prozesse – sie müssen fehlerfrei laufen. Jeder Mitarbeitende muss wissen, was seine Ziele sind und wie er sie erreichen kann. Damit es zwischen diesen beiden Seiten – Kerngeschäft und Digitaleinheit – keine Konflikte gibt, die den Fortschritt der Veränderung hemmen, sind Information und Kommunikation unerlässlich. Versäumen Sie das, wird es schwierig.

Wenn der Flurfunk übernimmt !

Stellen Sie sich vor, Sie etablieren eine Digitaleinheit oder gründen gleich ein Spin-off und setzen die neue Einheit in ein großes Büro mit schicken Laptops, Tablets und viel Freiheit. Auf dem Weg zur Kantine gehen die Mitarbeitenden an diesem Büro vorbei und was sehen sie? Menschen, die Spaß haben, auf Stellwänden malen, kleine bunte Zettel aufhängen, irgendetwas basteln. Auf jeden Fall sehen sie eine Umgebung, die nur wenig bis gar nichts

2 Die phasenübergreifenden Faktoren

mit dem eigenen Arbeitsplatz zu tun hat und die zunächst meistens nichts direkt erwirtschaftet. Es wird nicht lange dauern, bis die ersten Gerüchte in Umlauf kommen: »Die kommen erst um zehn Uhr ins Büro, futtern den halben Tag Pizza, hauen Geld für unsinnige Projekte raus und wir dürfen dafür schuften.«

Wenn die Kommunikation versagt und der Flurfunk übernimmt, kann jedes Veränderungsprojekt ganz schnell ins Auge gehen. Deshalb müssen Sie dafür sorgen, dass **alle** Mitarbeitenden wissen,
- warum es die Digitaleinheit oder ein neu gegründetes Start-up gibt,
- was die Menschen dort tun und wie sie es tun,
- warum sie es außerhalb der Kernorganisation tun,
- dass es ein Budget gibt, aber kein unangemessen hohes.

Geben Sie allen Mitarbeitenden die Möglichkeit, sich entsprechend ihrer Tätigkeit mit agilen Methoden zu befassen. Feiern Sie die Erfolge des Digitalteams oder des Start-ups mit allen Mitarbeitenden. Betrachten Sie die Digitaleinheit nicht nur als Innovationseinheit, sondern auch als Keimzelle einer Kulturveränderung in der gesamten Organisation. Bieten Sie Möglichkeiten für einen geregelten Austausch zwischen der Digitaleinheit/dem Start-up und dem Unternehmen. Dabei liegt die Betonung auf »geregelt«, denn der Austausch soll nicht dazu führen, dass die Digitaleinheit/das Start-up nicht mehr zum Arbeiten kommt. Deren vorrangige Aufgabe ist die Entwicklung und Umsetzung eines oder mehrerer neuer Geschäftsmodelle.

Vor allem: Informieren und kommunizieren Sie, denn letztlich brauchen Sie alle Mitarbeitenden an Bord, denn sie sind diejenigen, die umsetzen sollen, was auch immer Sie vorhaben.

»Den Mitarbeitern muss die Veränderung nicht gefallen, aber sie sollten sie unbedingt verstehen, denn nur dann werden sie sie mittragen.«
Moritz Weissman, geschäftsführender Gesellschafter, Weissman & Cie.

2.3.4 Organisationale Ambidextrie

Sobald Sie versuchen, innerhalb der Kernorganisation mehr Agilität zu schaffen, werden Sie mit dem Thema Ambidextrie, Beidhändigkeit, konfrontiert. Im Zusammenhang mit Unternehmen ist Ambidextrie deren Fähigkeit, gleichzeitig effizient und flexibel zu sein. Die Notwendigkeit zur Ambidextrie nimmt zu, je weiter die Transformation voranschreitet, je mehr agile Arbeitsweisen sich durchsetzen, je mehr Freiraum Sie den Mitarbeitern gewähren. Innerhalb des traditionellen Unternehmens werden sich parallele Strukturen etablieren, sozusagen zwei Organisationsformen mit zwei Kulturen. Damit das funktionieren kann, müssen Führungskräfte beidhändig agieren. Auf der einen Seite sind klare Vorgaben und feste Strukturen nötig, auf der anderen Seite Agilität und Freiraum für Innovation. Während die Kernorganisation auf Wissen und Regeln als Erfolgsfaktor setzt, sind die Erfolgsfaktoren der agilen Organisation Können und Prinzipien. Ihre Ziele sind Innovation und radikale Veränderung. Die Kernorganisation ist effizienzorientiert und setzt weiterhin auf Lean Management. Sie ist in der Lage, in einer komplizierten Umgebung zurechtzukommen. Die agile Organisation kommt jedoch mit einer komplexen, unsicheren Umgebung zurecht.

Führungskräfte in der Kernorganisation müssen diese Ambidextrie, diese Beidhändigkeit, irgendwie gewährleisten. Das ist für Organisationen und Führungskräfte eine enorm schwierige Aufgabe. Es ist ein weiteres Argument für unseren Vorschlag, zunächst eine unabhängige Digitaleinheit und/oder eine eigene GmbH bzw. ein Start-up außerhalb der Kernorganisation zu gründen.

2.3.5 Ausgründungen, Tochterunternehmen oder Beteiligungen?

Wir haben oben die Gründung einer unabhängigen Digitaleinheit für die digitale bzw. disruptive Geschäftsmodellentwicklung empfohlen, aber letztlich muss jede Unternehmerin, jeder Unternehmer, jede Geschäftsführung selbst entscheiden, was zur Strategie und zum Unternehmen passt. Hier werden sicherlich die Unternehmensgröße und die verfügbaren personellen und finanziellen Ressourcen eine Rolle spielen. Ein großes Unternehmen oder ein Konzern wird sich auch eine größere Digitaleinheit in Form eines Hubs oder Labs leisten, während ein kleines Unternehmen möglicherweise nur eine kleine Digitaleinheit oder auch ein kleines Projektteam etabliert. Große Digitaleinheiten werden wahrscheinlich mehrere Ideen parallel verfolgen und mehrere Start-ups ausgründen. Kleine Digitaleinheiten werden vielleicht nur ein Projekt verfolgen und möglicherweise ist es nicht gleich der große disruptive Wurf, sondern eine Geschäftsmodellveränderung oder ein digitales Produkt.

2 Die phasenübergreifenden Faktoren

Wenn Sie jedoch eine von der Kernorganisation unabhängige Digitaleinheit gründen – in welcher Form auch immer –, sollten Sie sich bewusst sein, dass Unabhängigkeit unter anderem bedeutet, dass diese Einheit eigene Entscheidungen trifft, auch Budgetentscheidungen. Dezentrale Entscheidungsbefugnisse sind Teil der Unabhängigkeit. Das heißt jedoch nicht, dass die Einheit nicht an die Führung der Organisation berichtet. Wie das konkret aussieht, wird ebenfalls von der Größe der Kernorganisation abhängig sein. Abbildung 7 zeigt eine vereinfachte, aber mögliche Gestaltung.

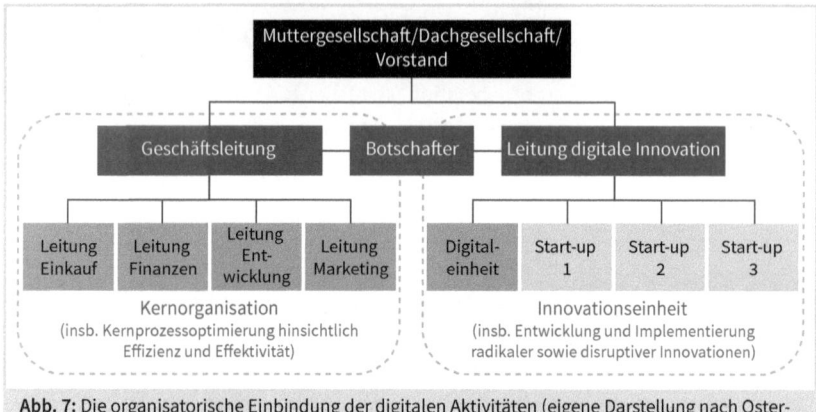

```
                    Muttergesellschaft/Dachgesellschaft/
                              Vorstand
                                 │
         ┌───────────────────────┼───────────────────────┐
    Geschäftsleitung ─── Botschafter ─── Leitung digitale Innovation
         │                                       │
    ┌────┬────┬────────┬────┐          ┌────┬────────┬────────┬────────┐
 Leitung Leitung Leitung Leitung    Digital- Start-up Start-up Start-up
 Einkauf Finanzen Ent-    Marketing  einheit    1        2        3
                 wicklung
    Kernorganisation                       Innovationseinheit
 (insb. Kernprozessoptimierung hinsichtlich  (insb. Entwicklung und Implementierung
      Effizienz und Effektivität)          radikaler sowie disruptiver Innovationen)
```

Abb. 7: Die organisatorische Einbindung der digitalen Aktivitäten (eigene Darstellung nach Osterwalder, Pigneur et al.)

In größeren Organisationen ist es sinnvoll, zum Beispiel eine »Leitung digitale Innovation« einzusetzen, die wie der CEO der Kernorganisation an den Vorstand der Muttergesellschaft berichtet und einen Überblick über alle Aktivitäten in der Digitaleinheit und eventuelle Ausgründungen hat. Diese verantwortliche Person kann je nach Umfang der Aktivitäten unterstützt werden durch einen Venture-Capital-Spezialisten, einen Portfoliomanager und einen Risikomanager. Kleineren Unternehmen empfehlen wir, zumindest eine Verbindungsperson, einen »Botschafter« einzusetzen, der sowohl die Kernorganisation als auch die Digitaleinheit und die Ausgründungen kennt. Er kann dabei unterstützen, Synergien zu heben und bei Bedarf zu vermitteln.

Hüten Sie sich davor, unreflektiert jeden Trend aufzugreifen. Ihre Digitaleinheit muss weder eine bestimmte Anzahl von Mitarbeitenden haben noch in einer alten Fabrik oder in Berlin untergebracht sein. Sie muss Ihren individuellen Möglichkeiten entsprechen, zu Ihrem Unternehmen und dessen Strategie passen. Überlegen Sie gut, in welcher Form Sie die Entwicklung eines disruptiven Geschäftsmodells angehen und welche Ressourcen Sie dafür bereitstellen wollen. Eines zeigt jedoch die Erfahrung: Es gelingt kaum jemandem, auf externe Partner, Berater und Experten zu verzichten.

Das sind Ihre Optionen:
- Gründen Sie eine Digitaleinheit, die nach Ideen für digitale und/oder disruptive Geschäftsmodelle sucht. Aus der Digitaleinheit heraus können Sie eigene digitale Start-ups oder Spin-offs gründen.
- Falls Sie größer einsteigen und vielleicht mehrere Ideen verfolgen möchten, könnte es sich lohnen, zusammen mit anderen Unternehmen einen Hub oder ein Lab mit mehreren Teams zu gründen. Die Zusammenarbeit verringert die finanzielle Belastung für das einzelne Unternehmen.
- Arbeiten Sie mit Start-ups oder Forschungseinrichtungen zusammen, beteiligen Sie sich an einem Start-up oder kaufen Sie eines.
- Kooperieren Sie mit anderen Unternehmen oder beteiligen Sie sich an ihnen.
- Stützen Sie sich auf Partnernetzwerke.

Was auch immer Sie tun: Gehen Sie mit dem richtigen Mindset an die Sache heran. Sie möchten am Ende keine Kopie Ihres Unternehmens, sondern eine Organisation, einen Zusammenschluss, der Neues schafft, der Ihrem Unternehmen eine gute Zukunft ermöglicht. In der neuen digitalen, disruptiven Welt geht es nicht mehr so sehr um das Gegeneinander, sondern um das Miteinander. Der Netzwerk- und der Win-win-Gedanke führen zu einem neuen Miteinander und zu unendlich vielen Möglichkeiten. Der Einzelkämpfer ist in dieser neuen Welt im Nachteil.

Familienunternehmen und Start-ups können eine wunderbare Allianz bilden. Wir brauchen eine neue Kultur des »Ja, und« statt des »Ja, aber«, des »sowohl als auch« statt »entweder oder« – und das können etablierte Unternehmen von jungen Start-ups lernen. Diese profitieren von den Werten, der Erfahrung und dem Können der reifen Unternehmen.

Wenn die Zusammenarbeit zwischen Familienunternehmen und Start-ups einigen wenigen Regeln folgt, ist sie meistens ein Erfolg.
- Bevor Sie über die Zusammenarbeit mit einem Start-up nachdenken, sollten Sie sich darüber im Klaren sein, dass Start-ups und etablierte Familienunternehmen aus unterschiedlichen Welten kommen.
- Die Zusammenarbeit muss klar geregelt sein. Gegenseitige Erwartungen und Anforderungen müssen abgeglichen, Ziele gesetzt und Meilensteine festgelegt werden.

2 Die phasenübergreifenden Faktoren

- Erwarten Sie nicht, dass es etwas umsonst gibt. Auch die Start-ups möchten etwas »gewinnen«. Bieten Sie den externen oder internen Start-ups Zugang zu Ressourcen an. Die jungen Unternehmen suchen in der Regel einen Marktzugang, Kunden und Finanzierung.
- Versuchen Sie nicht, das Start-up zwanghaft in Ihre Organisation einzugliedern. Die Kulturen sind zu unterschiedlich. Sie verlieren den Start-up-Spirit.
- Behandeln Sie das Start-up-Team mit Wertschätzung und Respekt. Kommunizieren Sie auf Augenhöhe.
- Seien Sie sich bewusst, dass ein Start-up Ihr Unternehmen nicht in die digitale Transformation führen kann. Es kann jedoch neue Ideen, Arbeits- und Denkweisen in das Unternehmen tragen.

! **Quick Check**

- Strategie, Kultur und Organisationsstruktur müssen sich verändern, damit neue Geschäftsmodelle umgesetzt werden können.
- Werte sind der Kompass der Familienunternehmen in der VUCA-Welt.
- Eine Strategie ist etwas Lebendiges, etwas, das ständig weiterentwickelt, den aktuellen Bedingungen angepasst werden muss.
- Wer zentrale Marktprobleme sichtbar besser löst als andere, setzt einen kybernetischen Kreislauf in Gang und kann seinen Erfolg nicht verhindern.
- Das Unternehmen muss zwingend eine an der Unternehmensstrategie ausgerichtete digitale Strategie haben.
- Geschäftsmodellinnovationen werden künftig die gleiche oder sogar mehr Bedeutung haben als technische oder prozessbezogene Innovationen.
- Die noch immer in vielen Familienunternehmen vorherrschende patriarchale Führungskultur läuft der Entwicklung disruptiver Geschäftsmodelle zuwider.
- Wenn sich das Mindset nicht verändert, wird die digitale Transformation zur Mission Impossible.
- Jeder Mitarbeitende und jedes Team braucht ein eigenes Kompetenzmodell, das die Fähigkeiten und die Persönlichkeiten berücksichtigt.
- Die Organisationsform muss zum Unternehmen passen und die Umsetzung der Strategie und eines neuen Geschäftsmodells erlauben.
- Vernetzte und virtuelle Organisationen sind die Organisationen der Zukunft.
- Kein Unternehmen wird von heute auf morgen zu einer digitalen, agilen Organisation.
- Eine innovative Digitaleinheit kann die Keimzelle einer Kulturveränderung in der gesamten Organisation sein. Der Austausch muss gefördert werden, aber geregelt ablaufen.

2.3 Anpassung der Organisationsstruktur

- Aus der Digitaleinheit heraus können Start-ups und Spin-offs entstehen, die organisatorisch an die Muttergesellschaft bzw. die Holding angedockt sind, aber unabhängig agieren und entscheiden.
- Start-ups und etablierte Unternehmen profitieren von einer Zusammenarbeit, solange Ziele und gegenseitige Erwartungen dafür klar sind.

Digitalisierung: Vom Versorger zum Umsorger – im Gespräch mit Johannes Steegmann, Co-Geschäftsführer Fressnapf-Gruppe

Digitalexperte Dr. Johannes Steegmann war bis Ende Juli 2020 Geschäftsführer der Digitalsparte und Marketingleiter des Lebensmittelhändlers REWE. Seit August 2020 ist er Geschäftsführer der Fressnapf-Gruppe und verantwortet seit dem 1. Januar 2022 zusammen mit seinem Geschäftsführer-Kollegen Christian Kümmel und dem Gründer und Präsidenten des Verwaltungsrats der Fressnapf Holding SE, Torsten Toeller, unter anderem die digitale Transformation des Unternehmens. Der Tierbedarfshändler erlebt momentan die größte Veränderung seit seiner Gründung im Jahr 1990. Steegmann bezeichnet es als »Komplett-Transformation am offenen Herzen«. Im Interview erklärt er die Notwendigkeit für ein neues Geschäftsmodell, spricht über Vision, Umsetzung und Stolpersteine.

Herr Steegmann, das traditionelle Geschäftsmodell von Fressnapf basiert stark auf dem stationären Handel. Welche Treiber haben Sie als Weltmarktführer dazu bewogen, künftig ein plattformbasiertes Geschäftsmodell zu verfolgen?

Die Digitalisierung lässt dem Kunden die Wahl, wie und wo er einkaufen möchte. Er kann online oder im Geschäft bestellen, die Ware liefern lassen oder abholen. Er kann Dinge des täglichen Bedarfs sogar über ein Abonnement-Modell beziehen und er kann ganz traditionell in ein Geschäft gehen und vor Ort kaufen. Der Onlinekauf bietet dem Kunden zusätzlich eine so große Auswahl an Produkten, die kein stationärer Markt vorhalten kann. Für Fressnapf stellt sich also die Frage, weshalb der Kunde weiterhin bei Fressnapf einkaufen und weshalb er dafür in den Markt kommen soll.

Der Kunde kauft nicht um des Einkaufens willen ein, sondern er möchte, dass es seinem Haustier gut geht. Deshalb muss sich Fressnapf vom Versorger, der für den Verkauf von Tierbedarf steht, zum Umsorger entwickeln, der den Kunden bei allen Fragen rund ums Haustier mit Expertise und Empathie unterstützt. Unsere Unterstützung beginnt bei der Frage, welches Haustier für den Kunden geeignet ist und wo er es erwerben kann. Dafür gibt es einen digitalen Wunschtierberater und Fressnapf stellt über eine digitale Plattform deutschlandweit den Kontakt zu Tierheim oder Züchter her, damit der Kunde genau das Tier bekommt, das er sich vorstellt. Wir beraten den Tierfreund, wenn er mit seinem Tier verreisen möchte, vermitteln ihm einen Videochat mit dem digitalen Tierarzt, altersgerechte Trainings für den Hund und begleiten ihn bei allen Themen, die im Laufe der Zeit aufkommen, bis zum Tod seines geliebten Haustiers.

Nur mit einer Plattform kann man alle diese unterschiedlichen Bausteine verknüpfen und ein Omnichannel-Erlebnis schaffen. Der Kunde bewegt sich in einem digitalisierten Markt, in dem er Informationen sammeln, Beratung bekommen und verschiedene Services in Anspruch nehmen kann, die exakt auf ihn zugeschnitten sind, kombiniert mit einem digitalen Angebot in den Märkten. Das Herz dieses Konzepts ist die Kundendatenbank, die zentrale Schnittstelle zum Kunden, in der die Kundendaten zusammenfließen. Das zentrale Kundenkonto ermöglicht es uns, den Kunden über alle Kanäle hinweg immer zum richtigen Zeitpunkt mit den richtigen, personalisierten, auf seine Bedürfnisse zugeschnittenen Informationen zu erreichen – im Markt, auf der Fressnapf-Website, auf der App, im Newsletter oder auf einer anderen Seite im Internet. Das ist die Macht der Digitalisierung. Wir bauen ein digitales Omnichannel-Ökosystem auf, das deutlich umfangreicher ist als E-Commerce. Ich bin überzeugt, dass sich der Omnichannel-Gedanke gegen das reine E-Commerce-Geschäft durchsetzen wird.

Inwiefern ist das plattformbasierte Geschäftsmodell für Ihren Markt disruptiv?

In unserem neuen Modell als Umsorger sind wir erheblich näher am Kunden. Wir erkennen aufgrund besserer Daten viel genauer, was der Kunde benötigt und wünscht, beraten ihn individuell über alle Kanäle hinweg – digital und vor Ort im Markt. Das ist insofern disruptiv, als es sehr viel effizienter ist und wir den Kunden in einem Maß unterstützen können, wie es vorher nicht möglich war – persönlicher/zu den individuellen Kundenbedürfnissen passend, schneller und einfacher. Ein gutes Beispiel ist der Tierarztbesuch. Jeder Haustierbesitzer fürchtet sich davor, besonders wenn es um eine Katze geht. Der Videochat mit dem Tierarzt findet entspannt in der vertrauten Umgebung statt und in 80 Prozent der Fälle ist nach dem Videochat der Besuch beim Tierarzt vor Ort nicht mehr notwendig. Das ist für den Kunden eine große Erleichterung und er verbindet ein positives Erlebnis mit Fressnapf. Die digitalen Services bieten darüber hinaus auch Kunden, die wir vorher nicht erreicht haben, einen Mehrwert, denn wir gehen damit über das reine E-Commerce-Angebot des Wettbewerbs hinaus.

Welche Herausforderungen sehen Sie bei der Entwicklung und Implementierung digitaler und disruptiver Geschäftsmodelle?

Ich betrachte es insgesamt als eine sehr große Herausforderung. Das Unternehmen muss sich komplett neu erfinden, wenn Sie beginnen, eine Plattform und ein Ökosystem aufzubauen. Plötzlich ist alles digital und miteinander verknüpft. Prozesse, die Art und Weise der Zusammenarbeit und die Unternehmenskultur ändern sich. Es werden neue Mitarbeiter eingestellt und auch die langjährigen Mitarbeiter müssen lernen und sich entwickeln. Die Organisationsstruktur passt nicht mehr, da der Silo-Gedanke nicht mehr zeitgemäß ist, sowie integrativer und über Bereichsgrenzen hinweg in Produktteams zusammengearbeitet wird.

Kleinere Unternehmen werden sich möglicherweise überfordert fühlen und die Entwicklung und Implementierung in externe Hände legen wollen. Ich rate davon ab, denn damit geben sie mit der Aufgabe auch die Kernkompetenz aus dem Haus. Wenn das Ökosystem und die Plattform tatsächlich das neue Geschäftsmodell werden sollen, muss man das Heft in der Hand behalten.

Es ist immer eine Herausforderung, auch die Mitarbeiter mitzunehmen, die aus den angrenzenden Bereichen kommen. Sie sollen sich mit den digitalen Tools und Geräten wohlfühlen und diese auch sinnvoll für ihre tägliche Arbeit nutzen können.

Es geht bei der Implementierung digitaler Geschäftsmodelle nicht darum, ein IT-Tool einzuführen, sondern um einen riesigen Change, eine komplette Veränderung des Unternehmens. Das verlangt auch den Führungskräften einiges ab. Sie müssen die Mitarbeiter nicht nur durch den Change begleiten, sondern eine neue Führungskultur entwickeln. Sie werden von Vorgesetzten zu Servant

Leaders, die dafür Sorge tragen, dass die Teams die Befähigung, die Ressourcen und die Umgebung haben, um integrativ und kreativ zusammenzuarbeiten und ihre Aufgaben gut zu erfüllen.

Dieser Transformationsprozess wird in der Regel einige Jahre dauern, bei Fressnapf machen wir aus meiner Sicht erste gute Schritte.

Welche Maßnahmen haben Sie ergriffen, um die für die Umsetzung des Geschäftsmodells notwendige Kompetenz ins Unternehmen zu bringen?

Man muss Menschen einstellen, die offen im Denken sind und Erfahrung mit der Digitalisierung haben. Sie müssen nicht einmal aus der eigenen Branche kommen, aber agile, produktbasierte Arbeitsweisen kennen und wissen, wie man neue Geschäftsmodelle aufbaut. Solche Menschen bringen frischen Wind und neue Denkansätze ins Unternehmen.

Bei Fressnapf stellen wir jetzt Leute ein, die die ursprünglichen Kompetenzen von Fressnapf ergänzen. So ist zum Beispiel der CEO von Seven Ventures zu uns gestoßen. Er bringt unter anderem einen großen Erfahrungsschatz im Umgang mit Start-ups mit und weiß, wie man neue Geschäftsmodelle aufbaut. Wir haben neue Mitarbeiter im Marketing eingestellt, denn digitales Marketing funktioniert völlig anders als das klassische Marketing. Wir haben mittlerweile einen extrem großen Datenbereich und in der IT enorm zugelegt, arbeiten in Produktteams, haben Chief Product Owner, Coaches sowie UX- und UI-Experten hinzugewonnen.

Für mich sind gute Leute das A und O einer erfolgreichen Transformation. Es reicht nicht, nur einen CIO einzustellen. Wenn Schlüsselpositionen gut besetzt werden, setzt man einen sich selbst verstärkenden Mechanismus in Gang. Als Unternehmer sollten Sie bei den Menschen, die die Transformation vorantreiben sollen, auf die Besten setzen, denn sie werden andere gute Bewerber anziehen und den Wert des Unternehmens in der Sicht potenzieller Bewerber steigern.

Sollten neue Geschäftsmodelle nach Ihrer Erfahrung in einer separaten Organisation umgesetzt werden oder in der Kernorganisation?

Das lässt sich nicht eindeutig beantworten. Bei der Rewe Group haben wir 2013 Rewe Digital gegründet. Die Digitalisierung war damals insgesamt und bei der

Rewe Group noch nicht so weit fortgeschritten wie heute und es hätte einen hohen Aufwand erfordert, das Thema direkt in das Unternehmen zu tragen. Rewe Digital konnte weitgehend unabhängig von den Regeln und Vorschriften im Unternehmen arbeiten und wachsen. Nach einigen Jahren haben wir es in den Konzern integriert und das Gesamtunternehmen mit auf die Reise genommen.

Bei Fressnapf stellte sich die Ausgangssituation anders dar. Die Digitalisierung war in einzelnen Bereichen bereits angekommen. Außerdem hatten wir das Gefühl, dass die Zeit knapp ist. Deshalb haben wir uns dafür entschieden, den direkten Weg zu gehen und zunächst keine separate Einheit aufzubauen. Das bedeutet in der Konsequenz, die gesamte Organisation mit ihren Arbeitsweisen und ihrer Kultur zu verändern und gleichzeitig das Geschäft weiter zu betreiben. Das ist zwar schwieriger, als auf der grünen Wiese etwas völlig Neues aufzubauen, aber die Voraussetzungen für eine erfolgreiche Transformation waren gegeben. Um die Transformation zu beschleunigen, haben wir Anfang 2022 für unsere innovativen Geschäftsmodelle und Services außerhalb des Kerngeschäfts einen neuen Bereich mit dem Namen fn^x gegründet. Dort werden Mitarbeitende mit Tech-, Innovations- und Start-up-Hintergrund an Themen wie dem Video-Chat-Tierarzt Dr. Fressnapf, unserem GPS-Tracker, der Tierversicherung oder einer digitalen Plattform für Wunschtierberatung arbeiten. Zudem wird fn^x proaktiver in der Start-up-Szene agieren und zentraler Ansprechpartner für Kooperationen und Ventures sein.

Welche Tipps haben Sie für Unternehmer, die sich an ein neues Geschäftsmodell wagen möchten?

Wie gesagt: Kümmern Sie sich um gute Leute und achten Sie darauf, dass derjenige, der mit den Bewerbern spricht, weiß, worum es geht. Er muss die Bewerber für Ihr Unternehmen und das, was Sie tun, begeistern.

Unternehmer sollten bereit sein zu investieren. Ein disruptives Geschäftsmodell zu entwickeln und zu implementieren ist kein Sprint, sondern ein Marathon. Sie müssen über einen längeren Zeitraum investieren und es besteht eine gewisse Unsicherheit und immer ein Risiko. Deshalb empfehle ich, frühzeitig mit der Transformation zu beginnen, am besten solange es dem Unternehmen gut geht und Sie über die notwendigen Ressourcen verfügen. Wer unter Druck steht, weil die Erträge zurückgehen oder ihn der Wettbewerb bereits überholt hat, gerät meistens nicht nur unter Zeitdruck, sondern auch unter finanziellen Druck.

Werden Sie nicht ungeduldig. Es ist ein langer Weg, bis man die richtigen Leute gefunden, die Mitarbeiter überzeugt, die Organisation umgebaut und die Technologie entwickelt hat. Nicht alles wird auf Anhieb gelingen. Die digitale Transformation ist kein Technologieprojekt, sondern es geht um Menschen und um eine andere Steuerung des Unternehmens. Jeder muss lieb gewordene Arbeitsweisen und Abläufe aufgeben, sich neue Fähigkeiten aneignen. Es ist Aufgabe der Führungskräfte, die Mitarbeiter dabei zu unterstützen und zu befähigen, den neuen Anforderungen gerecht zu werden. In eigentümergeführten Familienunternehmen ist oft die gesamte Organisation am Unternehmer ausgerichtet. Die digitale Transformation ist ein Schritt, bei dem sich der Eigentümer bzw. die Eigentümerfamilie öffnen und entwickeln muss. In einem Ökosystem kann nicht mehr alles zentral gesteuert werden, unterschiedliche Kompetenzen sind gefragt. Der Unternehmer muss umdenken, Hierarchien auflösen, sich einer dezentralen, unterstützenden, Fehler akzeptierenden Kultur öffnen, Verantwortung abgeben und Vertrauen schenken.

3 Phase I: Die Umweltanalyse als Grundlage künftigen Erfolgs

In jeder Strategieentwicklung machen Sie eine Marktanalyse. So ähnlich sollten Sie die Umweltanalyse verstehen. Nur betrachten wir in diesem Kapitel die Marktseite intensiv im Hinblick auf Digitalisierung und Disruption. Es geht darum herauszufinden, welche tatsächlichen Probleme der Kunde hat und welche Lösungen der Markt dafür bietet; ob es potenzielle Kundengruppen gibt, die bisher von Ihrem Unternehmen oder dem Marktführer nicht bedient wurden und wie deren Bedürfnisse/Probleme aussehen. Oft befinden sich solche bislang nicht beachteten Kundengruppen am unteren Ende des Marktes und verlangen zu Beginn nach einfacheren Produkten als Ihre Stammkunden. In dieser Phase sollte man sich Fragen stellen wie:
- Welche digitalen Technologien werden genutzt, um Kundenprobleme zu lösen?
- Wo steht die Branche insgesamt hinsichtlich einer möglichen Disruption?
- In welche Richtung wird es künftig gehen und welche Elemente können für die Entwicklung eines disruptiven Geschäftsmodells genutzt werden?

Für die Umweltanalyse können Sie bekannte Tools wie die SWOT- oder die PESTEL-Analyse verwenden. Die PESTEL-Analyse konzentriert sich auf Faktoren und Trends (politisch, wirtschaftlich, soziokulturell, technologisch, ökologisch, rechtlich), die das Unternehmen von außen beeinflussen. Mit der SWOT-Analyse lassen sich Wechselwirkungen von Stärken und Schwächen des Unternehmens einerseits sowie Chancen und Gefahren des Marktumfelds andererseits leichter erkennen. Auf diese Weise können Sie die Potenziale und Einschränkungen Ihres Unternehmens im Vergleich zu den Mitbewerbern beurteilen.

Abbildung 8 zeigt, welche Aufgaben/Schritte in den vier Phasen des Modells relevant sind. In den folgenden Kapiteln begleiten wir Sie durch die vier Phasen.

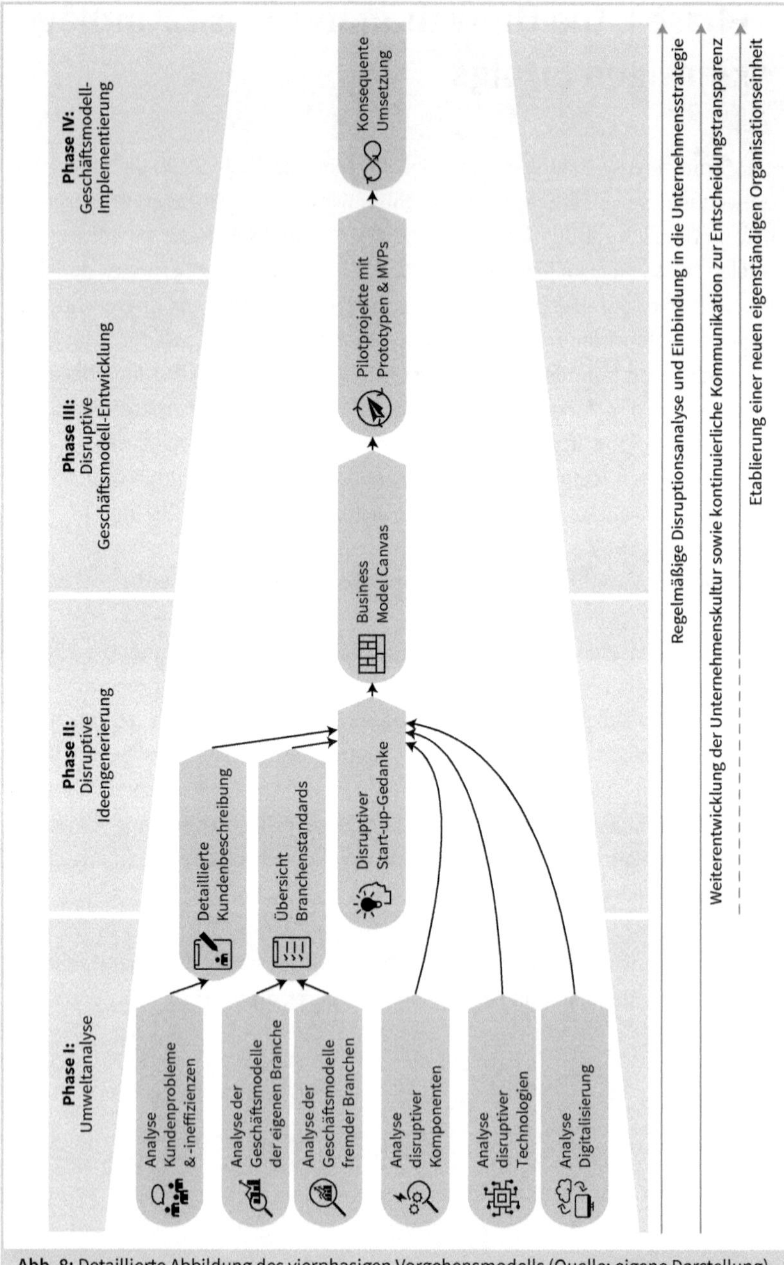

3 Phase I: Die Umweltanalyse als Grundlage künftigen Erfolgs

Phase I: Umweltanalyse
- Analyse Kundenprobleme & -ineffizienzen
- Analyse der Geschäftsmodelle der eigenen Branche
- Analyse der Geschäftsmodelle fremder Branchen
- Analyse disruptiver Komponenten
- Analyse disruptiver Technologien
- Analyse Digitalisierung

Phase II: Disruptive Ideengenerierung
- Detaillierte Kundenbeschreibung
- Übersicht Branchenstandards
- Disruptiver Start-up-Gedanke

Phase III: Disruptive Geschäftsmodell-Entwicklung
- Business Model Canvas
- Pilotprojekte mit Prototypen & MVPs

Phase IV: Geschäftsmodell-Implementierung
- Konsequente Umsetzung

Regelmäßige Disruptionsanalyse und Einbindung in die Unternehmensstrategie

Weiterentwicklung der Unternehmenskultur sowie kontinuierliche Kommunikation zur Entscheidungstransparenz

Etablierung einer neuen eigenständigen Organisationseinheit

Abb. 8: Detaillierte Abbildung des vierphasigen Vorgehensmodells (Quelle: eigene Darstellung)

3.1 Digitalisierung: Treiber der Disruption

> »Der Kunde digitalisiert so oder so – mit oder ohne Würth.
> Dann ist es besser, Wucato als Plattform mit im Boot zu haben.«
> Heiko Onnen, Geschäftsführer Wucato Marketplace GmbH

Die Digitalisierung mit ihren Technologien ist ein Treiber für digitale und disruptive Geschäftsmodelle. Besonders hohes Potenzial bieten künstliche Intelligenz (KI) und Plattformen. Viele Unternehmen haben inzwischen das Potenzial digitaler Technologien erkannt. Oft fehlen aber das Know-how und die notwendigen Ressourcen, um diese Technologien optimal nutzen zu können. Viele Unternehmen verwenden derzeit digitale Technologien vor allem, um interne Prozesse zu automatisieren und zu optimieren. Allerdings erfolgt dies häufig nur in einzelnen Bereichen oder auf das eigene Unternehmen begrenzt. Beispielsweise hinkt in vielen Unternehmen die Digitalisierung der Prozesse in der Personalabteilung der Digitalisierung in der Produktion oder im Finanzbereich weit hinterher. Dabei können die Software Tools, die es mittlerweile am Markt gibt, weit mehr als die Routineaufgaben der Personalabteilung übernehmen. Digitale Tools können effizient dafür sorgen, dass ein Kompetenzprogramm aufgestellt wird, die richtigen Fachkräfte gefunden und eingestellt und alle Ressourcen stets wertschöpfend eingesetzt werden.

Operative Exzellenz ist ein Muss, aber keine Disruption. Auch Predictive Maintenance ist keine Disruption. Ein Beispiel: Flixbus hat seine Branche disruptiert, indem das Unternehmen die Möglichkeiten der digitalen Technologie dafür genutzt hat, sich mittels einer Plattform in die Schnittstelle zwischen Anbieter und Kunde zu drängen. Die Busunternehmen arbeiten jetzt für Flixbus und die Kunden buchen über Flixbus, das wiederum über alle relevanten Kundendaten verfügt. Das Start-up besaß lange Zeit keinen einzigen Bus, der unterwegs war. Alle anderen Wettbewerber in dieser Branche waren bisher davon ausgegangen, dass man eine Fahrzeugflotte besitzen muss, um den Kunden Reisemöglichkeiten zu bieten. Die Gründer von Flixbus sind diesem Mantra nicht gefolgt und haben sich stattdessen die Datenhoheit verschafft. Das ist Disruption.

Erst seit dem Kauf von »Greyhound« 2021 besitzt das Unternehmen tatsächlich Busse. Das Prinzip des Nicht-Besitzens wurde hier der Expansion geopfert. Das Unternehmen hat die Start-up-Phase offensichtlich hinter sich gelassen und befindet sich in einem neuen Lebenszyklus, der womöglich mit einer neuen Strategie einhergeht.

3 Phase I: Die Umweltanalyse als Grundlage künftigen Erfolgs

Daten: Qualität vor Quantität
Solche Geschäftsmodelle funktionieren allerdings nur, wenn Sie Ihre Daten beherrschen. In vielen Unternehmen jedoch sind nicht einmal die Stammdaten ordentlich erfasst. Nur wer weiß, welche Daten er wofür sammelt und wie er sie aufbereitet, kann sie letztlich wertschöpfend nutzen. Jedes Unternehmen hat heute jede Menge Daten – über Kunden, Lieferanten, Maschinen, Produkte, Prozesse und sogar über das Gebäude. Und im Unterschied zu früher können uns Daten heute nicht nur sagen, was war, sondern auch, was sein wird und was wir tun sollten – Stichwort »Predictive Maintenance«. Leider wissen viele Unternehmen gar nichts mit der Masse an Daten anzufangen.

Eine der ersten Aufgaben, wenn Sie sich auf den Digitalisierungspfad begeben möchten: Schaffen Sie Ordnung in Ihren Daten. Machen Sie zunächst eine Bestandsaufnahme:
- Welche Daten werden von wem gesammelt?
- Wo werden die gesammelten Daten aufbewahrt?
- Wofür werden die Daten verwendet und wer nutzt sie?
- Tragen diese Daten zur Wertschöpfung bei?

Sobald Sie diese Fragen schlüssig beantworten können, sollten Sie sich weiteren Fragen zuwenden:
- Wie können wir diese Daten wertschöpfend im Rahmen unserer Strategie nutzen?
- Welche Daten brauchen wir und welche nicht?
- Wie müssen diese Daten aufbereitet werden, damit sie dem Kunden und dem Unternehmen Nutzen bieten und uns neue Kundengruppen erschließen?
- Wer kann das? Müssen wir jemanden einstellen?
- Welche Daten aus unserem Bestand haben jetzt noch keinen Nutzen, aber vielleicht in drei bis fünf Jahren?

Es gibt ganze Bücher darüber, wie man Big Data in Smart Data überführt. Egal ob Sie eines davon lesen oder nicht: Digitale Geschäftsmodelle verlangen verwertbare Daten. Was glauben Sie, worauf der Erfolg von Amazon, Netflix oder Spotify beruht? Diese Unternehmen sind Datenkraken. Die unglaubliche Menge an Daten, die die Kunden freiwillig herausgeben, nutzen diese Unternehmen nicht nur für Marketing und Werbung, sondern auch, um neue Lösungen für die Probleme ihrer Kunden zu schaffen. Vergessen Sie nicht: Gut aufbereitete Daten sind eine Ertragsquelle insbesondere für die Zukunft. Sie können die Daten nicht nur für Ihr eigenes Geschäft nutzen, sondern auch anderen gegen Bezahlung zur Verfügung stellen.

3.1.1 Digitale Technologien kennen

Digitale Technologien eignen sich besonders in der optimal ausgestalteten Verbindung mit bestehenden Technologien für disruptive Geschäftsmodelle – sie wachsen am schnellsten und lassen sich am besten skalieren. Denken Sie an die Erfindung des mp3-Formats. Ohne diese Basisinnovation, kombiniert mit dem Internet und portablen Endgeräten, wären iTunes und Spotify nicht möglich gewesen und die Unternehmen niemals so schnell gewachsen. Die Chancen durch digitale, möglicherweise disruptive Technologien sollten Sie sich nicht entgehen lassen. Befassen Sie sich mit digitalen/disruptiven Technologien und suchen Sie nach Möglichkeiten, sie für Ihre Geschäftsmodellinnovation zu nutzen und damit einen erhöhten Mehrwert für den Kunden zu erzielen.

Disruptive Technologien sind unter anderen das Internet of Things, die Cloud, Blockchain, Extended Reality (XR) und künstliche Intelligenz (KI). Durch solche Technologien werden bekannte Abläufe und Systeme von Grund auf verändert. Durch die erfolgreiche Einbindung digitaler und disruptiver Technologien in ein entsprechendes Geschäftsmodell werden Wettbewerbsvorteile geschaffen und enormes Wachstumspotenzial freigesetzt. Öffnen Sie sich für diese Technologien und binden Sie sie konsequent in jede Ihrer Überlegungen ein. Sie können einen Nutzen erzielen, der mögliche Risiken und Gefahren bei Weitem übertrifft. Definieren Sie, inwieweit diese Technologien aktuell und künftig einen Einfluss auf den eigenen Markt haben. Ein Technologie-Radar als Hilfsmittel ist hier durchaus sinnvoll.

Sie müssen kein Experte für digitale/disruptive Technologien werden, aber Sie sollten wissen, welche Technologien es gibt, welche Möglichkeiten sie für Ihr Geschäft bieten und was Sie damit für Ihre Kunden bewirken können. Wenn Sie digitale oder disruptive Technologien in Ihr Geschäftsmodell integrieren möchten, brauchen Sie für die konkrete Umsetzung sowieso Fachleute.

Lassen Sie sich vom Fachkräftemangel nicht abhalten, denn große Konzerne wie IBM und Microsoft bieten zum Beispiel KI-Baukästen an, mit denen Unternehmen die Programmierarbeit weitgehend reduzieren können. Bootcamps wie das der Innovationsplattform Tech-Quartier oder das Start-up »Neue Fische« vermitteln den Teilnehmenden innerhalb weniger Wochen die Grundlagen der Technologie oder schulen sie zu Webentwicklern und Data Scientists um.

KI: voll im Trend
Ein Technologietrend, mit dem Sie sich unbedingt befassen sollten, ist die künstliche Intelligenz (KI). Manche betrachten KI noch als Science-Fiction, aber KI ist längst Teil unseres täglichen Lebens. Haben Sie Alexa zu Hause stehen oder steuern Sie Ihr Smartphone über Siri? Dahinter steckt künstliche Intelligenz oder spezifischer Machine Learning. Es geht längst nicht mehr darum, ob, sondern wie wir KI nutzen.

KI begegnet uns beispielsweise in der Fuzzylogik, der Musteranalyse und -vorhersage, in der Spracherkennung, in Computerspielen, Suchmaschinen, selbstfahrenden Fahrzeugen, automatisierten Produktions- und Logistikprozessen, bei der Sprach- und Gesichtserkennung. KI unterstützt die Prozesse bei der Kreditvergabe und bei Versicherungsabschlüssen sowie der Erstellung von Nachrichten. KI wird in automatisierten Bewerbungsverfahren eingesetzt und hilft bei der Aufklärung von Verbrechen. Die Watson-Technologie von IBM unterstützt Ärzte bei der Diagnose von Herzklappenfehlern. Der intelligente Roboter-Butler Charley arbeitet am Empfang eines Wohnblocks. Und das ist nur der Anfang – KI wird viele Berufe überflüssig machen oder zusammen mit Robotic dort eingesetzt werden können, wo Mangel herrscht, zum Beispiel in Pflegeberufen.

> **!** **Künstliche Intelligenz**
>
> Künstliche Intelligenz (KI) ist der Versuch, eine menschenähnliche Intelligenz nachzubilden, die eigenständig Probleme bearbeiten, lösen und Entscheidungen treffen kann. Dabei fließen die Ergebnisse aus unterschiedlichen Fachbereichen wie Kommunikationswissenschaften, Linguistik, Logik, Mathematik, Neurologie, Neurowissenschaften, Philosophie und Psychologie ein. Mit den sogenannten neuronalen Netzwerken wird das Prinzip des menschlichen Nervensystems simuliert. KI basiert auf Algorithmen, die Systeme sind lernfähig und können mittels Datensätzen trainiert werden bzw. sich selbst trainieren.

Der Digitalverband Bitkom hat im April 2021 die Ergebnisse einer repräsentativen Befragung von mehr als 600 Unternehmen aller Branchen vorgestellt. 69 Prozent der Befragten sagten, dass KI die wichtigste Zukunftstechnologie sei. 62 Prozent sehen in KI Chancen für das eigene Geschäft. Trotzdem werden aktuell nur in acht Prozent der Unternehmen KI-Anwendungen genutzt. Die Gründe für diese Diskrepanz wurden ebenfalls in der Befragung deutlich: Es fehlt an Geld, Personal und Zeit. Die befragten Unternehmen, in denen KI bereits eingesetzt wird, nutzen sie für personalisierte Werbung, zur Verbesserung interner Abläufe in Produktion und Instandhaltung, in Kundendienst und Wartung, zur Analyse des Kundenverhaltens und in der

Buchhaltung. 43 Prozent setzen auf KI zur Managementunterstützung, zum Beispiel bei der Strategieentwicklung, im Risikomanagement und im Controlling.

Fackelmann im fränkischen Hersbruck produziert und verkauft Badmöbel, Küchenhelfer, Backformen, Töpfe und Pfannen. Das Unternehmen verfolgt schon seit Jahren eine Omnichannel-Strategie. »Der Absatzkanal spielt für uns keine Rolle. Wir verkaufen über alle Kanäle«, sagt Alexander Fackelmann. »Durch unsere Online- und Social-Media-Präsenz lernen wir unsere Kunden und potenziellen Kunden immer besser kennen. Künstliche Intelligenz hilft uns bei der Auswertung der Daten, die wir gewinnen. An diesen Erkenntnissen richten wir unsere Produktpolitik aus. Das führt zu Produktverbesserungen und Neuheiten.«

Extended Reality – mehr als Games und Multimedia
Extended Reality (XR) ist der Oberbegriff für Technologien wie Virtual Reality (VR), Augmented Reality (AR) und Mixed Reality (MR). Unter »XR« werden immersive, technologiebasierte Erlebnisse verstanden, mit denen die Nutzenden neue, erweiterte Formen der Realität erleben. Dabei projizieren sie digitale Objekte in die physische Welt oder interagieren in der digitalen Welt mit physischen Objekten.

Bei Augmented Reality (AR) zum Beispiel geht es darum, die visuelle Wahrnehmung des Menschen zu erweitern, die Kommunikation zu unterstützen und den Datenfluss zu kanalisieren. In der Öffentlichkeit wird AR meistens mit Konsumentenelektronik, Multimedia, Games, Lifestyle oder Datenbrillen in Verbindung gebracht. Doch das ist nur ein kleiner Ausschnitt dessen, was AR wirklich leisten kann. Ein Beispiel für den Einsatz von AR in der Industrie ist der Service. Servicetechniker können mit einer Datenbrille schon vor dem Einsatz sehen, wie die Maschine, an der sie arbeiten werden, aussieht. Vor Ort haben sie über die Datenbrille Zugang zu allen technischen Informationen, sie können Teile bestellen und mit den Kollegen in der Firma kommunizieren. Außerdem hat der Techniker die Hände frei, denn die Datenbrillen können über Gesten, Sprache und Blickrichtung gesteuert werden. Datenbrillen können sogar schon zur Fernwartung oder zur Hinzuziehung von Spezialisten, die nicht vor Ort sind, genutzt werden. Der Aufzugbauer Thyssenkrupp hat Datenbrillen getestet und entdeckt, dass sie die Servicezeit auf ein Viertel reduzieren. Insofern steckt in dieser Technologie enormes Einsparpotenzial. AR wird unter anderem bereits in der Medizin, in der Logistik, in der Produktentwicklung und in der Ausbildung oder zu Schulungszwecken eingesetzt.

Überprüfen Sie die Möglichkeiten, die digitale Technologien Ihrem Unternehmen bieten:
- Wo können Ihnen digitale Technologien nützlich sein?
- Welche Kundenprobleme können Sie durch digitale Technologien lösen oder besser lösen?

Überdenken Sie Ihre primären Geschäftsprozesse und streben Sie neue disruptive Geschäftsmodelle im Rahmen der Digitalisierung an. Suchen Sie aktiv nach neuen Lösungen und integrieren Sie digitale Technologien nicht nur unterstützend, sondern als einen wertschöpfenden Part. Lösungen wie digitale Produkte, »Predictive Maintenance« oder »As-a-Service-Modelle« sind nur ein erster Schritt in die richtige Richtung – eine Geschäftsmodellveränderung.

3.1.2 Trends verändern die Welt

Digitale Technologien sind ein Mittel, um bessere Lösungen für die Probleme Ihrer Kunden zu finden. Bevor Sie sich aber auf KI oder eine andere digitale Technologie stürzen, sollten Sie wissen, welche Problemlösungen künftig für Ihre Kunden Relevanz haben werden. Befassen Sie sich mit Trends. Indem Sie Trends identifizieren, analysieren und priorisieren, gelingt es Ihnen, neue Produkte/Dienstleistungen und Geschäftsmodelle zielgerichtet anzustoßen und zu entwickeln sowie Wettbewerbsvorteile zu sichern.

Es geht nicht um kurzlebige Hypes oder Modeerscheinungen, sondern um die sogenannten Megatrends, die sich wiederum in gesellschaftlichen Trends niederschlagen. Das spiegelt sich in technologischen Trends wider und wird durch Konsumententrends auf die Warenebene übersetzt. Kombinieren Sie die Trendanalyse mit einem Technologie-Radar. Hier werden Technologien in Relation zu den Trends bezüglich ihrer aktuellen und zukünftigen Relevanz und ihres Disruptionspotenzials bewertet. Das erleichtert Ihnen die Suche nach künftigen Problemlösungen für Ihre Kunden.

Auf der Website des Zukunftsinstituts[3] finden Sie zwölf Megatrends mit ihren Subtrends, zusammengefasst in einer Megatrend Map. Die Grafik zeigt anschaulich, wie komplex Megatrends sind und wie groß die Überschneidungen sein können. Als Unternehmer oder Führungskraft sollten Sie die Megatrends und die daraus hervor-

---

3   https://www.zukunftsinstitut.de/dossier/megatrends/#megatrend-map

3.1 Digitalisierung: Treiber der Disruption

gehenden Trends nicht nur kennen, sondern herausarbeiten, welche Trends aktuell und künftig für Ihr Unternehmen und seine Kunden relevant sind und sie dann priorisieren. Sie können zum Beispiel für jeden relevanten Trend eine Art Steckbrief anfertigen und dabei gleich festhalten, was im Unternehmen getan werden muss, wenn dieser Trend für Ihre Branche maßgeblich wird. Auf diese Weise erhalten Sie ein Trendportfolio und können die Suchfelder für künftige Innovationen identifizieren. Ein Trend-Radar unterstützt Unternehmen bei der Suche nach geeigneten Handlungsfeldern für künftige Geschäftsfelder. Mit entsprechender Software können Sie sich ein individuelles Trendradar aufbauen. Verlassen Sie sich, wenn es um Trends geht, nicht nur auf sich selbst oder die Geschäftsführung, sondern beziehen Sie Mitarbeitende und Externe ein, zum Beispiel Trendforscher oder Branchenexperten. Stoßen Sie Befragungen hinsichtlich Auswirkungen und Durchdringungswahrscheinlichkeit der einzelnen Trends an. Halten Sie das Trendradar aktuell. Umweltkatastrophen und Pandemien zeigen, wie Trends beeinflusst werden und in kurzer Zeit an Bedeutung gewinnen können. Der Megatrend Globalisierung zum Beispiel wird durch die Pandemie in Richtung »Glokalisierung« geschubst.

Beispiel

Der Megatrend Digitalisierung bringt den Subtrend 24/7-Verfügbarkeit mit sich und damit den stetig wachsenden Onlinehandel. Man liegt bequem abends um zehn auf der Couch und bestellt das neue Outfit oder Lebensmittel. Der Briefkastenhersteller Renz hat den Trend als Chance für sein Unternehmen erkannt, um neues Geschäft zu generieren: »Zugestellt werden müssen Pakete analog. Das ist für Empfänger und Zusteller oft mit Unannehmlichkeiten verbunden«, sagt Unternehmer Armin Renz. »Also haben wir überlegt, wie wir beiden Seiten das Leben erleichtern können.« Herausgekommen sind Brief- und Paketkastenanlagen mit elektronischer Steuerung, ein digitales Produkt, das nicht nur den eigenen Kunden einen Mehrwert beschert, sondern zusätzlich neue Kundengruppen im Einzelhandel (Click & Collect) und der Intralogistik erschließt. Die Bedienung der Brief- und Paketkastenanlagen ist denkbar einfach über ein Touchdisplay oder kontaktlos über eine App. Die Fächer der Paketkastenanlage werden via App geöffnet, über einen elektronischen Schlüsselchip oder durch die Eingabe einer persönlichen PIN. Empfangen und versendet werden können Pakete von DHL, DPD, GLS, Hermes und Amazon Logistics. Mittels eines Dauercodes oder einer einmaligen PIN kann auch Lieferanten oder Nachbarn Zugang gewährt werden. 24/7-Verfügbarkeit, kein Besuch mehr beim Nachbarn, in der Postfiliale oder bei der Paketstation. Damit hat Renz zwar noch kein disruptives Geschäftsmodell, aber nutzt digitale Technologie und erneuert so das Geschäftsmodell, um ein Kundenproblem zu lösen. Armin Renz ermutigt Unternehmer, den Weg der Veränderung zu gehen: »So perfekt das neue Produkt jetzt ist, so steinig war der Weg zum Ziel. Man darf den Mut nicht verlieren, sondern muss aus den Fehlern lernen, an den Erfolg glauben und dranbleiben.«

3 Phase I: Die Umweltanalyse als Grundlage künftigen Erfolgs

3.1.3 Service- statt Produktfokus

Das Beispiel Renz zeigt, dass es künftig nicht so sehr um das Produkt an sich gehen wird als vielmehr um den Service, um die Lösung, die es dem Kunden bietet. Der Briefkasten als physisches Produkt ist das Vehikel. Entscheidend für den Kunden ist aber die Bequemlichkeit, die ihm der Service ermöglicht.

Anders formuliert: Ein Flugzeug braucht Schub, um zu fliegen. Die Triebwerke sind nur Mittel zum Zweck. Der Turbinenhersteller Rolls-Royce verkauft den Fluglinien keine Triebwerke mehr, sondern die tatsächlich abgerufene Triebwerksleistung nach Flugstunden. Der Kompressoren-Hersteller KAESER verkauft Druckluft. Die sogenannten Anything-as-a-Service-Geschäftsmodelle resultieren in einem optimierten Ressourceneinsatz, geringerer Kapitalbindung und Risikominimierung. Darüber hinaus werden mit solchen Geschäftsmodellen meistens Felddaten erhoben, die für Forschung und Entwicklung sowie die Produktion genutzt werden können. Die Cloud ist bei diesen Geschäftsmodellen ein absoluter Game Changer. Heute muss man kaum noch Software kaufen. Man nutzt sie online und bei Bedarf – entsprechend wird bezahlt. Der Kunde bezahlt die Nutzung und nicht die Lizenz für die Software – SaaS, Software as a Service.

Varianten dieser Geschäftsmodellart sind Modelle wie »mieten statt kaufen« oder Flatrate-Nutzung. Das Geschäftsmodell des Werkzeugherstellers Hilti zum Beispiel basierte auf dem Verkauf seiner Profiwerkzeuge plus Wartung und Reparatur. Doch andere Anbieter konnten ähnliche Qualitätsstandards erfüllen. Das Unternehmen begann, sich intensiver mit den Schmerzpunkten der Kunden zu befassen und entdeckte, dass es für den Kunden am wichtigsten ist, das benötigte Werkzeug zur richtigen Zeit verlässlich am richtigen Ort zu haben. Das führte zum Hilti-Flottenmanagement und einer Änderung des Geschäftsmodells. Der Kunde muss nun keine Geräte mehr kaufen, sondern zahlt einen monatlichen Betrag und hat dafür die Garantie, dass im richtigen Moment die benötigten Werkzeuge auf der richtigen Baustelle sind. Hilti übernimmt außerdem die Wartung und die Diebstahlversicherung. Das Grundproblem des Kunden – möglichst keine Verzögerungen auf der Baustelle durch unzureichende oder fehlende Ausrüstung – wird mit diesem Geschäftsmodell gelöst.

Smart Services
Smart Services ermöglichen digitale As-a-Service-Geschäftsmodelle, die den Kundennutzen erhöhen und neue Wertschöpfungsketten für Unternehmen erschließen.

Es wird immer schwieriger, durch Produkte allein die gewünschten und notwendigen Margenziele zu erreichen. Serviceprozesse dagegen sind im Vergleich zum Produkt nachhaltiger und wenn es sich um Smart Services handelt, meistens sehr viel margenintensiver. Neben einer klaren Vision, was mit Smart Services für den Kunden erreicht werden soll, braucht man eine solide Investitionsstrategie. Die Auswahl der richtigen digitalen Technologien und Operational Excellence sind ebenfalls von entscheidender Bedeutung. Professionelles Datenmanagement, ein tiefes Verständnis der Kundenbedürfnisse und die frühe Integration der Mitarbeiterinnen und Mitarbeiter in die Entwicklungs- und Veränderungsprozesse sind unerlässlich, wenn Smart Services funktionieren sollen.

3.1.4 Plattformen: disruptive Sahneschnitten

Digitale Plattformen sind sozusagen die Königsdisziplin der digitalen und disruptiven Geschäftsmodelle. Allerdings schaffen die meisten etablierten Unternehmen diesen Sprung nicht sofort und die wenigsten aus der Organisation heraus. Der Stahlhändler Klöckner hat mit XOM Materials ein »Amazon des Stahls« gegründet, allerdings nicht ohne Zwischenschritte wie ein digitales Kundenportal. Eine Plattform im eigentlichen Sinne ist ein Mittler zwischen Anbietern und Nachfragern, Käufern und Verkäufern. Der Besitzer der Plattform bestimmt die Regeln der Interaktion auf der Plattform und verdient zum Beispiel einen Prozentsatz an jedem abgeschlossenen Geschäft oder erhält eine monatliche Gebühr von jedem Verkäufer. Eine Plattform sollte offen für alle Anbieter sein, auch für die Konkurrenz. Auf XOM Materials beispielsweise darf nicht nur Klöckner verkaufen, sondern auch andere Stahlhändler. Das bedeutet in der Konsequenz, dass das neue digitale Geschäftsmodell das eigene Geschäft ein Stück weit kannibalisiert.

Ein weiteres Beispiel für eine Plattform ist das Spin-off Wucato des Familienunternehmens Würth, »Würths Antwort auf Amazon Business«, wie die Presse titelte. Eigentlich war Amazon Business aber die Antwort auf Wucato, zumindest in Deutschland, denn Würth war es gelungen, Wucato kurz vor Amazon Business an den Start zu bringen. Die Grundidee der B2B-Plattform war es ursprünglich, die Sortimente der Würth-Gruppe in einer digitalen Plattform zu konsolidieren und den Beschaffungsprozess des Kunden zu optimieren. Mittlerweile finden sich auf der Plattform jedoch auch Sortimente anderer Händler und Hersteller. Wucato ist zu einer zentralen Beschaffungsplattform für den deutschen Mittelstand avanciert und trägt zur

3 Phase I: Die Umweltanalyse als Grundlage künftigen Erfolgs

Optimierung von dessen Beschaffungsprozessen bei. Doch nicht immer sei der eigene Marktplatz die Lösung, sagt Heiko Onnen, Geschäftsführer Wucato Marketplace GmbH: »Viele Unternehmen haben zwar den Anspruch, einen eigenen Marktplatz zu bauen, aber die meisten wissen nicht, was alles damit einhergeht. Ein Team aufzubauen verursacht riesige Kosten. Man sollte überlegen, ob man stattdessen nicht an einen bestehenden Marktplatz andocken kann. Der ist vorhanden und neutral. Wenn Sie alles alleine machen, müssen Sie durch alle Prozesse waten. Wir hatten durch Würth eine IT mit 500 Leuten im Rücken, aber das ist nicht überall gegeben. Es wird unterschätzt, wie viele Ressourcen nötig sind, um geeignete Menschen zu finden, ein Konzept aufzubauen, eine Marke zu etablieren.«

Eine Plattform lohnt sich nur, wenn eine kritische Masse an Anbietern und Nachfragern erreicht werden kann. Niemand würde bei Amazon einkaufen, wenn es nur drei Anbieter geben würde. Umgekehrt hätte Amazon nie so viele Anbieter, wenn es nicht genug Nachfrager geben würde. Darüber hinaus lässt sich eine Plattform mit einigem Geschick zu einem Ökosystem erweitern, an dem viele Unternehmen verdienen. Bei Amazon, um bei diesem Beispiel zu bleiben, verdienen nicht nur die Händler des Marketplace, sondern zum Beispiel auch Banken (Amazon-Kreditkarte) und andere Internetportale, die Kunden anziehen, weil diese dort zur Bezahlung lediglich das Passwort für ihren Amazon-Account eingeben müssen.

Erfolgreiche und etablierte Unternehmen tun sich häufig schwer mit der horizontalen Integration von Plattformen, denn sie bedeutet die Öffnung für Produkte und Dienstleistungen anderer Anbieter. Trotzdem sollten Sie nicht vergessen, dass Plattformen eine große Chance darstellen, vor allem durch ihre Tendenz zur Monopolisierung. Je früher Sie dran sind, desto größer die Chance der Monopolisierung.

> »Das Zauberwort ist ›anfangen‹. Wir haben bei Klöckner auch klein und mit überschaubaren Aufwendungen angefangen.«
> Gisbert Rühl, Vorstandsvorsitzender Klöckner

Wir und die von uns befragten Experten sehen die Digitalisierung in Verbindung mit digitalen Plattformen als herausragende Möglichkeit für disruptive Geschäftsmodellinnovationen, insbesondere im B2B-Bereich. Im B2C-Geschäft hat Deutschland den Kampf gegen die USA und China schon so gut wie verloren. Aber im B2B-Bereich gibt es noch erhebliche Chancen. Schauen Sie sich in Ihrer Branche um. Finden Sie heraus, welche Kundenprobleme es gibt, ob und wie Sie diese mit einer Plattform lösen können. Es hilft, sich dabei auch in anderen Branchen umzuschauen. Wenn Sie keine zündende Plattform-Idee haben, konzentrieren Sie sich auf Ihre Kunden. Welche digitalen Services brauchen sie und können Sie sie auf einem Portal mit Zugang nur für Ihre Kunden anbieten? So hat das Hilti-Flottenmanagement begonnen. Der Weg zur Plattform ist dann oft gar nicht mehr weit.

3.2 Der Kunde im Mittelpunkt

> »Die Kunden und ihre Bedürfnisse spielten bei der Entwicklung von Wucato die zentrale Rolle. Letztlich hatte sich der Kunde schon lange für den digitalen Weg entschieden. Der Kunde wünschte sich eine Plattform, um seine Beschaffung komplett zu digitalisieren und seine Prozesse zu optimieren.«
> Heiko Onnen, Geschäftsführer Wucato Marketplace GmbH

Der Kunde ist derjenige, der Unternehmen am Leben erhält, der die Löhne bezahlt. Wenn er sich abwendet, scheidet das Unternehmen über kurz oder lang aus dem Markt aus. In gesättigten Märkten werden Sie den Kunden mit austauschbaren Produkten auf Dauer nicht binden können. Daran ändert sich auch nichts, wenn Ihre Produkte von höchster Qualität sind, denn das ist heutzutage eine selbstverständliche Erwartung des Kunden. Was also ist es, womit Sie den Kunden anziehen, begeistern und binden können?

Wie bereits mehrfach betont, spielt der Kunde mit seinen ursprünglichen Problemen *die* zentrale Rolle bei der Entwicklung digitaler/disruptiver Produkte, Services und Geschäftsmodelle. Nur mit der Fähigkeit, die Probleme des Kunden zu antizipieren und ihm vor allen anderen echte Lösungen für sein Problem anzubieten, wird es Ihnen gelingen, ihn für sich zu gewinnen. Gehen Sie vom Problem aus und nicht von der Lösung: Bieten Sie nur Lösungen für tatsächlich existierende Probleme an. Unternehmen sind heute die Problemlöser ihrer Kunden und damit deren bester Freund. Kundenbeziehungen sind mehr denn je auf Emotionen aufgebaut.

Nehmen Sie als Beispiel Tesla. Ein Tesla ist kein herausragendes Auto, gemessen an deutschen Standards. Es kann ein paar Dinge auf der Softwareseite, die deutsche E-Autos nicht oder nicht so gut können, aber das wird sich möglicherweise bald ändern. Warum also fahren die Leute so gern einen Tesla? Die Qualität der Verarbeitung kann es nicht sein. Das Design? Vielleicht. Was also ist es?

Zum einen begreifen sich Tesla-Fahrer als Pioniere der Elektromobilität. Zum anderen hat Tesla mit Elon Musk einen charismatischen Chef. Man muss ihn nicht mögen, aber er vermittelt seinen Kunden Fortschritt und Innovation. Daran ändert sich auch nichts, wenn er für seine Fabrik in Brandenburg ganze Wälder abholzen lässt. Er ist ein Pionier und seine Kunden empfinden sich ebenfalls als Pioniere, als etwas Besonderes, als diejenigen, die etwas für den Klimaschutz tun, die die Welt ein bisschen besser machen und trotzdem ein tolles Auto fahren können. Nicht vergessen sollte man das einzigartige Kauferlebnis. Der Kunde konfiguriert sein Auto selbst. Dass der Tesla fast jeden Porsche an der Ampel stehen lässt, ist das Sahnehäubchen. Außerdem entwickelt sich ein Tesla mit jedem Software-Update, das darüber hinaus »over the air« stattfindet, weiter. Zusätzlich kümmert sich das amerikanische Unternehmen mit seinem Super-Charger-Netz tatsächlich darum, dass Teslafahrer immer mobil bleiben, also nur geringe Warte- und Ladezeiten haben. Mit der Powerwall kann das Auto auch zu Hause bequem aufgeladen werden, bald mit Sonnenenergie. Das Unternehmen löst die Probleme seiner Kunden, bevor sie überhaupt welche haben, und vermittelt ihnen somit ein gutes Gefühl. Sollte jemand doch Probleme haben, kann es sein, dass der Chef selbst auf Twitter antwortet.

3.2.1 Fakten und Daten statt Annahmen

Mittelständische Familienunternehmen sind zu Recht stolz auf ihre guten Kundenbeziehungen. »Wir wissen, was unsere Kunden wollen«, lautet häufig die stolze Aussage. Die Frage ist jedoch: Weiß der Kunde immer, was er will?

Es stimmt, der Kunde ist derjenige, der seine Probleme am besten kennen sollte, aber zum einen sehen wir alle nur unsere aktuelle Realität. Zum anderen geht es bei der Entwicklung eines disruptiven Geschäftsmodells nicht nur um den bestehenden Kundenstamm, sondern auch darum, zusätzliches Geschäft zu generieren, neue Kundengruppen zu erschließen, die möglicherweise bisher mit dem traditionellen Geschäftsmodell nicht bedient werden konnten. In vielen etablierten Unternehmen wird aus dem Unternehmen heraus innoviert. Darüber hinaus stellen die Unternehmen oft das Produkt in den Mittelpunkt und nicht den Kunden. Die Entwickler oder Entscheider denken sich etwas aus, von dem sie annehmen, dass es dem Kunden nützlich sein könnte. Es werden Pflichtenhefte geschrieben und abgearbeitet. Nach einiger Zeit (in der Autoindustrie sind es immer noch Jahre) wird ein perfektes Produkt in den Markt eingeführt. Wenn der Markt es nicht haben will, wird es mit hohem finanziellem Aufwand beworben, denn es wurde bereits so viel Geld investiert, dass Scheitern keine Option ist.

Wenn wir hingegen ein digitales/disruptives Geschäftsmodell entwickeln, müssen wir modifiziert vorgehen, schon allein um schneller zu sein. Das bedeutet:
- den anvisierten Kunden befragen
- seine Probleme und Ineffizienzen finden und verstehen
- den Markt analysieren
- Ideen generieren
- Ideen auswählen, im Markt testen und validieren

Nur diejenigen Ideen, die eine positive Resonanz haben, werden weiterverfolgt und zur Marktreife gebracht. Doch auch das geschieht nicht im stillen Kämmerlein der Entwicklungsabteilung, sondern am Markt und aufgrund von Kundenfeedback. Start-ups nennen diese Endlosschleife »build – measure – learn«. Diese Vorgehensweise führt dazu, dass das Angebot bereits nach ein paar Monaten am Markt sein kann, nicht in einer perfekten Ausführung, aber gut genug, um erste Erfahrungen damit zu sammeln. Während der Testphase werden jede Menge Daten generiert, die nicht nur zur Verbesserung des Angebots, sondern auch für die Gestaltung der Customer Journey nützlich sind.

Wer die wirklichen Probleme und Ineffizienzen seiner Kunden herausfinden möchte, wird nicht umhinkommen, sein Büro zu verlassen. Er muss mit den Kunden sprechen, sie befragen und sie in ihrem Handeln beobachten. Nur so kann man herausfinden, was die echten Probleme sind. Geht es darum, dass der Außenspiegel windschnittiger werden soll? Oder ist das eigentliche Problem, dass er jedes Mal verstellt werden muss, wenn der Fahrer wechselt? Geht es wirklich darum, noch einen Song einer weiteren Band auf die CD zu packen? Bei Spotify hat man erkannt, dass der Nutzer jede beliebige Band zu jedem beliebigen Zeitpunkt von jedem beliebigen Ort aus hören möchte. Zeppelin Rental, gestartet als reiner Vermieter von Arbeitsbühnen, Baumaschinen, Baugeräten, Stromerzeugern, Containern und Fahrzeugen, ist heute ein integrierter Systemanbieter für den kompletten Baustellenlebenszyklus. Die Dienstleistungen im Bereich der temporären Infrastruktur wie Baustellen- und Verkehrssicherung, modulare Raumlösungen, Baustromversorgung, Baustelleneinrichtung und der Event-Service sowie die Baulogistik entlasten den Kunden von Pflichten, die nichts zu seiner Wertschöpfung beitragen bzw. ihn von den eigentlichen Aufgaben abhalten.

3 Phase I: Die Umweltanalyse als Grundlage künftigen Erfolgs

Weiß man erst einmal, worum es tatsächlich geht, müssen die Probleme, für die die Kunden das Angebot nutzen sollen, klar abgeleitet und definiert werden. Darauf aufbauend können Sie bzw. Ihr Digitalteam Lösungsmöglichkeiten entwickeln.

Unsere Empfehlung: Suchen Sie für digitale und disruptive Geschäftsmodellinnovationen nach den ursprünglichen Kundenproblemen und -ineffizienzen in Ihrer Branche. Beziehen Sie dabei auch die Kunden ein, die Sie bisher nicht beachtet und nicht bedient haben. Sind die Probleme und Ineffizienzen herausgearbeitet, ist eine detaillierte Beschreibung des Kunden oder der Kundengruppen essenziell, um zu verstehen, was der Kunde braucht. Denn die digitale und möglicherweise disruptive Geschäftsmodellentwicklung muss sich anschließend darauf fokussieren, die erkannten Kundenprobleme und -ineffizienzen durch Ihre Lösung zu beseitigen.

> »Es gibt in Ihrem Büro keine Fakten, gehen Sie deshalb nach draußen.«
> Das Customer Development-Manifest, Regel 1 (Blank/Dorf, S. 26)

Blank und Dorf sind der Meinung, dass es die Gründer sein müssen, die eine Geschäftsmodellidee beim (potenziellen) Kunden validieren. Angestellte oder Berater loszuschicken, halten die Start-up-Experten für schwierig, denn nur der Gründer könne dem Kundenfeedback gerecht werden und das Geschäftsmodell entsprechend verändern. Übertragen Sie diese Sichtweise auf Ihre Digitaleinheit und/oder eventuelle Ausgründungen. Lassen Sie nicht zu, dass mit Annahmen über den Kunden gearbeitet wird. Es gehört zur agilen Arbeitsweise, den Kunden in die Entwicklung von Geschäftsmodellen und Produkten einzubinden. Nur so gelangen Sie zu einem iterativen Vorgehen im Sinne von build – measure – learn. Kundenfeedback kann deprimierend sein, Sie eventuell dazu zwingen, eine lieb gewonnene Idee zu begraben. Am wichtigsten ist jedoch, dass das Kundenfeedback Sie davor bewahrt, Hirngespinsten nachzujagen, jede Menge Ressourcen zu verschwenden und Dinge auf den Markt zu werfen, die keiner haben will. Bedenken Sie: Sie führen mit einem disruptiven Geschäftsmodell keine Lösung mit einem bekannten Geschäftsmodell in einen bekannten Markt ein, wie Sie das normalerweise tun. Sie bringen ein neues Angebot in einen neuen Markt oder einen bestehenden Markt, in dem Sie aber eine andere Rolle spielen möchten als bisher. Das funktioniert nach anderen Regeln.

Wie Sie dabei konkret vorgehen, erfahren Sie in Kapitel 5.

Trotzdem haben Sie als etabliertes Unternehmen gegenüber Start-ups unbestreitbare Vorteile: Sie haben bereits Kunden, einen Marktzugang, Branchenkontakte, ein Netzwerk und können diese Vorteile zusätzlich nutzen. Das ist vor allem dann hilfreich, wenn Sie zunächst nur mit einem digitalen Produkt oder einer digitalen Dienstleistung starten. Der Briefkastenhersteller Renz hat anfangs seine bekannten Kundengruppen angesprochen und schnell entdeckt, dass er sich mit dem digitalen Produkt auch völlig neue Kundengruppen erschließen kann.

Viele Mittelständler sind tief in die Prozesse und Entwicklungen bei ihren Kunden eingebunden. Nutzen Sie diesen Vorteil. Diskutieren Sie mit Ihren Kunden, hören Sie genau hin, stellen Sie ihnen Ihre Idee vor. Nehmen Sie das über Jahre gewachsene Vertrauen in Anspruch. Schneller und agiler in der Entwicklung werden Sie nur mit dem Kunden. Er unterstützt Sie dabei, ein noch nicht perfektes Angebot am Markt zu testen und weiterzuentwickeln, sodass es am Ende wirklich vom Markt angenommen wird, weil es ein echtes Problem löst.

In der Adolf Würth GmbH & Co. KG gibt es für jedes der neun Felder/Branchen, die das Unternehmen bedient, ein Team von Geschäftsmodell-Entwicklern. Diese Teams von jeweils vier bis sechs Leuten machen sich Gedanken darüber, wie der jeweilige Bereich in fünf Jahren aussehen wird, und überlegen, was erforderlich ist, damit sich das Unternehmen in diese Richtung entwickelt. Zweimal im Jahr präsentieren die Leiter der Teams ihre Weiterentwicklungsszenarien und neue Geschäftsmodelle während der sogenannten strategischen Auszeiten in Workshops. CEO Norbert Heckmann nennt ein Beispiel: »Der Endkunde will künftig nicht mehr mit dem Installateur, dem Elektriker und dem Fliesenleger einzeln zu tun haben. Er möchte einen Ansprechpartner, der die fünf oder sechs Gewerke steuert, die notwendig sind, um ein altes Bad in ein neues zu verwandeln. Wir bauen die digitale Prozesskette auf, die dafür nötig ist, und bieten sie den rund 40.000 Sanitärunternehmen in Deutschland an. Wir müssen unsere Geschäftsmodelle so konzipieren, dass uns der Kunde nicht nur als Schraubenlieferant wahrnimmt, sondern als Problemlöser. Das ist eine gezielte Modifikation oder auch Neuschöpfung von Geschäftsmodellen, die immer vom Kunden aus gedacht werden.«

3.2.2 Den Kunden entdecken

Mit einem disruptiven Geschäftsmodell, das über As-a-Service-Modelle, smarte Werkzeuge und Maschinen oder Predictive Maintenance hinausgeht, werden Sie

3 Phase I: Die Umweltanalyse als Grundlage künftigen Erfolgs

möglicherweise nicht alle Ihre Bestandskunden begeistern können – oder zumindest nicht gleich. Möglicherweise wenden Sie sich sogar im ersten Schritt an ganz neue Kundengruppen. Bei disruptiven Neuheiten gibt es immer unterschiedliche Gruppen von Kunden: Für Sie am wichtigsten sind zunächst die »Early Adopters«. Das sind diejenigen, die immer als Erste ein neues Gerät haben, zum Beispiel das neueste Smartphone-Modell. Sie sind immer sehr gut informiert, neugierig, fragen ständig, ob es etwas Neues gibt, an welcher Innovation Sie arbeiten usw. Solche Kunden können auch anstrengend sein, weil sie so gut Bescheid wissen, dass sie richtig knifflige Fragen stellen und sehr kritisch sind. Sie wollen immer etwas Außergewöhnliches, mehr als die anderen. Für ein disruptives Produkt/Geschäftsmodell sollten Sie diese »frühen Anwender« unbedingt als Tester und Feedbackgeber einbeziehen. Sie sind meistens bereit, auch für unausgereifte Produkte zu bezahlen. Wenn Sie solchen Kunden das neue Produkt oder Geschäftsmodell schon frühzeitig, vor der offiziellen Markteinführung, zur Verfügung stellen, binden Sie sie zusätzlich an das Unternehmen. Das ist eine Win-win-Situation.

Machen Sie sich die Mühe und richten Sie für interessierte Kunden eine Schnittstelle ein, über die sie sich mit Entwicklern aus dem Unternehmen treffen und austauschen können, zum Beispiel Foren oder Communitys. Gehen Sie mit Firmenkunden Entwicklungspartnerschaften ein. Das Produkt, das dabei entsteht, ist dann ein gemeinsames »Baby«.

In diesem Dialog über ein geplantes Produkt/Geschäftsmodell erhalten Sie jede Menge Informationen über Ihre (potenziellen) Kunden, doch das allein wird nicht ausreichen. Ein disruptives Geschäftsmodell ist normalerweise digital, ein SaaS-Modell, eine App, ein Portal, eine Plattform. Das heißt, die Kunden bewegen sich digital und geben Daten preis, die Sie auswerten können. Auch die Early Adopters hinterlassen zusätzlich zum offensichtlichen Feedback Spuren im Netz. Nutzen Sie diese Daten ebenso wie Daten aus dem CRM, den Zielgruppenanalysen und Marktbeschreibungen. Verfolgen Sie die Customer Journey Ihrer Kunden:

- An welchen Punkten treten die Kunden mit dem Unternehmen in Kontakt und wie sieht dieser Kontakt aus?
- Wo steigen Kunden aus dem Kaufprozess aus, wenn sie aussteigen?
- Wer kauft warum oder warum nicht?
- Wie werden Kunden auf Ihr Angebot aufmerksam?
- Welche Beschwerden haben Kunden? Wie viele haben dieselben Reklamationen?
- Wer nutzt Ihr Angebot typischerweise?

3.2 Der Kunde im Mittelpunkt

Seien Sie kreativ, wenn Sie anfangs nicht ausreichend Daten auf digitalem Weg erhalten. Sie können Newsletter verschicken, Online-Befragungen durchführen, Marktforscher losschicken oder Testprodukte ausgeben. Sie brauchen Antworten, damit Sie wissen, wer Ihre Kunden sind und was sie erwarten. Wenn Sie beispielsweise mit einer App an den Markt gehen möchten, sollten Sie in Erfahrung bringen, welche Features sich die Nutzerinnen und Nutzer wünschen, wie sie diese Features priorisieren und welche keine Rolle spielen. Sie sollten herausfinden, welche Personen Ihr Angebot bevorzugt nutzen und aus welchem Grund. Was erhoffen sie sich von dem neuen Angebot?

Mit Personas Kundengruppen identifizieren

Damit wären wir bei den Personas, den fiktiven Anwendern, Nutzern, Kunden. Ein Grund für das Aufkommen von Personas ist, dass die Zielgruppen vielfältiger sind als früher (Megatrend »Individualisierung«). Ein gutes Beispiel dafür ist die Zielgruppe 50 plus. Es gibt nämlich keine Zielgruppe 50 plus. Innerhalb dieser Zielgruppe gibt es bestimmt fünf unterschiedliche Zielgruppen. Versuchen Sie, eine Persona für 50 plus zu kreieren – es wird nicht klappen. Es gibt in dieser Zielgruppe Menschen, die noch voll im Berufsleben stehen, die total fitten Ruheständler, die Mountainbike fahren und Abenteuerurlaub machen. Es gibt die ruhigen Zeitgenossen, die sich um Garten und Enkelkinder kümmern usw. Selbst bei den über 80-Jährigen werden Sie nicht die eine Zielgruppe finden. Wenn Sie versuchen, alle über einen Kamm zu scheren, werden Ihre Kunden abwandern.

Die Personalisierung auf Websites und in Newslettern sorgt für maßgeschneidertes Marketing, das Sie nicht vernachlässigen dürfen. Dafür brauchen Sie mehr Informationen über Ihre Zielgruppe. Mit Personas geben Sie dem Kunden ein Gesicht jenseits der Kunden- und Bestellnummer. Je genauer Sie sich Ihren Kunden vorstellen können, desto besser wird Ihre Kommunikation und auch die Produkt- und Geschäftsmodellentwicklung profitiert. Grundlage für die Erstellung der Personas sind die Daten, die Sie über den Kunden erlangt haben, sowie Befragungen von Vertretern der verschiedenen Personas.

Was gehört zu einer Persona?
- Name und Foto
- Alter, Geschlecht, Wohnort, Beruf, familiäre Verhältnisse, Einkommen
- Hobbys und Interessen
- Werte, Standpunkte, Meinungen – zusammengefasst in Statements

3 Phase I: Die Umweltanalyse als Grundlage künftigen Erfolgs

- Kaufgewohnheiten – wie sieht die Customer Journey typischerweise aus und welchen Stellenwert haben Offline- und Online-Aktivitäten?
- Erwartungen beim Einkauf, Markenvorlieben, Ärgernisse
- der ideale Kaufprozess

Manche gestalten die Persona wie einen Steckbrief, kurz und prägnant, andere werden sehr ausführlich. Fakt ist, je konkreter die Personas beschrieben werden, desto näher kommen Sie dem Kunden. Gleichzeitig laufen Sie allerdings Gefahr, sich in Details zu verlieren und dabei Personas zu übersehen. Es ist sinnvoll, die Anzahl der Personas zu begrenzen und bei Bedarf die Persona in mehrere »Unter-Personas« aufzusplitten.

Die Arbeit mit Personas funktioniert auch im B2B-Bereich. Beruflicher Werdegang, Stellung im Unternehmen, Anforderungen an Geschäftspartner, Fakten und Argumente, Entscheidungsmotivation sind wichtige Punkte, die geklärt werden müssen. Wenn Sie einem Buying-Team gegenüber sitzen, brauchen Sie Personas für jeden Einzelnen. Ziel der Personas im B2B ist es, den Menschen hinter dem Entscheider sichtbar zu machen. Dadurch können seine Motive direkt getriggert werden. Den Geschäftsführer überzeugen Sie mit anderen Argumenten als den Controller oder den Einkaufsleiter.

> »Eine positive Kundenbeziehung wird vor allem durch gute Gefühle genährt.«
> Anne M. Schüller, Autorin und Businesscoach

Personas helfen Ihnen, den Kunden besser zu verstehen, sein Problem klar zu definieren und ihm so bessere Lösungen anzubieten. Die Ansprache der Kunden wird zielgenauer, persönlicher und individueller. Darüber hinaus wird sichtbar, welche Personas zur Marke passen und bei wem die Kaufwahrscheinlichkeit am höchsten ist. Last, but not least helfen Personas dabei, die Customer Journey zu verbessern.

! **Empathy Map**

Die Empathy Map ist ebenfalls geeignet, um Ihr Angebot und Ihr Marketing an den Bedürfnissen der Zielgruppe auszurichten und zu personalisieren. Allerdings fehlen hier die demografischen und psychografischen Merkmale, die bei den Personas miteinbezogen werden. Dafür ist die Empathy Map in der Erstellung weniger aufwendig. Auch bei dieser Methode steht der Kunde im Mittelpunkt. Um den Kunden herum sind vier Elemente angeordnet, die mit Inhalten befüllt werden:

- Was denkt und fühlt der Kunde/die Kundin?
- Was hört der Kunde/die Kundin?
- Was sieht der Kunde/die Kundin?
- Was sagt und wie handelt der Kunde/die Kundin?

Zusätzlich versucht man, die Schmerzpunkte (»pains«) des Kunden sowie seinen angestrebten Gewinn/Mehrwert (»gains«) herauszufinden.

Wichtig: Die Empathy Map basiert ebenfalls nicht auf Annahmen, sondern auf nachprüfbaren Informationen, auf Kundendaten, Nutzerbefragungen in Social Media und Webanalysen.

3.3 Wie disruptiv ist Ihre Branche?

Den Wettbewerb im Auge behalten müssen Sie immer. Aber hier geht es darum, dass Sie herausfinden, wie weit Ihre Branche hinsichtlich Digitalisierung und Disruption ist. Dabei sollten Sie nicht vergessen, dass die disruptiven Wettbewerber nicht zwingend Start-ups sind, sondern auch bekannte und unbekannte Wettbewerber, Zulieferer oder Kunden sein können. Achten Sie daher auf all diese Wettbewerber, Zulieferer und Kunden gleichermaßen. Nur wenn Sie Ihre aktuellen und potenziellen Mitbewerber kennen, können Sie sich dauerhafte Wettbewerbsvorteile verschaffen.

3.3.1 Welche disruptiven Wettbewerber gibt es?

Schauen Sie sich an, was in der Branche, in der Sie tätig sind, in Bezug auf Digitalisierung und Disruption passiert und wer dabei eine Rolle spielt. Gibt es jemanden, der an digitalen oder disruptiven Geschäftsmodellen arbeitet? Wie sieht das konkret aus? Indizien dafür können As-a-Service-Modelle oder smarte Werkzeuge sein. Bastelt etwa jemand an einer Plattform? Wer hat einen E-Shop und wie funktioniert er? Es ist durchaus legitim, bei einem Wettbewerber etwas kaufen zu lassen, um zu schauen, wie die Customer Journey dort funktioniert. Nutzen Sie das Internet für die allgemein zugänglichen Daten über Ihren Wettbewerb aus Medien, Datenbanken wie Handelsregister oder Patentamt, aus sozialen Netzwerken, Blogs, Foren und Websites. Gehen Sie auf Konferenzen und Messen, sprechen Sie mit anderen Unternehmern, Zulieferern und Kunden.

Haben Sie die wichtigen digitalen Player in Ihrer Branche identifiziert, sollten Sie jeden einzelnen im Detail analysieren. Folgende Fragen helfen Ihnen dabei:
- Welche Richtung, welche Ziele sind in Bezug auf digitale Produkte, Services und relevante Geschäftsfelder erkennbar?
- Kennen Sie die Marktbearbeitung, Positionierung und künftige Geschäftsfelder des Mitbewerbers?
- Über welche Ressourcen verfügt der Wettbewerber, um ein digitales oder disruptives Geschäftsmodell zu entwickeln und zu implementieren?
- Stellt der Wettbewerber ein und wenn ja, welche Leute werden gesucht?
- Wie beurteilen Sie den digitalen Reifegrad des Wettbewerbers?
- Hat der Wettbewerber bereits ein digitales Produkt oder Geschäftsmodell am Markt?
- Wurden durch den Wettbewerber kürzlich Patente angemeldet?
- Hat sich der Wettbewerber an Start-ups beteiligt oder hat er neue Kooperationen gestartet, eventuell auch mit Unternehmen aus anderen Branchen?

3.3.2 Kooperation statt Hinterstübchen

Digitalisierung hat viel mit Teilen und Kollaboration zu tun. Der großartige Erfinder, der im stillen Kämmerlein eine bahnbrechende Innovation tätigt, hat sich überlebt. Innovation ist heute das Ergebnis von Teamarbeit. Gerade für mittelständische und kleinere Unternehmen ist es oft schwierig, die personellen Ressourcen für eine Transformation des Unternehmens bereitzustellen. Welcher Datenanalyst oder App-Entwickler aus Hamburg, München oder Berlin möchte sich schon in die deutsche Provinz begeben, in der viele Weltmarktführer ihren Firmensitz haben? Wenn Sie schnell viel erreichen möchten, sollten Sie deshalb den Branchencheck auch für die Suche nach geeigneten Partnern nutzen – beim Wettbewerb ebenso wie in der Start-up-Szene oder in anderen Branchen. Manchmal kann man ein Projekt nur gemeinsam stemmen.

> **Beispiele**
>
> Kooperationsbeispiele sind unter anderem in der Banken- und in der Versicherungsbranche zu finden. Viele Banken und Versicherungen kooperieren mit den sogenannten FinTechs und InsurTechs, um die digitalen Services für ihre Kunden zu verbessern. So hat beispielsweise ein InsurTech zusammen mit einer der größten Versicherungsgesellschaften Deutschlands und einem Kreditinstitut einen digitalen Versicherungsmanager entwickelt.

3.3 Wie disruptiv ist Ihre Branche?

Der Mittelständler und Briefkastenhersteller Renz hat für die Entwicklung seiner elektronischen Paketkastenanlagen mit einem schwedischen Start-up zusammengearbeitet, das er später gekauft hat. Der Automobilzulieferer Eberspächer hat sich an Pace Telematics beteiligt. Das Start-up ist Spezialist für cloudbasierte Connected-Car-Nachrüsttechnik und bringt bei Eberspächer zusätzliche Connectivity- und Cloud-Kompetenz ein.

Wir empfehlen Ihnen hinauszugehen und zu schauen, was die digital-disruptive Szene zu bieten hat. Vergessen Sie dabei nicht das Thema Standort. Einige Länder sind bei der Förderung von Start-ups weiter als wir in Deutschland und reduzieren auch die bürokratischen Hürden auf ein Minimum. Bei uns bieten inzwischen viele IHKs Veranstaltungen an, bei denen sich Start-ups vorstellen. Branchenverbände und Wirtschaftsförderungen veranstalten Hackathons zu bestimmten Themenfeldern. Nehmen Sie teil oder veranstalten Sie selbst einen Hackathon zusammen mit anderen Unternehmen. Sie können die Suchfelder bearbeiten, die Sie in Ihrer Strategie festgelegt haben. Es gibt Agenturen (finden Sie im Internet), die Sie bei der Organisation unterstützen. Solche Profis zu engagieren ist gut angelegtes Geld. Sie bekommen Kompetenz und Kreativität in Hülle und Fülle. Der virtuelle Ideenwettbewerb #WirVsVirus der Bundesregierung im März 2020 zum Thema Corona zog 27.000 Teilnehmer an. In 48 Stunden wurden unzählige Ideen gegen die Corona-Krise entwickelt, von denen viele umgesetzt wurden.

> **Was ist ein Hackathon?** !
>
> Für viele große Unternehmen gehören Hackathons bereits zum Alltag. Bei Hackathons treffen sich auf Einladung Programmierer, Designer und Kreative zur Entwicklung von Lösungsansätzen für unterschiedliche Fragestellungen. Die spontan entstehenden Teams stellen am Ende der Zusammenkunft bereits Prototypen für Applikationen und neue Produktideen vor. Ziel eines Hackathons ist es, Ideen mit neuester Technologie schnell umzusetzen. Bosch hat beispielsweise Hackthons zum automatisierten Fahren veranstaltet.

Wenn Sie mit Start-ups Kontakt aufnehmen möchten, sollten Sie die Suchfelder und Interessensgebiete des eigenen Unternehmens definieren und sich Gedanken darüber machen, was Sie sich vom Kauf oder der Zusammenarbeit mit einem Start-up erwarten. Schließlich ist ein Pitch mit Start-ups keine Vergnügungsveranstaltung, sondern soll einen Nutzen haben. Sie wollen ein Unternehmen finden, das Ihnen dabei hilft, digitale Ziele mit modernster Technologie zu erreichen. Die Zusammenarbeit fällt leichter, wenn sich Strategie, Ziele und Werte der beiden Partner miteinander vereinbaren lassen und nicht in gegensätzliche Richtungen laufen.

3 Phase I: Die Umweltanalyse als Grundlage künftigen Erfolgs

Doch die meisten mittelständischen Unternehmen überlassen die Kontaktaufnahme mit einem Start-up dem Zufall. Professionelles Scouting ist besser. Durch professionelles Start-up Scouting überlässt man das Matchmaking nicht dem Zufall, sondern geht entlang der festgelegten Interessensgebiete gezielt auf die Suche. Dafür gibt es Datenbanken, Software, Veranstaltungen und Start-up Scouting Analysts. Sie suchen weltweit die vielversprechendsten Tech-Start-ups in den Interessensgebieten der Unternehmen. Sind passende Start-ups ausgewählt, stellen sie sich in dem suchenden Unternehmen vor. Auf diese Weise kann das Unternehmen den oder die richtigen Partner auswählen. Falls ein Start-up und seine Tätigkeit passen, ist das kein Grund, sich übereilt in einen Kauf zu stürzen. Eine Kooperation tut es für den Anfang auch, wenn sie für beide Seiten passt. Vor der Hochzeit kommt die Verlobung.

Mittelstand für Mittelstand

Mittlerweile gibt es Initiativen aus dem Mittelstand, die andere Mittelständler bei digitaler Innovation unterstützen. Eine davon ist das Gründerzentrum »FamilienunternehmerTUM« in Garching, initiiert von Europas größter Start-up-Fabrik UnternehmerTUM. Investorin Susanne Klatten sagt: »Familienunternehmen finden bei uns nicht nur Start-ups, sondern auch Raum zum Experimentieren.« Enge Kontakte zur Technischen Universität München sind ein Plus. Die Initiative soll sich für Unternehmer und Gründer lohnen, allerdings wird von den Mittelständlern auch Einsatz in Form von Arbeitsleistung und Geld erwartet.

In Bielefeld betreibt die Bertelsmann Stiftung seit fünf Jahren die Start-up-Schmiede »Founders Foundation«. Auch hier arbeiten etablierte Unternehmen und Start-ups zusammen.

In Berlin, im Stadtteil Prenzlauer Berg, residiert der »Maschinenraum«, Slogan »Co-Creating the Next Generation of Mittelstand«. Auf der Website (maschinenraum.io) heißt es: »Der Maschinenraum ist ein geteiltes Innovations-Ökosystem, das deutsche Mittelstands- und Familienunternehmen zusammenbringt, um gemeinsam eine lebenswerte Zukunft für künftige Generationen zu schaffen.« Hinter dem Maschinenraum steckt das Klima- und Wärmeunternehmen Viessmann. Die eigene Transformationsgeschichte hat Vater und Sohn Viessmann dazu inspiriert, ihre Erfahrungen auf einer unabhängigen Innovationsplattform zu teilen.

Generell gilt für die Zusammenarbeit mit den erwähnten Organisationen oder anderen etablierten Unternehmen dasselbe wie für die Zusammenarbeit mit Start-

3.3 Wie disruptiv ist Ihre Branche?

ups: Es muss für alle Partner passen und eine Win-win-Situation für alle Beteiligten sein. Eine Zusammenarbeit, die nicht alle weiterbringt, ist sinnlos. Deshalb prüfen Sie vorher eingehend die Interessen aller Parteien und die beste Form der Zusammenarbeit. Übernahmen oder Beteiligungen sollten niemals ohne eine eingehende vorherige Prüfung erfolgen. Es gibt genug Beispiele, bei denen sich die erhofften positiven Effekte nicht eingestellt haben. Im Zweifelsfall ist eine Kooperation zunächst die bessere Lösung.

3.3.3 Prüfen Sie Ihren digitalen Reifegrad

Bei aller Recherche über die eigene Branche und den Wettbewerb sollten Sie die eigene digitale Reife nicht vergessen. Einen groben Überblick, wo Sie sich mit Ihrem Unternehmen aktuell befinden, bieten Ihnen die Phasen der Digitalisierung in Abbildung 9.

Digitalisierung der technischen Infrastruktur	Schnittstellen- digitalisierung	Geschäftsmodell- digitalisierung
(engl. »Digitization«)	*(engl. »Digitalization«)*	*(engl. »Digital Transformation«)*
Motivation: Kosten senken	**Motivation:** Umsatz/ Wachstum steigern	**Motivation:** Wettbewerb abhängen
Aktivitäten: ERP-Systeme, von analogen Informationen zu Bits und Bytes	**Aktivitäten:** Lieferanten- & Kundenbeziehungen	**Aktivitäten:** Ganzheitliche Lösungen, Integration der kulturellen Dimension
Fokus: Umwandlung analoger Prozesse in digitale Prozesse (digitale Prozessinnovation)	**Fokus:** Produkte/Dienstleistungen (digitale Produkt-und Dienstleistungsinnovation)	**Fokus:** Geschäftsmodelle/ Gesamtlösungen (digitale Geschäftsmodellinnovation)

Organisationale Ertüchtigung → / Organisationale Ertüchtigung →

Abb. 9: Die Phasen der Digitalisierung (Quelle: Soluk, J., Kammerlander, N., Zöller, M. 2020. Digitale Transformation im Mittelstand und in Familienunternehmen. Vallendar: WHU, Institut für Familienunternehmen, S. 12)

Unter »digitaler Reife« verstehen wir die Fähigkeit von Unternehmen, die digitale Veränderung der Welt zum eigenen Vorteil zu nutzen. Der digitale Reifegrad zeigt an, wie weit das Unternehmen im Prozess der Digitalisierung fortgeschritten ist, und gibt Aufschluss darüber, in welchen Bereichen das Unternehmen bereits gut aufgestellt ist und in welchen Handlungsbedarf besteht. Je höher der Reifegrad ist, desto eher kann das Unternehmen flexibel reagieren, Innovationen umsetzen und eine Veränderung innerhalb der Organisation herbeiführen.

Um den digitalen Reifegrad eines Unternehmens zu ermitteln, werden verschiedene Dimensionen betrachtet. In unserer Beratertätigkeit haben sich durch die Praxis die folgenden Dimensionen etabliert:

1. **Strategie**
   Dazu gehören Aspekte der Unternehmensführung, Digitalisierungsziele, Geschäftsmodellentwicklung und Investitionen in digitale Technologien.
2. **Leadership**
   Hier geht es um die Rolle des Führungsteams und inwieweit die Führungskultur bereits den Herausforderungen einer digitalen Strategie und Kultur angepasst wurde.
3. **Produkte/Dienstleistungen**
   Es geht um die Frage, wie tief die Digitalisierung bereits im Produkt- bzw. Dienstleistungsangebot verankert ist. Gibt es digitale Produkte und Services? Welche Wettbewerbsvorteile bieten diese? Welche Wertschöpfung wird aktuell bereits mit digitalen Produkten und Dienstleistungen erzielt?
4. **Organisation und Prozesse**
   Hier befassen wir uns mit dem Standardisierungsgrad und der Agilität von Geschäftsprozessen, Vernetzung der Bereiche, Kommunikations- und Innovationsprozessen, CRM, Kundendialog, Produkt- und Servicequalität.
5. **Kultur**
   Transparenz, Kommunikation, Change-Management, Werte und deren Veränderung stehen im Mittelpunkt des Themas Kultur.
6. **Menschen**
   Die digitale Kompetenz der Mitarbeitenden sowie deren Kompetenzbildung und Erwartungen an die agile Arbeitswelt stehen hier im Fokus. Führungskompetenz und Leadership sind ebenfalls wichtige Themen.
7. **Steuerung**
   Welche Steuerungsmechanismen werden genutzt, wurden KPI definiert?
8. **Technologie**
   Hier soll die Frage nach der Nutzung digitaler Technologien geklärt werden: Welche werden bereits genutzt, gibt es ausreichende Datenkompetenz im Unternehmen, wie weit fortgeschritten sind Prozessautomatisierung, IT-Infrastruktur und Modularisierung?

9. **Marke**
Wie attraktiv ist die bestehende Marke für Kunden und Nachwuchstalente? Muss sich die Marke verändern? Wie wird das Markenerlebnis der Zukunft aussehen?
10. **Kunden**
In diesem Themenbereich geht es um den Kunden, unter anderem um die Kanäle, auf denen wir mit ihm kommunizieren, Marketing, Vertrieb, Customer Journey.

Der digitale Reifegrad-Check liefert die Startpunkte für einen Digitalisierungsfahrplan.

Online-Reifegrad-Checks !

Viele der »Mittelstand-4.0-Kompetenzzentren« halten auf ihren Websites Checks für den digitalen Reifegrad bereit. Die Auswertung wird in Spinnendiagrammen für jeden Bereich angezeigt. Dieser Service ist eine günstige Möglichkeit – vor allem für kleinere und mittelgroße Betriebe – zu sehen, wo sie bezüglich der Digitalisierung stehen.

3.4 Benchmarking ist zu wenig

In stagnierenden Märkten führen austauschbare Leistungen zwingend zu einer negativen Rendite.

»Austauschbar« bedeutet, dass alle das Gleiche machen bzw. anbieten. Nach unserer Erfahrung neigen Unternehmerinnen und Unternehmer dazu, funktionierende Geschäftsmodelle der Wettbewerber zu adaptieren oder sogar zu kopieren. Frei nach dem Motto »was woanders funktioniert, wird auch bei uns nichts schaden«, wird das, was in anderen Unternehmen der Branche erfolgreich ist, in das eigene Geschäftsmodell integriert. Diese Anpassung nennt man »Benchmarking«. Um den analysierten Benchmark zu erreichen, werden zahlreiche Teile eines Geschäftsmodells angepasst. Am Ende haben alle das gleiche Geschäftsmodell und unterscheiden sich nur noch marginal. Deshalb haben wir mittlerweile unzählige Unternehmen, die sich weder in ihren Geschäftsmodellen noch in ihren Produkten und Dienstleistungen unterscheiden. Doch um nachhaltig Gewinne zu erzielen, die im Markt oder in der Branche unüblich sind, muss man sich unterscheiden. Deshalb raten wir Ihnen davon ab, sich mit Benchmarking zufriedenzugeben.

3 Phase I: Die Umweltanalyse als Grundlage künftigen Erfolgs

3.4.1 Geschäftsmodelle des Wettbewerbs analysieren, nicht kopieren

Richtig verstanden ermöglicht eine detaillierte Analyse brancheneigener und branchenfremder Geschäftsmodelle, anders und besser zu sein als der Wettbewerb. Führen Sie eine sorgfältige Analyse der Geschäftsmodelle Ihrer eigenen, aber ebenso fremder Branchen durch. Nehmen Sie dabei zwei verschiedene Perspektiven im Hinblick auf die Untersuchung beispielsweise der Einnahmequellen, Kanäle oder Schlüsselaktivitäten ein. Aus Sicht der ersten Perspektive müssen die Strategen Ihres Unternehmens innerhalb der Analyse herausarbeiten, welche Standards der Kunden in der eigenen und in den für Sie interessanten anderen Branchen durch die vorhandenen Anbieter ungenügend erfüllt bleiben. In der zweiten Perspektive ist zu untersuchen, was Ihr Unternehmen von Anbietern in anderen Branchen lernen kann, beispielsweise von Amazon, Spotify, der Bank Ihres Vertrauens oder von anderen Mittelständlern. Anschließend wird für die in unserem vierphasigen Vorgehensmodell folgende Ideengenerierung und Geschäftsmodellentwicklung eine Übersicht mit allen Erkenntnissen erarbeitet und übersichtlich dargestellt.

3.4.2 Den Benchbreak wagen

Wir schlagen vor, dass Sie sich nicht an den Markt- oder Branchenbesten messen, sondern die Analyse der Geschäftsmodelle dazu nutzen, einen Benchbreak zu wagen. Brechen Sie die Regeln, die in Ihrer Branche oder in der Branche, in der Sie aktiv werden möchten, gelten. Setzen Sie neue Standards und übertreffen Sie den Besten. Damit haben Sie die beste Chance, disruptiv zu werden. Beim Benchbreak geht es um Differenzierung, um die Frage, wie Sie mit Ihrem Geschäftsmodell anders als alle anderen sein und dem Kunden einen höheren Nutzen bieten können. Gleich wie alle anderen zu sein führt dazu, dass Sie bei Preisen und Konditionen Zugeständnisse machen müssen. Je ähnlicher sich Unternehmen sind, desto erbarmungsloser ist der Verdrängungswettbewerb. Ein nachhaltiger Wettbewerbsvorteil lässt sich nur durch Differenzierung erzielen. Unternehmen müssen Alleinstellungsmerkmale schaffen, die auf besonderen Fähigkeiten beruhen und die zu verteidigungsfähigen Vorteilen führen: **Be different or die.**

Beim Tierbedarfshändler Fressnapf haben die Verantwortlichen erkannt, dass es künftig nicht mehr ausreichen wird, in den Märkten oder online Tierbedarf zu verkaufen. Das kann der Wettbewerb auch. »Der Kunde kauft bei Fressnapf nicht um des

Einkaufens willen ein, sondern er möchte, dass es seinem Haustier gut geht. Deshalb müssen wir uns vom Versorger, der für den Verkauf von Tierbedarf steht, zum Umsorger entwickeln, der den Kunden bei allen Fragen rund ums Haustier mit Expertise und Empathie unterstützt«, sagt Johannes Steegmann.

Die Chancen, sich zu unterscheiden sind heute gleichermaßen geringer und größer als je zuvor. Die Unterscheidung auf der Produktebene ist gering. Modernste Technik und Qualität bringen ebenfalls nicht mehr allzu viel, denn das erwartet der Kunde heute ganz selbstverständlich. Was also bleibt? Wie in Kapitel 3.2 ausgeführt, müssen wir uns auf Lösungen für die Probleme des Kunden fokussieren und nicht auf das Produkt. Wir müssen dem Kunden einen echten Nutzen bieten, einen Nutzen, der so groß ist, dass er gern dafür bezahlt, denn Kunden zahlen nur für nutzenstiftende, sinnvolle Angebote, für die Lösung ihrer drängenden Probleme. Die Analyse des Wettbewerbs und seiner Geschäftsmodelle ist notwendig und richtig, aber erfolgreich werden Sie nur sein, wenn Sie auf den Kunden und seine Bedürfnisse fokussieren. Nur wer Lösungen für die wirklichen Kundenprobleme anbietet, hat eine Chance!

»Wenn du dich auf deine Mitbewerber fokussierst, musst du warten, bis sie handeln. Der Schwerpunkt auf den Kunden erlaubt dir hingegen, ein Pionier zu sein.«
Jeff Bezos

Für einen Benchbreak gibt es drei Möglichkeiten: Marktneuheit, Branchenneuheit und Unternehmensneuheit. Disruption ist sozusagen die Königsklasse des Benchbreak. Mit einem neuen Geschäftsmodell setzen Unternehmen einen völlig neuen Standard in ihrer oder einer anderen Branche, ignorieren die bisherigen Regeln einer Branche. Spotify hat auf Streaming gesetzt, statt einzelne Songs zum Download anzubieten. Der Wettbewerb musste nachziehen. Thermondo wendet sich mit seinem Angebot direkt an den Endkunden und setzt auf eigene Heizungsbauer. Flixbus ist im Busreisefernverkehr gestartet, ohne eine Busflotte zu besitzen. Fressnapf hat das Mantra der Discounter bezüglich der Beschränkung des Sortiments nicht beachtet.

Für jeden Regelbruch gibt es Follower, also andere Unternehmen, die das neue Geschäftsmodell kopieren. Das lässt sich nicht verhindern. Doch langfristiger Erfolg beruht meistens auf der Schaffung, aber auch der Weiterentwicklung eines Geschäftsmodells, das die Regeln bricht. Regelbrüche können immer wieder erfolgen, sofern wir zulassen, das »Undenkbare« zu denken, voranzutreiben und auch in Zeiten maximaler Unsicherheiten Entscheidungen zu treffen. Schließlich ist der Erfolg oder Misserfolg neuer digitaler und disruptiver Geschäftsmodelle nicht zu 100 Prozent vorhersehbar, selbst wenn Sie anfangs disruptiv scheinen.

> *Regelbrüche gedeihen am besten in einer Atmosphäre von Freiheit, Vertrauen und Begeisterung. Begeisterung ist eine Liebeserklärung an das Leben.*

3.5 Disruptive Komponenten analysieren

Disruptive Veränderungen sollten Wünsche des Kunden erfüllen oder/und seine dringenden Probleme lösen. Im Grunde genommen bietet eine disruptive Komponente die Möglichkeit, dem Kunden und/oder dessen Kunden das Leben zu erleichtern. Nehmen Sie als Beispiel das veränderte Kaufverhalten auf Nachfragerseite, das sich vom B2C-Bereich in den B2B-Bereich ausgedehnt hat: Der Kunde erwartet 24/7-Erreichbarkeit, kurze Lieferzeiten, großzügige Umtauschregelungen, flexible und vielfältige Bezahlmöglichkeiten sowie exzellente Serviceleistungen. Der Online-Einkauf verhilft dem Kunden zu maximaler Bequemlichkeit. Im B2B-Bereich sind die Anforderungen ganz ähnlich. Hinzu kommt der Wunsch, die eigene Liquidität zu sichern und stets auf eine veränderte Nachfrage reagieren zu können.

Diese Veränderungen haben Auswirkungen auf alle Unternehmen, sowohl in Bezug auf die Einnahmequellen als auch auf das Wertangebot, insbesondere aber auf die Angebotsstruktur. Innerhalb der Unternehmen führt die Umstellung in den Nachfragestrukturen zu einer Veränderung in den Geschäftsfeldern und Wertschöpfungsketten. Infolgedessen muss letztlich auch das Wertschöpfungsmodell überarbeitet werden.

Schneller Überblick mit der Business Model Canvas
Wenn Sie sehen möchten, wie sich die Wertschöpfungskette verändert, sollten Sie einmal Ihr traditionelles Geschäftsmodell in eine Business Model Canvas (BMC) übertragen. Schauen Sie, was die Veränderungen der Nachfragestrukturen bewirken, welchen Einfluss sie auf die Einnahmequellen nehmen. Die BMC wurde von Alexander Osterwalder entwickelt und in seinem 2010 veröffentlichten Buch »Business Model Generation« beschrieben. Mittlerweile erfreut es sich in der strategischen Planung und der Entwicklung von Geschäftsmodellen sowohl bei Start-ups als auch

3.5 Disruptive Komponenten analysieren

bei etablierten Unternehmen großer Beliebtheit. Sie können die BMC auch einsetzen, um die Auswirkungen einer Geschäftsmodell-Veränderung innerhalb Ihres Geschäftsmodells zu sehen. Ebenso ermöglicht Ihnen die BMC einen schnellen Blick auf das Potenzial neuer Geschäftsmodellideen und eventueller Alternativen. Die BMC hilft Ihnen dabei, eine Vorstellung davon zu bekommen, wie Ihr Unternehmen oder nur ein Teil des Unternehmens bzw. die neuen disruptiven Einheiten in zwei, fünf oder zehn Jahren operieren könnten.

Geschäftsmodellveränderungen wirken sich in vier Bereichen aus:
- Kunde, den wir als das zentrale Element betrachten
- Nutzen
- Wertschöpfungskette
- Ertragsmechanik

In der Business Model Canvas können Sie alle Bereiche schnell und übersichtlich darstellen.

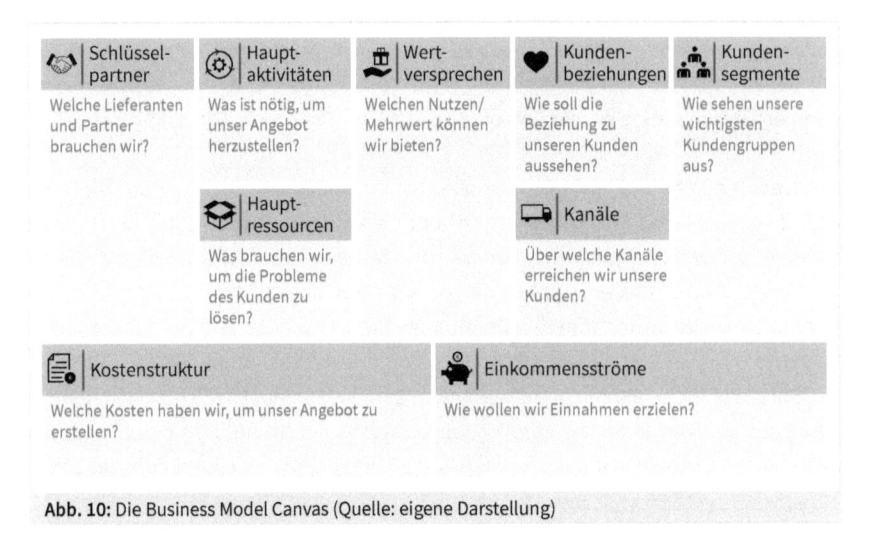

Schlüssel-partner	Haupt-aktivitäten	Wert-versprechen	Kunden-beziehungen	Kunden-segmente
Welche Lieferanten und Partner brauchen wir?	Was ist nötig, um unser Angebot herzustellen?	Welchen Nutzen/ Mehrwert können wir bieten?	Wie soll die Beziehung zu unseren Kunden aussehen?	Wie sehen unsere wichtigsten Kundengruppen aus?
	Haupt-ressourcen		Kanäle	
	Was brauchen wir, um die Probleme des Kunden zu lösen?		Über welche Kanäle erreichen wir unsere Kunden?	
Kostenstruktur			Einkommensströme	
Welche Kosten haben wir, um unser Angebot zu erstellen?			Wie wollen wir Einnahmen erzielen?	

Abb. 10: Die Business Model Canvas (Quelle: eigene Darstellung)

Johannes Ellenberg hält die Business Model Canvas für die einfachste und schnellste Methode, um eine Geschäftsmodellinnovation zu erkennen. »Wenn mehr als drei der neun Felder von der Veränderung betroffen sind, handelt es sich um eine Innovation«, sagt der mehrfache Start-up-Gründer. »Ich nehme gern den Imker als Beispiel, der seinen Honig bisher auf dem Wochenmarkt verkauft hat und ihn jetzt im Internet vermarkten möchte. Hier handelt es sich um eine Geschäftsmodellinnovation, denn er muss Änderungen in den Feldern Netzwerk und Partner, Kundenbeziehung, Kundensegmente sowie bei den Vertriebs- und Kommunikationskanälen vornehmen.« Ellenberg warnt: »Wer sich mit der Business Model Canvas befasst, sollte sich bewusst sein, dass sie keine neue Art von Businessplan ist. In der BMC wird das Geschäftsmodell als Produkt abgebildet.«

Die von uns befragten Experten und wir selbst gehen davon aus, dass Unternehmen künftig ein Komplettpaket aus Produkt und Dienstleistungen anbieten müssen. Der Fokus muss dabei darauf liegen, dem Kunden das Leben zu erleichtern. Der Schwerpunkt verschiebt sich vom Produkt auf den Service, denn der Kunde muss das Produkt nicht mehr besitzen, um Nutzen daraus zu ziehen (siehe dazu 3.1.3). Neue Modelle wie Pay per Use, Subscription oder Software as a Service vermeiden beispielsweise hohe Anschaffungskosten für den Kunden und verringern so die Kapitalbindung. Gleichzeitig kann der Anbieter durch entsprechende Service- und Mietverträge sein Portfolio erweitern und regelmäßige Umsätze über einen längeren Zeitraum generieren. Darüber hinaus erhöhen solche Angebote die Kundenbindung. Wir sehen in diesen Geschäftsmodellen ein großes Potenzial und sie sind für die meisten Unternehmen besser und einfacher zu stemmen als ein Plattformmodell.

Die Nutzung von Daten als Profitquelle hat ebenfalls disruptives Potenzial. Bei einem solchen Geschäftsmodell geht es um die Nutzung von Echtzeitdaten für den Kunden, das Unternehmen selbst oder Dritte. Wenn Sie über Daten verfügen, die für Ihr eigenes Unternehmen, den Kunden oder andere nützlich sind, bieten Ihnen die Daten eine weitere Einnahmequelle. Denken Sie nur an Wetterdaten für die Landwirtschaft, für Veranstalter von Open Airs, Fluglinien oder Autohersteller. Das Navigationsgerät zeigt dann nicht nur den nächsten Stau, sondern auch ein drohendes Unwetter an. Für die Nutzer von Wetter-Apps sind die Grundfunktionen meistens kostenlos, möchte man jedoch spezielle Dinge nutzen, wie eine lokal genauere oder eine 14-Tage-Vorhersage, muss man dafür bezahlen. Wer über Wetterdaten verfügt, hat also die Möglichkeit, sie einmal seinen direkten Kunden zu verkaufen. Zusätzlich kann er sie anderen Anbietern zur Verfügung stellen, die ihrerseits Geld damit verdienen, zum Beispiel ein Landmaschinen- oder ein Automobilhersteller. Darüber hinaus kann der Datenbesitzer sie dazu verwenden, den Kunden passgenaue Werbung anzubieten.

3.5 Disruptive Komponenten analysieren

Quick Check !

- In Phase I des Vorgehensmodells geht es um die Analyse der Marktseite im Hinblick auf Digitalisierung und Disruption.
- Wir müssen den Kunden in den Mittelpunkt stellen und herausfinden, was er wirklich will. Dafür müssen wir zunächst einmal damit aufhören, nur aus dem Unternehmen heraus zu innovieren und das Produkt in den Mittelpunkt zu stellen. Der Kunde muss die zentrale Rolle innehaben.
- Suchen Sie nach den tatsächlichen Kundenproblemen und -ineffizienzen in Ihrer Branche. Technologie- und Trendradar unterstützen Sie dabei, mögliche Felder für disruptive Geschäftsmodellinnovationen zu entdecken.
- Die Digitalisierung mit ihren Technologien ist ein Treiber für disruptive Geschäftsmodelle. Setzen Sie digitale Technologien ein.
- Digitale Plattformen sind die Königsdisziplin des disruptiven Geschäftsmodells. Gehen Sie Schritt für Schritt vor. Starten Sie beispielsweise mit As-a-Service-Modellen, machen Sie weiter mit Kundenportalen.
- Schauen Sie sich an, was in Ihrer Branche passiert. Disruptive Wettbewerber sind nicht zwingend Start-ups, sondern auch bekannte und unbekannte Wettbewerber.
- Gehen Sie Kooperationen ein und lernen Sie von anderen Branchen.
- Kopieren Sie nicht den Wettbewerb, unterscheiden Sie sich. Wagen Sie den Benchbreak.
- Nutzen Sie die Business Model Canvas für einen schnellen Überblick über Ihr Geschäftsmodell und die Wertschöpfungskette sowie zum Testen neuer Geschäftsmodellideen.
- Die Nutzung von Daten als Profitquelle hat disruptives Potenzial.

Vom Briefkasten zum digitalen Produkt

Die 1925 gegründete Erwin Renz Metallwarenfabrik in Kirchberg/Murr vor den Toren Stuttgarts ist ein typischer Hidden Champion, europäischer Marktführer bei Briefkastenanlagen. Mit den Brief- und Paketkastenanlagen mit elektronischer Steuerung hat Renz bereits 2013 ein digitales Produkt auf den Markt gebracht. Es beschert nicht nur seinen Kunden einen Mehrwert, sondern erschließt zusätzlich neue Kundengruppen im Einzelhandel (Click & Collect) und der Intralogistik.

In Schweden verwendet ein großes Klinikum die Paketkastenanlage für den Wareneingang. Einige Unternehmen nutzen eine Renz-Anlage für den Austausch von Arbeitsmaterialien in New-Work-Umgebungen, in denen die Mitarbeiter flexibel und ohne festen Arbeitsplatz arbeiten. Auch die Lufthansa in Frankfurt hält zum Beispiel neue Uniformen für ihre Cabin Crews in einer Paketkastenanlage bereit.

Renz at home
Im Unterschied zu den standardisierten »Out of home«-Paketkastenanlagen von DHL und Amazon sieht sich Renz mit seinen Produkten zuständig für den Bereich »at home«. Der Kunde muss sich nicht weiter als bis zur Haustür begeben, um ein Paket oder eine andere Lieferung abzuholen oder abzuschicken. Die Renz-Anlagen sind auf die individuellen Bedürfnisse des Kunden zugeschnitten. Eine Variante erlaubt es zum Beispiel Wohnungsverwaltungen, das Display der Anlage als Schwarzes Brett zu nutzen.

Auf dem Weg zum digitalisierten Hauseingang
Das digitale Produkt wird ständig entlang den Anforderungen der Kunden weiterentwickelt. Mittlerweile wird der gesamte Hauseingang ins Visier genommen. »Durch unseren Frühstart 2013 mit ersten Prototypen und dem Verkaufsstart 2015 in ganz Europa konnten wir den Bedarf im wohnungswirtschaftlichen Bereich sehr genau anschauen«, sagt Armin Renz, der das Unternehmen seit 2004 in dritter Generation führt. »Das Ziel oder der Wunsch aus der Wohnungswirtschaft ist die komplette Digitalisierung des Hauseingangs. Dann kann beispielsweise ein Mieterwechsel im Bereich Hauseingang problemlos remote aus dem Büro vollzogen werden mit neuen Briefkasten- und Klingelschildern, Zugangsberechtigung etc. Doch Mieter und Verwalter wollen weder mehrere Systeme noch Apps dafür, sondern alles in einem. Deshalb muss unser System so offen und kompatibel sein, dass es sich in nahezu jedes System einfügen kann.« Die vielen Bausteine und Integrationen, die die digitale Lösung von Renz schon heute bietet, zeigt den Innovationsgeist des Unternehmens. Digitale Klingel, digitales Namensschild, NFC-Reader und elektronischer Briefkasten sind bereits im Standard integriert.

Intern standardisieren, extern individualisieren
Renz betont, dass die Individualisierung der Produkte verlange, die internen Prozesse so weit wie möglich zu standardisieren und zu automatisieren. Die Standardisierung gelinge durch ein modulares System und den Einsatz von Industrie 4.0. Bereits 2004 wurde mit Lean Management begonnen. Dadurch konnten Durchlaufzeiten deutlich reduziert und der Lagerbestand drastisch gesenkt werden. Heute ist die Produktion vom Eingang der Bestellung bis zum Ende der Pulver-

3.5 Disruptive Komponenten analysieren

beschichtung teilautomatisiert. Beim Kommissionieren und dem Zusammenbau der fertigen Module zum individuellen Modell ist noch relativ viel Handarbeit notwendig. »Wir sind hier von Automatisierung noch weit entfernt«, sagt Renz. »Wegen unserer enormen Produktvielfalt sind Verbesserungspotenziale durch Lean Management im Moment leichter zu erschließen als mit Robotern.«

Eine große Rolle für das Unternehmen und seine Handelskunden spielt der Renz-Internet-Konfigurator (RIK), mit dem der Kunde oder der Außendienst ein individuelles Modell konfigurieren und sozusagen direkt in die Produktion schicken kann. Seit Oktober 2021 gibt es für den Handel die Renz-Digital-Plattform mit zunächst zwei Bausteinen: eInfo und eConfigPro, der den RIK ersetzt. Der neue Konfigurator ist schneller, verfügt über zusätzliche Assistenzfunktionen und erleichtert die Arbeit. Mit eInfo werden für den Fachhandel unter anderem Sendungsverfolgung, Statusabfrage und Dokumentenabfrage innerhalb von Sekunden möglich. Die Plattform ist vollständig browserbasiert und steht deshalb überall 24/7 zur Verfügung.

Armin Renz über Digitalisierung und Disruption – »Wir sind der Überzeugung, dass unsere Zukunft daran hängt.«

Herr Renz, hat sich der Briefkasten überlebt? Ist Ihr Geschäftsmodell noch zukunftsfähig?

Momentan sind Briefkästen noch nötig und das wird sicher in absehbarer Zeit so bleiben. Laut Studien möchten 76 Prozent der Deutschen ihren Briefkasten behalten. Wir haben uns jedoch schon früh Gedanken darüber gemacht, was passiert, wenn der Briefverkehr nur noch elektronisch abläuft. Gleichzeitig haben wir gesehen, dass der E-Commerce rasant wächst und weiter wachsen wird. Zugestellt werden müssen Pakete jedoch analog. Das ist für Empfänger und Zusteller oft mit Unannehmlichkeiten verbunden. Also haben wir überlegt, wie wir beiden Seiten das Leben erleichtern können. Die Paketkastenanlage in mechanischer Ausführung oder mit elektronischer Steuerung ist unsere Lösung.

Heißt das, Sie haben mit den Paketkastenanlagen ein neues digitales oder disruptives Geschäftsmodell?

Nein, so weit würde ich nicht gehen. Unser Geschäftsmodell bleibt im Wesentlichen klassisch, ist aber leicht verändert: Wir verkaufen nach wie vor Anlagen.

Allerdings haben unsere Kunden durch das digitale Produkt einen Mehrwert. Service und Wartung sind hinzugekommen. Möglicherweise werden wir in der Zukunft ein ganz neues Geschäftsmodell haben, doch das ist für uns noch nicht konkret sichtbar.

Sie haben das digitale Produkt zusammen mit einem schwedischen Start-up entwickelt. Hat das etwas an Ihrer Vorgehensweise geändert?

Was wir anders gemacht haben als sonst: Wir sind sehr früh mit einem nicht perfekten Produkt gestartet. Durch die Unterstützung des schwedischen Start-ups konnten wir relativ schnell IoT-Kompetenz nutzen und erste Projekte im Markt erproben. 2013 haben wir zwei Prototypen mit den Grundfunktionen getestet. Aus diesen Erfahrungen heraus haben wir nach und nach das Serienprodukt entwickelt. Die ersten Projekte für Großkunden haben dann schnell gezeigt, dass auch im Bereich der digitalen Brief- und Paketkastenanlagen eine große Flexibilität nötig ist. Um diese zu ermöglichen, entwickelten wir die hochflexible Steuereinheit. Dabei setzten wir erneut auf eine Zusammenarbeit externer Partner und unserer bis dahin aufgebauten eigenen Softwareabteilung.

Wir sind also wie ein Start-up gestartet, haben getestet, weiterentwickelt, wieder getestet und weiterentwickelt bis zur Marktreife und Abdeckung der verschiedenen Kundenbedürfnisse.

Wie haben Sie das digitale Produkt aus dieser kleinen Entwicklergruppe in die Organisation gebracht?

Wir haben versucht, das fertige Produkt geordnet in die Organisation einzugliedern. Die Organisation ist langsamer und nicht in der Lage, von heute auf morgen neue Arbeitsweisen zu adaptieren. So etwas im Anfangsstadium über die ganze Organisation auszurollen funktioniert nicht. Wir arbeiten daran, dass wir insgesamt als Organisation schneller werden, aber das ist ein langer Weg. Am wichtigsten ist ein gemeinsames Verständnis davon, dass unsere Zukunft größtenteils an dem digitalen Produkt hängt. Und da ist Geschwindigkeit sehr wichtig. Diese wird durch neue, agile Methoden gefördert.

Das digitale Produkt hat vieles im Unternehmen verändert. Man braucht neue Kompetenzen, muss mit Externen arbeiten, zum Beispiel mit App-Entwicklern.

Aus einem analogen Produkt ein digitales zu machen verändert Entwicklung, Konstruktion, Produktion und viele Prozesse. Das ist eine Umstellung für alle im Unternehmen. Es ist entscheidend, die richtigen Mitarbeiter an der richtigen Stelle zu haben.

Folgen Sie einem standardisierten Ideenmanagement oder Innovationsprozess?

Es fehlt nie an Ideen. Im Gegenteil, es sind so viele, dass man viel damit beschäftigt ist zu priorisieren. Wenn man nicht priorisiert, wird es schnell chaotisch. Man darf die Ziele nicht aus den Augen verlieren. Sie verändern sich während des Weges, werden aber gleichzeitig immer genauer. Man muss sich immer wieder fragen: Was machen wir eigentlich und wo wollen wir hin?

Unser Ideenmanagement ist noch in Bewegung, der Innovationsprozess ist eine Mischform aus verschiedenen Herangehensweisen. Sowohl das interne Ideenmanagement als auch der Innovationsprozess sind jedoch vor allem getrieben durch die Marktnachfrage, durch den Kunden.

Die Software wird an zwei Standorten entwickelt – hier an unserem Hauptsitz in Deutschland und in Schweden. Außerdem gibt es auch noch externe Partner, die als Zulieferer fungieren.

Sie sind europaweit tätig und haben verschiedene europäische Standorte. Welchen Einfluss hat das auf die Entwicklung des digitalen Produkts?

Neben zwei Standorten in Deutschland, in Kirchberg und im sächsischen Döbeln, hat Renz Tochterunternehmen in Frankreich, Dänemark, Polen, Schweden und Großbritannien mit insgesamt über 800 Mitarbeitern. Die Märkte sind sehr differenziert, deshalb ist es für uns wichtig, vor Ort zu sein. Europa ist nicht homogen. In manchen Ländern sind die Verbraucher zum Beispiel offener gegenüber neuen Technologien und Angeboten. Die Einkaufsgewohnheiten unterscheiden sich ebenso wie das Angebot an Arbeitskräften. Ein gutes Beispiel ist die Kühlbox für unsere Paketkastenanlagen, geeignet zum Beispiel für die Lieferung von verderblichen Lebensmitteln. In Deutschland besteht dafür momentan keine große Nachfrage. Im Nachbarland Frankreich hat sich dagegen die Vertriebsform »Drive-in« etabliert. Man bestellt seine Lebensmittel online und holt sie dann in einer Abholstation ab. Hier sind bereits Renz-Kühlboxen mehrfach im Einsatz.

Ein digitales Geschäftsmodell oder ein digitales Produkt beinhaltet immer auch finanzielle Risiken. Wie gehen Sie damit um?

Bei großen Innovationen gibt es immer ein Risiko. Auch unsere Investitionen waren höher als anfangs gedacht. Aber wir denken langfristig und sind überzeugt, dass unsere Zukunft von dem digitalen Produkt abhängt. Insofern haben wir gar keine andere Wahl, als ins Risiko zu gehen.

So perfekt das neue Produkt jetzt ist, so steinig war der Weg zum Ziel. Man darf den Mut nicht verlieren, sondern muss aus den Fehlern lernen, an den Erfolg glauben und dranbleiben.

4 Phase II: Disruptive Ideengenerierung

Phase II in der digitalen und disruptiven Geschäftsmodellentwicklung baut auf den Ergebnissen aus Phase I und Ihrer Innovations- sowie Digitalisierungsstrategie auf. Sie wissen jetzt, was sich im Markt, beim Kunden, in Ihrer und vielleicht auch in anderen Branchen verändert, welche digitalen Technologien genutzt werden, welche digitalen und innovativen Geschäftsmodelle es gibt. Sie haben bereits Suchfelder für eigene innovative Geschäftsmodellideen und die zugehörigen Kundensegmente definiert. Jetzt geht es darum, in die Umsetzung zu kommen. Wir sprechen seit Jahren über die digitale Transformation, über disruptive Geschäftsmodelle. Wir sind uns bewusst, dass digitale Technologien Treiber der disruptiven Entwicklung sind. Doch laut einer Umfrage der WHU – Otto Beisheim School of Management fühlt sich nur etwas mehr als die Hälfte der Familienunternehmen gut auf die Herausforderungen der digitalen Transformation vorbereitet. Viele Unternehmen haben zwar bereits den ersten Schritt getan, indem sie ihre internen Prozesse digitalisiert haben, aber die weiteren Schritte – Schnittstellen- und Geschäftsmodelldigitalisierung – sind bisher nur wenige gegangen.

Die Digitalisierung der internen Prozesse senkt Kosten, mit der Schnittstellendigitalisierung können Sie das Wachstum erhöhen, doch nur mit einer Geschäftsmodellinnovation können Sie durch neue Alleinstellungsmerkmale den Wettbewerb abhängen oder zumindest distanzieren. Die Aufgabe in Phase II ist es, sich aus der Branchenlogik zu befreien, nicht nur über den Tellerrand hinauszudenken, sondern ganz neu zu denken. In dieser Phase der disruptiven Ideengenerierung ist der Zeitpunkt, an dem das Digitalteam oder die Teams aus Lab oder Hub vollständig übernehmen.

4.1 Branchenlogik brechen

Nur knapp 17 Prozent der Befragten der WHU-Studie sehen ihre Neuentwicklungen als »bahnbrechende Innovationen«. Da es sich hierbei um eine Selbsteinschätzung handelt, ist das umso bemerkenswerter. Tatsächlich ist momentan ein Großteil der Innovationen aus Familienunternehmen nichts umwälzend Neues. Im Wesentlichen stützen sich ihre Innovationen auf Bekanntes, das ihren bisherigen Erfolg ermöglicht und gesichert hat. Entsprechend werden vorhandene Produkte und Dienstleistungen optimiert. Das gilt auch für viele Geschäftsmodellinnovationen: Es sind kaum disruptive Innovationen, sondern eher Geschäftsmodellveränderungen bzw. -variationen, die aber auf Altbewährtem basieren und die Branchenlogik nicht infrage stellen.

> **Die dominante Branchenlogik**
>
> In jeder Branche funktionieren die Geschäftsmodelle nach einer bestimmten dominierenden, aktuell erfolgreichen Logik. Zwar mögen sich die verschiedenen Unternehmen in Feinheiten unterscheiden, aber Geld verdient wird grundsätzlich immer auf dieselbe Art und Weise. Wie das geschieht, können Sie übrigens leicht herausfinden, indem Sie Ihr eigenes traditionelles Geschäftsmodell in eine Business Model Canvas übertragen, sofern Sie der in Ihrer Branche dominanten Logik folgen. Ansonsten nehmen Sie das Geschäftsmodell des Marktführers. Dadurch wird Ihnen die so wichtige Frage »Wer macht was wie und was ist der Wert?« beantwortet.

In der Lebensmittelbranche setzen Hersteller auf Verträge mit den Discountern. Mymuesli steht zwar heute auch in den Supermarktregalen, hat aber zuerst auf den Onlinevertrieb gesetzt, auf den direkten Zugang zum Kunden. Ikea hat mit seinem preiswerten und trotzdem modischen Design und neuartigen Verkauf von Möbeln die Branchenlogik der Möbelindustrie durchbrochen. Wer hätte gedacht, dass der Kunde seine Möbel selbst abholt und zusammenbaut?

Disruptiv zu sein bedeutet, die Branchenlogik zu durchbrechen. Doch was ist eigentlich Branchenlogik? Lassen Sie uns noch einmal auf das Geschäftsmodell zurückkommen. Es hat vereinfacht ausgedrückt vier Dimensionen: Wer, was, wie, Wert. Also:
- Wer ist der Kunde?
- Was bieten wir ihm an (Nutzenversprechen)?
- Wie stellen wir unsere Produkte/Dienstleistungen her (Wertschöpfungskette)?
- Wie erzielen wir Wert in Form von Gewinn?

Die Antworten auf diese Fragen gelten in der Regel für eine ganze Branche. Will man nun diese Branchenlogik durchbrechen, muss man mindestens zwei dieser Dimensionen nachhaltig verändern. In der Musikindustrie zum Beispiel stellen Unternehmen wie Spotify keine Hardware wie CDs her, gehen keine Verträge mit einzelnen Künstlern ein und verkaufen keine einzelnen Songs. Sie haben die Werterzielung völlig verändert. Konsequenz: Die traditionelle Musikindustrie wurde disruptiert und erzielt heute nur noch einen Bruchteil ihrer einstigen Umsätze.

4.1.1 Forget Evolution

Etablierte Unternehmen setzen in der Regel auf Geschäftsmodell-Evolution. Dabei bleibt die Branchenlogik bestehen, bei einer Disruption dagegen wird die Branchenlogik stark verändert oder völlig ausgehebelt. Die Evolution ist der Weg, auf den sich zum Beispiel häufig noch der deutsche Maschinenbau konzentriert. Dabei liegt der Fokus auf Effizienzsteigerung, der digitalen Veredelung von Produkten und Dienstleistungen, der Digitalisierung von Produktfunktionen und produktnahen digitalen Services. Im Gegensatz dazu geht es bei der Disruption um radikale Wert- und Serviceorientierung. Statt proprietärer Ansätze kommen offene Konzepte zum Tragen. Die Wertschöpfung in digitalen Ökosystemen und die optimale Einbindung disruptiver Technologien spielen die entscheidende Rolle. Es sollte nicht mehr länger nur darum gehen, Produkte zu verbessern und sich durch technische Exzellenz zu definieren, sondern darum, integrierte Gesamtsysteme zu schaffen und Lifecycle-orientierte Ansätze zu entwickeln.

Das übergeordnete Ziel dieser Phase ist die Befriedigung der unerfüllten Standards bzw. die Beseitigung der ursprünglichen Kundenprobleme und Ineffizienzen in einem digitalen/disruptiven Geschäftsmodell. In Phase I unseres Modells (Kapitel 3, Umweltanalyse) haben Sie unter anderem die Geschäftsmodelle des Wettbewerbs analysiert. Betrachten Sie jetzt die Standards, die Ihre Branche erfüllt, im Vergleich zu Ihrem Unternehmen (Abbildung 11). Das zeigt Ihnen, wo Sie über Potenzial verfügen, das Sie nutzen können. Möglicherweise sind Ihre Angebote und Kompetenzen im Bereich der künstlichen Intelligenz weit fortgeschritten oder Sie haben entsprechende disruptive Komponenten in Ihrem alten Geschäftsmodell beispielsweise in Bezug auf die Einkommensströme oder das Wertversprechen ausgemacht. Nutzen Sie die Ergebnisse der Umweltanalyse als essenzielle Grundlage für Phase II unseres aus der Praxis heraus entstandenen Vorgehensmodells. Machen Sie sich noch einmal bewusst, welche möglichen digitalen und disruptiven Technologien in Ihrer und auch in anderen Branchen zu finden sind. Überlegen Sie, welche Lösungen für Ihr Unternehmen sinnvoll sein könnten. Man kann neue Geschäftsmodelle auch kreieren, indem man bekannte Konzepte kombiniert oder Geschäftsmodelle aus ganz anderen Branchen adaptiert. Das ist ein ebenso legitimer wie vielversprechender Weg zu zukunftsfähigen Lösungen. Denken Sie daran: Es muss und wird nicht immer gleich der große disruptive Wurf sein.

4 Phase II: Disruptive Ideengenerierung

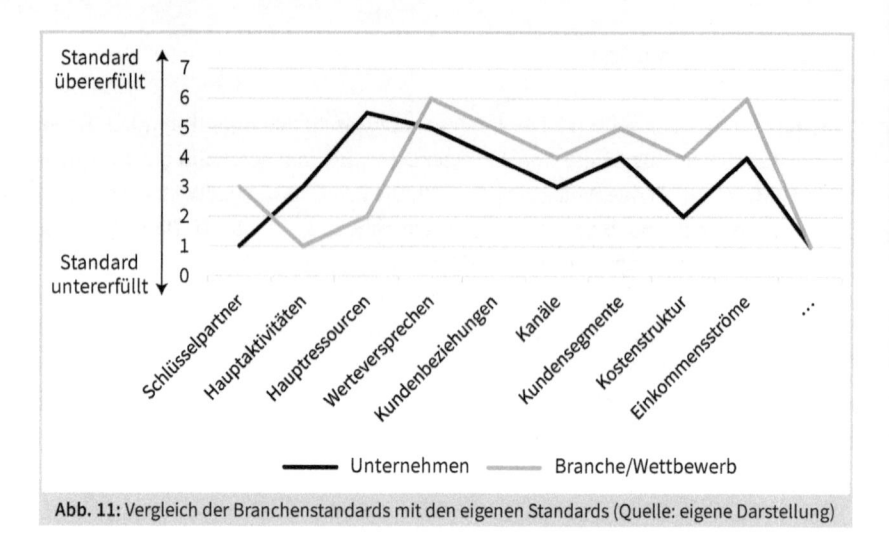

Abb. 11: Vergleich der Branchenstandards mit den eigenen Standards (Quelle: eigene Darstellung)

Wenn Sie auf ein disruptives Geschäftsmodell abzielen, ist das Durchbrechen der dominierenden Branchenlogik für Phase II unseres Modells – die disruptive Ideengenerierung – von zentraler Bedeutung. Sie müssen sich von allem lösen, was Sie bisher für gegeben gehalten haben und sich bedingungslos kreativ mit Ihrem Geschäftsmodell auseinandersetzen.

Sobald Sie bereit sind, sich gedanklich vollständig von Ihrem alten Geschäftsmodell zu lösen, empfehlen wir Ihnen, zur Ideengenerierung für ein digitales oder disruptives Geschäftsmodell konsequent den disruptiven Start-up-Gedanken zu verfolgen. Gehen Sie vor wie ein Start-up, das die Logik einer Branche auf den Kopf stellt und Marktführer zu Statisten degradiert.

> »Ein Start-up ist eine von Menschen eingerichtete Organisationsform.
> Ins Leben gerufen, um ein Produkt oder eine Dienstleistung unter
> Bedingungen der extremen Unsicherheit zu entwickeln.«
> Eric Ries, Begründer der Lean-Startup-Methode

4.1.2 Revolutionize – think pink

Doch warum ist es für viele Familienunternehmen so schwierig, die Branchenlogik zu durchbrechen? Fehlt es am Willen oder an der Kreativität? Nein, wir stecken zu tief in

4.1 Branchenlogik brechen

der Materie. Unsere Gedanken werden sozusagen von unserer Erfahrung blockiert, vor allem wenn wir schon jahrelang in einer Branche, einem Unternehmen tätig sind. Wenn wir über viele Jahre blaue oder graue Arbeitsoveralls verkauft haben, ist es undenkbar, pinkfarbene oder gelbe Overalls zu verkaufen. Wenn wir ein disruptives Geschäftsmodell entwickeln wollen, müssen wir aber genau das tun: das Undenkbare denken und verfolgen.

Bestimmt haben Sie schon erlebt, dass Menschen ins Unternehmen kommen, die ständig unangenehme Fragen stellen, Abläufe kritisieren, Vorschläge machen, die keiner hören will. Das sind diese unangenehmen Neulinge, denen man dann sagt: »Das Geschäft läuft in unserer Branche nun einmal auf diese Art und Weise. Der Kunde will das genau so.« Man hofft, dass sie das bald kapieren und endlich den Mund halten. Weshalb sollte man die eigene Komfortzone verlassen, wenn das Geschäft funktioniert und Gewinne erzielt werden? Statt solche Leute mundtot zu machen, sollten Sie sie ermuntern, nach ihren Ideen fragen und von ihrer Unkenntnis der Branche oder des Unternehmens profitieren.

Unser Gehirn ist faul und wann immer möglich im Energiesparmodus. Es verlässt sich auf Erfahrungen aus der Vergangenheit und tut sich schwer, Neues zuzulassen. In der Regel müssen wir es dazu zwingen, sei es, indem wir neue Erfahrungen durch Routinen festigen oder indem wir uns besonderer Kreativitätsmethoden bedienen. Die Branchenlogik ist wie eine Autobahn in unserem Gehirn und Sie wissen, wie lange es dauert, eine neue Autobahn zu bauen.

Hinzu kommt, dass es viel schwieriger ist, in Geschäftsmodellen zu denken statt in Technologien, Prozessen und Produkten. Geschäftsmodelle sind abstrakter. Das können wir aber auffangen, indem wir vom Markt, vom Kunden aus denken. Außerdem fehlen den meisten Unternehmen systematische Prozesse und Werkzeuge für Geschäftsmodellinnovationen. Innovation im Allgemeinen und Geschäftsmodellinnovation im Besonderen ist kein Chaos, das nur Genies (nur gut zwei Prozent der Bevölkerung kann man als solche bezeichnen) meistern können.

Start-ups brechen die Wertschöpfungskette einer Branche auf und drücken sich mit ihrem Geschäftsmodell dazwischen. In der Regel besetzen sie die Kundenschnittstelle so wie Amazon, Thermondo oder Flixbus. Gut kann man das auch in der Finanz- und Versicherungsbranche beobachten. Die zahlreichen FinTechs und InsurTechs mogeln sich über einfache Dienstleistungen an den Platzhirschen vorbei und bedrohen irgendwann ernsthaft deren Geschäft, sodass diese letztlich mit ihnen kooperieren oder sie aufkaufen, um das Geschäft selbst machen zu können.

Schauen Sie sich bei den Start-ups ab, wie die Suche nach der richtigen disruptiven Geschäftsmodell-Idee funktioniert. Nutzen Sie dafür alle Erkenntnisse aus der Umweltanalyse und fokussieren Sie sich zu 100 Prozent auf den Kunden.

4.1.3 Das eigene Geschäftsmodell in Zweifel ziehen

Das in der Branche dominierende Geschäftsmodell anzugreifen ist eine probate Methode, um dessen Schwachstellen zu finden. Das müssen Sie nicht tun, wenn Sie bereits wissen, dass es Ihnen nur darum geht, ein Produkt zu digitalisieren oder das Geschäftsmodell zu verändern. Wenn Sie jedoch auf ein disruptives Geschäftsmodell fokussieren, sollten Sie auf jeden Fall einen Versuch wagen. Es bringt nicht nur wertvolle Erkenntnisse, sondern kann auch Spaß machen. Stellen Sie sich die Frage: Auf welche Weise kann mein eigenes oder das am Markt dominierende Unternehmen beziehungsweise Geschäftsmodell angegriffen oder vernichtet werden?

Das können Sie in einer oder mehreren kleinen Gruppen machen. Wir empfehlen, ein bis zwei externe Teilnehmer, möglichst ohne Branchenerfahrung, und einen Moderator oder Coach hinzuzuziehen, der Erfahrung mit dieser Methode hat. Freie Geister oder kritische Mitarbeitende sind ebenfalls gute Kandidaten. Sie sollten die Mitarbeiter des Digitalteams/Hubs/Labs miteinbeziehen und gern die gewohnte räumliche Umgebung verlassen.

Lassen Sie diese Gruppe den gefährlichsten aller Wettbewerber schaffen, den **roten Drachen, den disruptiven schwarzen Ritter**, der Ihr gesamtes Unternehmen bedrohen und vernichten könnte.
- Welche Eigenschaften und Kompetenzen müsste er haben?
- Wie könnte er Ihre und andere Kunden locken und deren Bedürfnisse besser erfüllen?
- An welcher Stelle könnte er in Ihre Wertschöpfungskette eindringen?
- In welchen Bereichen wären Sie ihm unterlegen?

Ein Beispiel aus dem Bankensektor: Die FinTechs sind in die Wertschöpfungskette der Banken eingedrungen. Sie können mit ihren innovativen Geschäftsmodellen die Finanzierungslücke von Start-up-Unternehmen schließen, die Kosten des Wertpapierhandels und der Wertpapierabwicklung senken oder Anleger bei der besseren Diversifikation ihres Portfolios unterstützen.

Wenn Sie den roten Drachen geschaffen haben, sollten Sie nicht nur die Schwachstellen Ihres und des in Ihrer Branche dominanten Geschäftsmodells kennen, sondern auch eine Ahnung davon haben, wie Sie es verbessern bzw. verändern oder ein komplett neues schaffen könnten, um einem solchen Wettbewerber zuvorzukommen.

Ein weiteres gutes Instrument, um zu überlegen, wo das Unternehmen steht und in welche Richtung es sich bewegen müsste, um zukunftsfähig zu bleiben, ist die **Blue-Ocean-Strategie**. Ihr gegenüber steht die **Red-Ocean-Strategie**. Der rote Ozean entspricht dabei gesättigten Märkten, in denen alle das Gleiche anbieten. Im roten Ozean müssen sich die Wettbewerber zwischen Differenzierung und niedrigen Kosten entscheiden. Beides zusammen gibt es wegen des harten Wettkampfs und der Preisschlachten normalerweise nicht. In diesem Ozean sind die meisten Unternehmen zu finden. Der blaue Ozean dagegen repräsentiert unberührte Märkte oder Industriezweige, die nur wenig bis gar keinen Wettbewerb aufweisen. Der blaue Ozean verspricht nicht nur neue Märkte, sondern auch Differenzierung und niedrige Kosten. Bei Blue Ocean geht es um Eliminierung, Reduzierung, Steigerung und Kreierung. Es gibt Bücher zum Thema »Blue Ocean«, deshalb hier nur zwei Beispiele:

- Nespresso hat Kaffee mit den Kaffeekapseln zu einem Lifestyle-Produkt gemacht. Der Kunde zahlt über 80 Euro für ein Kilogramm Kaffee, ohne mit der Wimper zu zucken (Kreierung).
- Cirque du Soleil hat den Zirkus ohne Tiere erfunden und damit erhebliche Kostensenkungen durchgesetzt und neue Zielgruppen angesprochen (Eliminierung).

4.2 Ein digitales Innovationsteam schaffen

Manche werden sich fragen, weshalb man die Entwicklung eines digitalen oder disruptiven Geschäftsmodells nicht an die eigene Entwicklungsabteilung geben kann. Die Antwort ist einfach: Die Entwicklungsabteilung ist darauf nicht ausgelegt. Meistens geht es dort nämlich um die Entwicklung neuer Produkte oder Dienstleistungen auf Basis des Bekannten, also evolutionäre Entwicklung bzw. Innovation. Die Entwicklung disruptiver Geschäftsmodelle ist nicht vorgesehen.

4 Phase II: Disruptive Ideengenerierung

Wenn es um digitale Angebote oder gar disruptive Geschäftsmodelle geht, werden Kompetenzen und Eigenschaften benötigt, die in der klassischen Entwicklungsabteilung nicht oder nur rudimentär anzutreffen sind. Wenn Sie jemals in die Umsetzung kommen wollen, ist ein unabhängiges Team in Form eines Digitalteams, eines Hubs oder Labs nach unserer Erfahrung der beste Weg. »Unabhängig« bedeutet in diesem Zusammenhang auch, dass das Digitalteam seine eigenen Entscheidungen treffen kann und ein Budget zur Verfügung hat, über das es selbst verfügen kann (Abbildung 6). Dieses Budget sollte klar vom regulären R&D-Budget getrennt sein.

Dos	Don'ts
Unabhängigkeit von der Kernorganisation, deren Regeln und Prozessen	Einbindung in Prozesse und Regeln des Unternehmens
Nutzung eigener IT und Geräte	Einbindung in die IT-Landschaft des Unternehmens
Eigenständige Budgetverantwortung	Unlimitiertes oder sehr hohes Budget
Nutzung separater Räumlichkeiten	Nutzung eines Zimmers im Unternehmen mit Glaswänden
Klarheit über angestrebte Ergebnisse, Erwartungen und Zeitrahmen	Unstrukturierter Austausch von Ideen ohne klare Richtung (fehlende Strategie)
Schulung in den notwendigen Kompetenzen	Mitarbeitende ohne die notwendigen Arbeitsinstrumente und Kenntnisse für diese Aufgabe einsetzen
Kein Zugriff aus dem Unternehmen auf die Mitarbeitenden, die für das Digitalteam arbeiten	Zugriff der bisherigen Vorgesetzten und Kollegen auf die Mitarbeitenden des Digitalteams
Unterstützung durch externe Experten wie Coder und Designer	Teams ohne Unterstützung von außen (Schmoren im eigenen Saft)
Kommunikation ins Unternehmen über die Aufgabe des Digitalteams (Transparenz)	Keine Information der Mitarbeitenden über das Digitalteam (Flurfunk)
Austausch mit dem Unternehmen und seinen Mitarbeitenden, sobald es erste Erfolge gibt	Geheimhaltung

Tab. 3: Dos and Don'ts für den Umgang mit unabhängigen Digitalteams

4.2 Ein digitales Innovationsteam schaffen

4.2.1 Teamzusammensetzung und Kompetenzen

Manche Unternehmen beauftragen ein komplett externes Team, andere wiederum setzen auf gemischte Teams aus Internen und Externen. Der Vorteil der gemischten Konstellation ist, dass sich Menschen ohne und mit Unternehmens- und Branchenwissen zusammenfinden. Wenn Sie sich mit anderen Unternehmerinnen und Unternehmern unterhalten, werden Sie feststellen, dass es zwar Empfehlungen für die Teamzusammensetzung gibt, aber jedes Unternehmen entsprechend den individuellen Gegebenheiten seinen eigenen Weg geht.

Beispiele   !

Viele Unternehmen gründen ein Digitalteam auf der grünen Wiese. Rewe hat das 2013 mit »Rewe Digital« gemacht. Obi hat im Dezember 2021 eine 20 Personen starke Innovationseinheit mit dem Namen »Squared« gegründet. Sie soll sich unter anderem mit der Frage beschäftigen, welche Geschäftsmodelle in einem Markt gebraucht werden, der von Trends wie Nachhaltigkeit, Digitalisierung und Individualisierung angetrieben wird. »Unsere neue Abteilung ermöglicht es dem Team, im Kleinen zu handeln und schnell zu lernen: Wir reduzieren die Komplexität und setzen auf schnelle Prototypen. Dadurch minimieren wir die Zeit pro Innovationszyklus und minimieren das finanzielle Gesamtrisiko, gepaart mit einem auf den Kunden zentrierten Ansatz und kommenden Markt- und Megatrends. Unser Ziel für ›Squared‹ ist es, mit der Unit die treibende, kreative Kraft hinter Obi zu werden, die neue Lösungen sowohl innerhalb als auch außerhalb unseres Kerngeschäfts validiert und vorantreibt«, sagte Obi-CEO Sergio Giroldi in der Pressemitteilung. Ein erstes Ergebnis von Squared ist die Pilotierung der Home-Gardening-Plattform »plants«.
Oetker hat »Oetker Digital« in Berlin gegründet. Das Team dort arbeitet an eigenen digitalen Produkten wie backen.de und mehrwelt.de und unterstützt die Oetker-Gruppe bei der digitalen Transformation. »Dr. Oetker New Business« fördert Menschen mit kreativen Geschäftsmodell-Ideen. 2020 hat das Unternehmen den eigenen Venture-Capital-Fonds »Be8« ins Leben gerufen. Der Fonds beteiligt sich an anderen VC-Fonds, arbeitet in lokalen Start-up-Hubs mit wie »Founders Foundation« und »Garage 33«, kauft Start-ups oder beteiligt sich an ihnen.
Fressnapf ging zunächst den direkten Weg. Fressnapf-Co-Geschäftsführer Johannes Steegmann sagt: »Bei Fressnapf war die Digitalisierung in einzelnen Bereichen bereits angekommen. Außerdem hatten wir das Gefühl, dass die Zeit knapp ist. Deshalb haben wir uns dafür entschieden, den direkten Weg zu gehen und zunächst keine separate Einheit aufzubauen. Das bedeutet in der Konsequenz, die gesamte Organisation mit ihren Arbeitsweisen und ihrer Kultur zu verändern und gleichzeitig das Geschäft weiterzubetreiben. Das ist zwar schwieriger, als auf der grünen Wiese etwas völlig Neues aufzubauen, aber die Voraussetzungen für

eine erfolgreiche Transformation waren gegeben.« Um die Transformation zu beschleunigen, hat das Unternehmen 2022 für seine innovativen Geschäftsmodelle und Services außerhalb des Kerngeschäfts einen neuen Bereich mit dem Namen »fn^x« gegründet.

Fackelmann hat eine unabhängige Digitalabteilung mit über 30 Mitarbeiterinnen und Mitarbeitern geschaffen. Die meisten von ihnen sind zwischen 18 und 30 Jahre alt. Sie sind keiner der klassischen Abteilungen zugeordnet und arbeiten in einem separaten Gebäude, etwa 500 Meter entfernt vom Hauptgebäude. Eigentümer Alexander Fackelmann sagt: »Man könnte die Digitalabteilung auch als Inkubator für neue Ideen bezeichnen.«

Auf die Frage, wie er es geschafft hat, so viele junge Leute in die fränkische Provinz zu locken, sagt der Unternehmer selbstbewusst: »Man muss nicht unbedingt nach Berlin gehen, um intelligente und kreative Menschen zu finden. Die gibt es auch in Bayern und bei uns in Franken. Gute Schulen und Universitäten sind ebenfalls vorhanden. Wir sprechen hier von jungen Menschen um die 20, die mit dem Internet aufgewachsen sind, die Social Media im Blut haben. Wir bieten ihnen ein duales Studium und viel Freiheit sowie eine Arbeitsumgebung, in der sie sich wohlfühlen und etwas erreichen können. Nürnberg ist nur eine 15-minütige Zugfahrt entfernt.«

Bei der Auswahl der Mitarbeitenden, die Teil des Digitalteams werden sollen, müssen Sie auf mehrere Dinge achten. Am wichtigsten ist die Freiwilligkeit, der Wunsch, an etwas Neuem, an Veränderung mitzuwirken. Ebenfalls wichtig: ein offener, freier, kritischer Geist. Die Kompetenzen hinsichtlich agiler Arbeitsweisen sind zweitrangig. Die können vermittelt werden. Wenn sich unter den Mitarbeitenden, die Sie für das Digitalteam in Erwägung ziehen, Personen befinden, die im Unternehmen angesehen sind, auf deren Meinung die anderen Wert legen, die als Multiplikatoren gelten, umso besser. Darüber hinaus sollten Sie auf die digitale Affinität der Kandidaten achten, die idealerweise aus verschiedenen Unternehmensbereichen kommen sollten. Gute Leute sind für Johannes Steegmann das A und O einer erfolgreichen Transformation. Er betont: »Wenn Schlüsselpositionen gut besetzt werden, setzt man einen sich selbst verstärkenden Mechanismus in Gang. Als Unternehmer sollten Sie bei den Menschen, die die Transformation vorantreiben sollen, auf die Besten setzen, denn sie werden andere gute Bewerber anziehen und den Wert des Unternehmens in der Sicht potenzieller Bewerber steigern.«

Disruptionen stellen eine strategische und zugleich komplexe Aufgabe dar. Strukturiertes und methodisches Denken ist dafür nicht ausreichend. Sie werden neben den Fachleuten Menschen brauchen, die offen denken. Damit meinen wir die Fähigkeit, gewohnte Denkbahnen zu verlassen, Verbindungen herzustellen, wo es scheinbar keine gibt und die nicht offensichtlich sind, und sich schnell auf Veränderungen der Gegebenheiten einzustellen.

4.2 Ein digitales Innovationsteam schaffen

Sie werden auf jeden Fall IT-Experten, Datenanalysten, Design Thinker, User Interface und User Experience Designer, Produktmanager und Product Owner, Marketing- und Salesexperten, eventuell Callcenter Agents und Außendienstler benötigen. Wer nun von innen und wer von außen kommt, ist ziemlich egal, aber wir empfehlen, auf eine gesunde Mischung zu achten. Sobald die Mitarbeitenden aus der Kernorganisation überwiegen, besteht die Gefahr, dass die alten Denkgrenzen und das Insiderwissen wirklichen Fortschritt verhindern.

Was Sie unbedingt brauchen, sind »Open Minds«, Menschen, die nichts mit Ihrem Geschäft zu tun haben, die das Unternehmen nicht kennen, die unbeleckt von Branchen- und Produktwissen offen an die Aufgaben herangehen können. Wichtig ist, dass sie die entsprechende Methodik beherrschen und sich in der digitalen Welt wohlfühlen. Philipp Pausder, einer der Gründer von Thermondo, hatte keine Ahnung von Heizungen, aber er war mit der Lean-Startup-Methode vertraut und wusste, wie man skaliert.

Das mag jetzt nach einem hohen personellen Aufwand mit entsprechenden Kosten klingen. Einerseits richtig, denn Sie werden nicht darum herumkommen, gute Leute einzustellen, wenn Sie gute Resultate wollen. Andererseits können Sie die Größe Ihres Digitalteams den Bedürfnissen Ihres Unternehmens anpassen. Ein gut besetztes Team aus drei Personen kann genauso viel erreichen wie ein schlecht besetztes Team mit 20 Mitgliedern. Aber machen wir uns nichts vor: Anfangs werden die Kosten für die Besetzung und Ausstattung des Teams dominieren.

Diversität !

Diversität hat in jedem Team positive Auswirkungen und damit meinen wir nicht nur die klassische Frauen-Männer-Diversität. Prof. Kammerlander ist überzeugt: »Jede Art von Diversität bringt das Unternehmen in einem komplexen Umfeld weiter. Altersdiversität ist ebenfalls wichtig. Wir brauchen viel mehr junge Mitarbeitende, auch in alteingesessenen Familienunternehmen. Ebenso wichtig ist internationale Diversität, also Menschen mit verschiedenen kulturellen Hintergründen. Nur wenn Sie Diversität haben, werden Sie zu der für die Digitalisierung notwendigen Offenheit, den kreativen Ideen und der notwendigen Ambiguitätstoleranz kommen.«

Wenn wir davon ausgehen, dass wir dem Digitalteam Unabhängigkeit zugestehen müssen, sollten wir darauf vertrauen, dass es sich selbst organisieren kann. Doch spätestens, wenn aus dem Digitalteam Spin-offs hervorgehen, werden die meisten

Unternehmen einen Verantwortlichen einsetzen wollen. Wir haben für diese Rolle bereits in Kapitel 2.3 den Leiter digitale Innovation vorgeschlagen, der direkt dem Vorstand der Muttergesellschaft berichtet. Selbst ein kleines Team braucht eine solche direkte Verbindung zur Kernorganisation, eine Person, der beide Seiten vertrauen. Der erste Impuls wird meistens sein, für diese Rolle jemanden aus dem Unternehmen zu wählen, doch es ist sicherlich am besten, jemanden auszusuchen, der für diese Aufgabe geeignet ist, die entsprechende Methodik kennt, über unternehmerisches Standing verfügt und das Vertrauen des Vorstands und des Teams genießt. Ob diese Person ein Externer ist oder aus dem Unternehmen kommt, ist zweitrangig. Falls Sie mehrere Ausgründungen wagen, werden diese wie jedes junge Unternehmen eigene CEOs haben, die über die Leitung digitale Innovation an die Kernorganisation oder die Holding angebunden sein sollten.

Das Digitalteam der Firma Renz setzte sich aus den Mitarbeitenden eines Start-ups, anderen Externen und Mitarbeitenden aus dem eigenen Unternehmen zusammen. Die Teamleitung hatte der Renz-CIO. Andere Unternehmen wenden sich an sogenannte Company Builder, Leute, deren Metier es ist, Start-ups zu gründen und durch die erste Zeit zu führen. Es gibt viele Möglichkeiten, wie Sie das Digitalteam/Lab/Hub zusammensetzen können und unter welcher Bezeichnung bzw. Organisationsform es laufen kann. Sie müssen sich nur entscheiden. Sobald ein »Rumpfteam« steht, ein Verantwortlicher digitale Innovation oder ein CEO für eine Ausgründung gefunden ist, sollten Sie die Entscheidung über die Einstellung weiterer Fachleute gemeinsam treffen oder sie ganz abgeben. Dezentralität unterstützt Agilität.

4.2.2 Freiheit und Unabhängigkeit unerlässlich

Die Digitaleinheit muss mit entsprechenden Ressourcen ausgestattet sein, monetär, personell und auch bezogen auf die Infrastruktur. Gleichzeitig muss sie unabhängig von den Prozessen und Vorschriften der Mutterorganisation handeln können. Die Einheit in diese Prozesse und Vorschriften einzubinden, würde bedeuten, ihr das Erreichen ihrer Ziele unmöglich zu machen, weil es ihr an der notwendigen Agilität und Flexibilität fehlen würde. Viele Digitalexperten empfehlen sogar, die Digitaleinheit räumlich komplett von der Mutterorganisation zu trennen, also sie in einem anderen Gebäude oder in einer anderen Stadt unterzubringen, um ihr die notwendige Unabhängigkeit zu ermöglichen. Der Stahlhändler Klöckner zum

4.2 Ein digitales Innovationsteam schaffen

Beispiel hat seine Digitaleinheit ebenso in Berlin untergebracht wie der Heizungsbauer Viessmann.

Würth-CEO Norbert Heckmann sagt: »Ich glaube, es ist wichtig, den Teams für disruptive Geschäftsmodelle geschützte Räume zu bieten. Damit meine ich nicht Räumlichkeiten, sondern geschützte Umgebungen, in die nicht jeder hineinregieren darf, in denen man Fehler zulässt und Geschwindigkeit aufnehmen kann. Die Leute dort dürfen nicht fünf Mal fragen müssen: ›Darf ich das?‹, sondern müssen einfach machen können. Wenn man aus dem Gebäude hinaus muss, um diese geschützte Umgebung zu bilden, dann muss man das tun. Idealerweise sollte man einen Geschäftsführer mit Durchsetzungskraft aufsetzen. Allerdings halte ich dabei nicht unbedingt einen Branchenfremden für erforderlich. Mit einem Externen habe ich nicht immer die bessere Qualität und meine Mitarbeiter brauchen auch interessante und herausfordernde Aufgaben.«

Die Unabhängigkeit sollte übrigens auch für die IT gelten. Die Unternehmens-IT hat völlig andere Aufgaben und Vorschriften. Eine Digitaleinheit, die sich in diesem engen Rahmen bewegen soll, kann ihren Auftrag nicht erfüllen. Lassen Sie die Einheit ihr eigenes Netzwerk mit eigenen Geräten schaffen, denn das Team wird mit völlig anderen Methoden arbeiten, als das in Ihrem Unternehmen Usus ist. Doch lassen Sie sich nicht täuschen. Die Erfahrung zeigt, dass solche Teams ausgezeichnet funktionieren. Wenn wirklich die richtigen Kompetenzen vorhanden sind, wird das Team innerhalb weniger Monate mit einem Produkt, einer Dienstleistung oder einem neuen Geschäftsmodell am Markt sein.

Klarheit !

Die wenigsten Unternehmerinnen und Unternehmer werden an der Seitenlinie stehen und einem Digitalteam die Zukunft des Unternehmens überlassen wollen. Wie sich der Unternehmer, die Unternehmerin bzw. die Geschäftsführung einbringen, sollte gut überlegt werden. Je nach Unternehmensgröße bietet sich zum Beispiel der direkte Draht zwischen dem Digitalteam oder dem CEO der Ausgründung und dem Unternehmer an oder die Schaffung eines Lenkungskreises bzw. eines speziellen Beirats oder der Einsatz eines Leiters digitale Innovation, wie von uns für größere Unternehmen vorgeschlagen. Egal wie Sie es nennen oder aufstellen: Es ist wichtig, diese Verbindung zu schaffen und zu pflegen, denn es ist Ihr Unternehmen. Erliegen Sie jedoch nicht der Versuchung, sich in die konkrete, tägliche Arbeit des Teams einzumischen. Beschränken Sie sich auf Strategie, Ziele und Resultate. Je klarer der Auftrag des Digitalteams, je intensiver die Kommunikation (auf Augenhöhe selbstverständlich), desto besser wird alles funktionieren.

4 Phase II: Disruptive Ideengenerierung

4.2.3 Support der Geschäftsführung entscheidend

Dass das Digitalteam oder die Teams in Labs und Hubs unabhängig vom Unternehmen arbeiten und vielleicht an einem anderen Ort untergebracht sind, bedeutet nicht, dass sie versteckt werden. Im Gegenteil: Das Digitalteam braucht den uneingeschränkten Support der Geschäftsführung. Sie muss hinter diesem Team, seiner Aufgabe und damit hinter der Transformation des Gesamtunternehmens stehen. Trauen Sie dem Digitalteam oder einem ausgegründeten Start-up zu, dass es seine Aufgabe erfolgreich erledigt.

Die Mitarbeitenden in der Kernorganisation müssen wissen, weshalb dieses Team notwendig ist und weshalb es nicht ausreicht, weiterzumachen wie bisher. Die Unternehmerin/der Unternehmer bzw. die Geschäftsführung muss ganz klar kommunizieren, dass es nicht um ein Hirngespinst der Geschäftsführung mit kurzer Halbwertszeit geht, sondern um ein ganz konkretes, gemeinsames Ziel, das verfolgt wird und verfolgt werden muss, damit das Unternehmen und alle, die davon leben, eine Zukunft haben. Die Mitarbeitenden müssen wissen:»Dies ist keine neue Idee, die wieder verschwindet, sondern wir bleiben dran und die Veränderung wird irgendwann alle betreffen.« Wucato-Chef Heiko Onnen hält die Unterstützung der Digitaleinheit oder einer Ausgründung durch die Unternehmensführung für unabdingbar:»Ein digitales und/oder disruptives Geschäftsmodell verlangt nach Unabhängigkeit und sollte nicht innerhalb des Konzerns bzw. der Kernorganisation aufgebaut werden, sondern extern. Aber das neue Unternehmen braucht Fürsprecher wie Beirat, Familie und Konzernführung. Wucato lädt sie immer wieder ein, um unseren Spirit und unsere Lösungen zu zeigen und wie breit wir für die Zukunft aufgestellt sind.«

Niemand wird Veränderungen mittragen, wenn er sie nicht für notwendig hält oder denkt, er kann sie durch Aussitzen verhindern. Sobald die Menschen aber erkennen, dass es um ihre Zukunft, um eine gute gemeinsame Zukunft geht, wachsen die Chancen für die Steigerung von Motivation und Engagement. Ablehnung und Angst treten in den Hintergrund. Alexander Fackelmann, Hauptgesellschafter der Fackelmann-Gruppe, ist überzeugt:»Der Kunde und die Mitarbeiter müssen im Mittelpunkt des Handelns stehen. Und das darf man nicht nur sagen, sondern muss es tatsächlich leben. Wenn Mitarbeiter und Kunden erleben, dass stimmt, was man sagt, dass Versprechen erfüllbar sind, entsteht ein langfristiges Vertrauensverhältnis.«

4.3 Vom Schmerzpunkt des Kunden zur Idee

Früher gab es den Erfinder oder die Erfinderin, der/die eine geniale Idee hatte und sie umsetzte. Das passiert heute kaum noch. Gute Ideen sind im digitalen Zeitalter Teamarbeit. Das zeigt sich schon daran, dass viele Start-ups von mehreren Leuten gegründet werden. Jeder bringt seine Kompetenzen in das Team ein. Deshalb brauchen wir das Digitalteam/Lab/Hub. Seine Mitglieder ergänzen und inspirieren sich gegenseitig und treiben sich an. Sie decken gemeinsam einen viel größeren Kompetenz- und Wissensbereich ab als eine Person allein. Wenn wir jetzt noch die Tatsache hinzunehmen, dass unser Gehirn besser funktioniert, wenn wir uns bewegen, wird klar, weshalb die Ideensuche in der Gruppe besser ist, als wenn jeder an seinem Schreibtisch in seiner Abteilung sitzt. Im Grunde ist es wie mit dem Kästchenorganigramm. Es funktioniert in agilen Systemen auch nicht, denn die Kästchen sind ein Gefängnis für Gedanken und Ideen. In einem System, in dem alle in einzelnen Kästchen arbeiten, kommt es nicht zur Revolution. Aber wir brauchen eine Revolution, wenn wir die Zukunft erfolgreich meistern wollen.

4.3.1 Das Team ist der bessere Ideenfinder

Das klassische betriebliche Vorschlagswesen hat unzweifelhaft schon überragende Produkt- und Prozessverbesserungen hervorgebracht. Dabei liegt die Betonung auf »Verbesserung«. Bei den Vorschlägen handelt es sich meistens um die Idee einer Person oder einer kleinen Gruppe, die sich mit der Verbesserung des bereits Vorhandenen befasst. Das ist auch nicht weiter verwunderlich, denn außer Marketing, Vertrieb und möglicherweise Monteuren hat in der Regel niemand Kontakt zum Kunden. Innovation erfolgt deshalb häufig aus dem Unternehmen heraus. Viele durchaus gute Ideen landen dann erst einmal in der Schublade. Oft werden sie erst nach Monaten angeschaut, bewertet und meistens verworfen. Die Entscheidung, ob eine Idee es wert ist, weiterverfolgt zu werden, wird normalerweise durch ein internes Gremium getroffen, das oft leider nicht vom Kunden aus denkt, sondern nach eigenem Gutdünken handelt. In der Regel wird es Sicherheit dem Risiko vorziehen. Die Absicht hinter dem betrieblichen Vorschlagswesen ist nicht verkehrt, aber selbst wenn eine Idee für gut befunden wird, wird sie oft nicht getestet und umgesetzt und damit ist sie wertlos.

Die Adolf Würth GmbH & Co. KG beweist, dass Geschäftsmodellideen durchaus aus dem Unternehmen kommen können. CEO Norbert Heckmann schildert den Prozess:

4 Phase II: Disruptive Ideengenerierung

»Wenn es konkrete Geschäftsmodellideen gibt, bewerten wir sie. Wird eine Idee für gut befunden, geben wir dem betreffenden Mitarbeiter die Chance, sich zu beweisen und seine Idee umzusetzen. Er bekommt ein Team an die Hand, das zu einer eigenen Einheit innerhalb der Adolf Würth GmbH & Co. KG wird. Nach sechs, spätestens zwölf Monaten wissen wir, ob dieses Geschäftsmodell das Potenzial hat, in ganz Deutschland ausgerollt zu werden oder nicht. Das heißt, wir setzen auf ein kleines Projektteam, das sofort testet und ausprobiert. Man kann lange Berechnungen machen, aber wie mein früherer Chef schon vor 25 Jahren sagte: ›Frag den Kunden nicht, ob er interessiert ist, sondern frag ihn, ob er kauft.‹ Eine gute Idee bedeutet nicht, dass sie auch umgesetzt werden kann.«

Wir empfehlen Ihnen – nicht nur für die Geschäftsmodellentwicklung –, Ideen in Digitalteams, Hubs oder Labs zu generieren und andere Kreativitätsmethoden auszuprobieren wie Brainstorming. Die Kopfstandmethode ist eine Brainstorming-Technik, bei der die Teilnehmenden nicht nach positiven Lösungen suchen, sondern sich fragen, wie man die Dinge noch schlechter machen kann. Am Ende wird alles umgedreht, aus weniger wird mehr etc. Diese Methode nutzt unsere Tendenz zu negativem Denken aus. Bei der dem Brainwriting zugeordneten 6-3-5-Methode entwickeln sechs Teilnehmer schriftlich je drei Ideen in fünf Wechseln. So, wie Sie die Branchenlogik verlassen sollten, ist es auch sinnvoll, die gewohnten Denk- und Innovationsprozesse zu verlassen.

Folgende Aufgaben sollten Sie erledigt haben, bevor das Digitalteam seine Arbeit aufnehmen kann:
- Sie haben eine Umweltanalyse erstellt und sich über digitale Trends und Technologien informiert. Sie wissen jetzt, was der Markt braucht, wo die Branche und der Wettbewerb stehen. Sie wissen, welchen Risiken Sie gegenüberstehen und welche Chancen Sie haben.
- Sie haben herausgearbeitet, wo sich Ihr eigenes Unternehmen hinsichtlich seiner digitalen Reife aktuell befindet.
- Sie sind sich über das Ziel und die daraus resultierenden Suchfelder Ihres Projekts klar und haben es in Worte gefasst, die diejenigen, die es umsetzen sollen, verstehen.
- Sie haben geklärt, wie das Ziel erreicht werden kann.
- Sie haben das Digitalteam zusammengestellt, auch wenn es vielleicht noch nicht das endgültige ist.

4.3 Vom Schmerzpunkt des Kunden zur Idee

Es ist wichtig, sich ambitionierte Ziele zu setzen, aber sie müssen erreichbar sein. Wie hoch Ihre Ziele sind, ist abhängig von Ihrer digitalen Vision, dem digitalen Reifegrad des Unternehmens und seiner Veränderungsbereitschaft. Rom wurde nicht an einem Tag erbaut. Das gilt auch für die meisten digitalen und/oder disruptiven Geschäftsmodelle. In vielen Unternehmen sind dafür mehrere Schritte und Anpassungen notwendig. Der Stahlhändler Klöckner beispielsweise hat die Plattform XOM Materials auch nicht im ersten Anlauf gegründet.

Von außen nach innen !

Der agile Innovationsprozess ist während seiner ersten Phasen von großer Unsicherheit geprägt. Man startet ins Ungewisse. Zunächst muss das Digitalteam herausfinden, was draußen am Markt gebraucht wird. Deshalb ist es am besten, das Digitalteam von Anfang an in den gesamten Prozess einzubinden, vor allem in die Phase I, die Umweltanalyse. Das Digitalteam wird auf jeden Fall zusätzlich seine eigene Analyse machen, um die tatsächlichen Schmerzpunkte und Ineffizienzen der Kunden zu finden. Wenn Sie das Digitalteam richtig besetzt haben, weiß es, was zu tun ist.

Der Schmerzpunkt des Kunden ist der Startpunkt agiler Innovation.
Keine Ideengenerierung, ohne die Schmerzpunkte des Kunden zu kennen.

Geben Sie dem Team Zugang zu Ihren Kunden sowie Raum und Zeit, den Markt selbst zu erforschen. Womöglich kommt es zu ganz anderen Erkenntnissen als Sie in Ihrer Umweltanalyse, weil es eine andere Vorgehensweise oder einen anderen Blickwinkel hat. Ist für alle verständlich, an welchen Punkten die drängenden Probleme der Kunden liegen, beginnt man mit der Ideenfindung und der Lösung des tatsächlichen Problems. Der agile Innovationsprozess funktioniert von außen nach innen und nicht umgekehrt. Er beginnt mit dem Problem und nicht mit der Lösung.

Die intensive Suche nach den Schmerzpunkten des Kunden ist der Grund, weshalb Sie unbedingt Teammitglieder mit Design-Thinking-Kompetenz in Ihrem Team haben sollten. Sie sind darauf trainiert, tief zu graben, um die wirklichen Schmerzpunkte des Kunden zu finden. Dabei geht es nicht darum, großartige Analysen und Spreadsheets zu erstellen, sondern um das empathische Verstehen des Kunden. Mitarbeitende mit Design-Thinking-Kompetenz stellen offene Fragen, die nicht mit Ja oder Nein beantwortet werden können. Sie geben sich nicht mit einer Antwort zufrieden, sondern fragen immer wieder »Warum?« – wie Kinder. Sie werden feststellen, dass viele der so entdeckten Schmerzpunkte ganz neu sind oder bisher nur vermutet, aber nie bestätigt wurden. Und vielleicht werden Sie sogar überrascht sein, wie wenig Sie Ihre Kunden kennen.

> **!** **Design Thinking**
>
> Die agile Herangehensweise »Design Thinking« erzielt die besten Ergebnisse, wenn sowohl das Problem als auch die Lösung im Dunkeln liegen. Design Thinking ist ein kreativer Innovationsprozess und zugleich ein neuer Denkansatz, der den Menschen und seine Bedürfnisse in den Mittelpunkt stellt und nicht die Lösung oder die Komplexität des späteren Produkts. Es ist eine Herangehensweise um Geschäftsmodelle neu zu denken und aus der Perspektive des Nutzers Ideen zu entwickeln, um dessen tatsächliche Probleme zu lösen. Damit fördert Design Thinking die kollaborative Kreativität – oft auf sehr unkonventionellen Wegen in interdisziplinären Teams. Doch Design Thinking ist nicht nur kundenfokussiert und kollaborativ, sondern auch schnell. Die Herangehensweise folgt den Prinzipien »action, not talk«, »fail early, fail cheap«, »test often« und »behavior, not opinion«.

4.3.2 Von 100 auf 3 ist top

> *»The best way to get a good idea is to get a lot of ideas.«*
> Linus Pauling, Nobelpreisträger Chemie

Stellen Sie sich vor, an einer Stellwand hängen schließlich 100 bunte Post-its mit Ideen. Was glauben Sie, wie viele Ideen letztlich übrig bleiben, die sich dafür eignen, weiterverfolgt zu werden?

Für die erste Ideen- bzw. Lösungsfindung gilt Quantität vor Qualität. Dabei spielt es keine Rolle, ob Sie die Entwicklung eines digitalen Produkts oder eines innovativen Geschäftsmodells verfolgen. Der Trichter muss möglichst weit geöffnet sein. Jede Idee, und sei sie noch so verrückt, ist erlaubt. Wilde, unorthodoxe und ungewöhnliche Ideen sind sogar gefordert. Kritik ist an dieser Stelle nicht erwünscht.

Beim Ideenfindungsprozess ist die interdisziplinäre Zusammensetzung des Teams über Hierarchiegrenzen hinweg wichtig. Verschiedene Expertinnen und Experten bringen unterschiedliche fachliche Hintergründe ein und ermöglichen auf diese Weise schon im Findungsprozess die Weiterentwicklung von Ideen nach dem Motto: Eine Idee baut auf der anderen auf. Nicht vergessen: Ein Brainstorming zur Ideenfindung sollte einen festgelegten Zeitrahmen haben. Eine Idee wird erst dann hinterfragt, wenn man versucht, sie umzusetzen.

4.3 Vom Schmerzpunkt des Kunden zur Idee

Alle Ideen werden im ersten Schritt auf Post-its an eine Stellwand geheftet. Nach dem Brainstorming werden die Ideen nach bestimmten Auswahlkriterien sortiert (die besten, die innovativsten, die am einfachsten umsetzbaren etc.), geclustert und bewertet. Das kann zum Beispiel mit einem Punktesystem erfolgen. Dadurch wird die Ideenliste verkürzt und konzentriert, denn nur die wenigsten Ideen werden tatsächlich weiterverfolgt. Werkzeuge aus dem Design Thinking sind unter anderem die Bingo Selection oder die Now-Wow-How-Matrix. Bei der Bingo Selection sortieren die Teammitglieder die Ideen in verschiedene Kategorien ein, zum Beispiel bezüglich ihres Potenzials, in einem physischen, digitalen oder Erlebnisprototyp verwendet zu werden. Auch bei der Now-Wow-How-Methode werden die Ideen in Kategorien eingeteilt: Now-Ideen sind nicht innovativ, aber leicht umsetzbar. Wow-Ideen sind sowohl innovativ als auch leicht umsetzbar. How-Ideen sind innovativ, aber schwer umsetzbar.

Oft werden am Schluss der Ideenfindungsphase mehrere Ideen parallel weiterverfolgt. Aber man kann davon ausgehen, dass 90 Prozent der gesammelten Ideen nach dem Auswahlverfahren verworfen werden. Es empfiehlt sich, alle Ideen, die zur Weiterverfolgung in Erwägung gezogen werden, durch den Innovation Funnel zu schicken. Von den zehn Prozent, die zunächst weiterverfolgt werden, überleben am Ende vermutlich drei bis fünf Ideen, meistens nur drei – und das ist ein gutes Ergebnis.

Innovation Funnel !

Der Innovation Funnel ist nichts anderes als ein Kriterienkatalog, der aus den Schmerzpunkten der Kunden/Kundengruppen entsteht. Auf diese Weise werden nach Abschluss der Ideengenerierung diejenigen Ideen herausgefiltert, die tatsächliche Kundenprobleme lösen. Am Ende werden – wie bereits gesagt – nur wenige Ideen übrig bleiben, aus denen vermutlich ein Nutzen für den angestrebten Kunden entstehen wird. Nur diese Ideen werden umgesetzt und prototypisch getestet. Und: Eine Idee kann anfangs durchaus einen disruptiven Charakter haben, aber am Ende vielleicht gar keine Disruption darstellen, weil sich Annahmen und Bedingungen geändert haben.

4.3.3 Das Team setzt schneller und besser um

Falls es im Unternehmen geplante oder bereits begonnene Digitalprojekte oder Ideen von Mitarbeitenden gibt, sollten Sie diese ebenfalls durch den Funnel schicken. Es mag schmerzhaft sein, wenn bereits begonnene Projekte, in die Zeit und

4 Phase II: Disruptive Ideengenerierung

Geld investiert wurde, nicht weiterverfolgt werden, aber das ist allemal besser, als noch mehr Ressourcen zu verschwenden.

In manchen Konzernen und großen Unternehmen wird Mitarbeitenden für die Verfolgung und Umsetzung einer Idee zwei Jahre Zeit und eine Million Euro zur Verfügung gestellt. Tun Sie es nicht. Start-ups haben anfangs ebenfalls nur wenig Geld zur Verfügung. Oft sind es zu Beginn nur zwei oder drei Gründer, die ihr Projekt mit eigenem Geld, Einkommen oder Erspartem finanzieren, sich vielleicht von Verwandten oder Bekannten noch etwas leihen. Das heißt für Sie: Das Digitalteam oder die Teams in Lab und Hub brauchen während der Ideenfindungs- und Testphase pro Projekt keine riesigen Geldmengen. Das ermöglicht es Ihnen, zunächst mehrere Projekte zu verfolgen. Mehr Geld wird erst nötig, wenn die Testphase abgeschlossen ist. Dann sollten Sie sich auf die Projekte konzentrieren, die das größte Potenzial haben, und bei Bedarf weitere Mittel zur Verfügung stellen.

Übrigens ist derjenige, der eine gute Idee hat, oft nicht der beste Umsetzer, und eine Idee ist nichts wert, wenn sie nicht umgesetzt wird. Gerade Ideengeber aus der Kernorganisation kennen weder Design-Thinking- noch Start-up-Methoden. Sie wollen mit ihrer Idee nicht scheitern, versuchen sie zu schützen, auch wenn klar ist, dass es nicht funktionieren wird. Schließlich ist die Idee das »Baby« des Ideengebers. Ideengeber sind meistens nicht in der Lage, ihre Idee schnell zu validieren. Noch weniger können sie ihre Idee gegebenenfalls verwerfen.

Vertrauen Sie dem von Ihnen eingesetzten Digitalteam. Ein sorgfältig ausgewähltes interdisziplinäres Team (zur Teamzusammensetzung siehe Kapitel 4.2) mit entsprechender Methodik verhindert, dass sich jemand in ein unnützes Projekt verbeißt. Wenn eine »lahme« Idee nicht im Innovation Funnel erkannt wird, dann spätestens, wenn der Prototyp bei den Kunden durchfällt. Das erspart allen Beteiligten Kraft, Zeit, Geld und Enttäuschung.

> **! Quick Check**
>
> - Nur mit einer Geschäftsmodellinnovation können Sie den Wettbewerb nachhaltig abhängen.
> - Das Durchbrechen der dominierenden Branchenlogik ist für die disruptive Ideengenerierung von zentraler Bedeutung.
> - Gehen Sie vor wie ein Start-up, das die Logik einer Branche auf den Kopf stellt und Marktführer zu Statisten degradiert.

4.3 Vom Schmerzpunkt des Kunden zur Idee

- Es ist viel schwieriger, in Geschäftsmodellen zu denken als in Technologien, Prozessen und Produkten. Geschäftsmodelle sind abstrakter.
- Wenn es um digitale Angebote oder gar disruptive Geschäftsmodelle geht, werden Kompetenzen und Eigenschaften benötigt, die in der klassischen Entwicklungsabteilung gar nicht oder nur rudimentär anzutreffen sind.
- Schaffen Sie ein Digitalteam mit IT-Experten, Datenanalysten, Design-Thinking-Experten, User-Interface- und User-Experience-Designern, Produktmanagern, Product Owners, Marketing- und Salesfachleuten, eventuell Callcenter Agents und Außendienstlern.
- Design Thinker und sogenannte Open Minds, Menschen, die nichts mit Ihrem Geschäft zu tun haben, sind für das Digitalteam essenziell.
- Ein Digitalteam muss unabhängig von den Prozessen und Vorschriften der Mutterorganisation arbeiten und handeln können.
- Das Team braucht den vollen Support der Geschäftsführung/des Vorstands.
- Der agile Innovationsprozess funktioniert von außen nach innen und nicht umgekehrt. Er beginnt mit dem Problem und nicht mit der Lösung.
- Der Schmerzpunkt des Kunden ist der Startpunkt agiler Innovation. Keine Ideengenerierung, ohne die Schmerzpunkte des Kunden zu kennen.
- Design Thinking ist ein kreativer Innovationsprozess und zugleich ein neuer Denkansatz, der den Menschen und dessen Bedürfnisse in den Mittelpunkt stellt.
- Für die Ideen- bzw. Lösungsfindung gilt Quantität vor Qualität. Der Trichter muss anfangs möglichst weit geöffnet sein.
- Der Innovation Funnel ist ein Kriterienkatalog, der aus den Schmerzpunkten der Kunden bzw. Kundengruppen entsteht. Damit wird jede Idee überprüft.
- Von 100 Ideen bleiben nur einige wenige übrig.
- Eine Idee, die aus dem Unternehmen kommt, ist angreifbar, weil die Nutzerzentrierung meistens fehlt und die Idee nicht am Markt validiert wird.

Der Kunde hat entschieden

Im Gespräch mit Heiko Onnen, Geschäftsführer WUCATO Marketplace GmbH

Die Wucato Marketplace GmbH ist eine Plattform für die digitale Beschaffung, initiiert von der Würth-Gruppe. Unzählige Einkaufslisten und zeitraubende Abrechnungsprozesse gehören der Vergangenheit an. Mit der zentralen Online-Beschaffung von Betriebsmitteln und C-Teilen spart der Kunde Arbeitszeit, reduziert seine Kosten und kann sich auf sein Kerngeschäft konzentrieren. Auf der Beschaffungsplattform können alle Lieferanten an einem zentralen Ort gebündelt werden und der Kunde profitiert von einem optimierten, sicheren Einkaufsprozess. Die Plattform kann an die Prozesse des Kunden angepasst und kostenfrei genutzt werden.

Herr Onnen, wie sind Sie bzw. die Würth-Gruppe bei der Entwicklung des digitalen Geschäftsmodells vorgegangen?

Die Kunden und ihre Bedürfnisse spielten dabei die zentrale Rolle. Immer mehr Anfragen wurden seitens unserer Kunden in Bezug auf Marktplätze in die Gruppe getragen. Die Zahl der Würth-Gesellschaften, die sich an Beschaffungsplattformen anbinden mussten, wuchs, weil es der Kunde verlangte. Letztlich hatte sich der Kunde schon lange für den digitalen Weg entschieden. Der Kunde wünschte sich eine Plattform, um seine Beschaffung komplett zu digitalisieren und seine Prozesse zu optimieren. Der Komfort im B2C-Bereich im Bestellprozess wird vom Kunden mittlerweile auch im B2B-Bereich als Standard verlangt. Das kann ein Onlineshop in dieser Form nicht abbilden. Somit war die entscheidende Frage, ob sich die Gesellschaften der Würth-Gruppe zukünftig an fremde, externe B2B-Plattformen anbinden wollen oder – mit dem Wissen und der jahrzehntelangen Kundenerfahrung – dem Kunden eine eigene digitale B2B-Plattformlösung zur Verfügung stellen.

Die Entscheidung für Wucato, 2015 gegründet, wurde relativ zügig getroffen und wird bis heute sehr stark durch die Familie Würth unterstützt. Doch eigentlich hat der Kunde entschieden.

Wie unterscheidet sich das Wucato-Geschäftsmodell vom traditionellen Geschäftsmodell der Würth-Gruppe bzw. der relevanten Branche?

Wucato ist ein rein digitaler Player. Unser Produkt ist die Plattform, die Unterstützung der Prozessoptimierung im Beschaffungswesen bei den Kunden. Wucato verhält sich gegenüber allen Lieferanten und somit auch gegenüber den Gesellschaften der Würth-Gruppe vollkommen neutral. Wir müssen diese neutrale DNA in uns haben. Dies geht bei Wucato einher mit einer besonderen Unternehmenskultur. Ich glaube, dass diese Kultur einen großen Unterschied ausmacht.

Darüber hinaus ist unser Vertriebsmodell Plattform beratend orientiert. Wir haben ein eher beratendes als verkaufendes Vertriebsmodell, um die bereits angesprochene Neutralität zu wahren. Wir verkaufen keine Produkte von Würth, sondern wir verkaufen die Plattformlösung. Sie ist unser Produkt bzw. unsere Leistung. Das ist ein anderer Anspruch. Im Hintergrund stehen die Transformationsbegleitung, die Digitalisierung und deren Chancen.

Aber wir nutzen dankend das Wissen aus über 70 Jahren Kundenkontakt und das Vertriebs-Know-how aus den 74 Gesellschaften der Würth-Gruppe aus verschiedenen Branchenbereichen. Wir stehen in Kontakt mit den Gesellschaften und tauschen uns aus. Wir lernen ständig von den Kollegen und sie wiederum von uns. Wir sehen uns als digitale Initiative, die ihr Know-how in die Gruppe trägt. Das meiste Wissen kommt aber durch unsere Kunden, die uns sagen, wie sie in Zukunft digitalisieren wollen.

Auf Ihrer Plattform werden Produkte der Würth-Gruppe und Produkte der Wettbewerber gehandelt. Hat Wucato noch weitere Einnahmeströme?

Wucato bietet keine Plug-and-Play-Lösung, sondern eine individuell an die Bedürfnisse und Systeme des Kunden angepasste Lösung, mit oder ohne Lieferanten. Wir hinterlegen bei uns das ganze Regelungswerk, pflegen Kundennummern ein, gestalten das Bedienermenü, schulen die Mitarbeiter des Kunden und motivieren weniger digital versierte Mitarbeiter. Denn der Einkaufsleiter, der sich für die Digitalisierung des Beschaffungsprozesses entschieden hat, ist digital alleine, wenn seine User (Einkäufer) nicht mitmachen. Im Moment bieten wir diesen Service kostenlos an.

Wir werden die Plattform künftig ein Stück weit öffnen für den Markt, den Lieferanten verschiedene Tools anbieten, mit denen sie sich mehr in den Vordergrund rücken können – ähnlich wie im B2C-Bereich. Im Moment sind unsere Einnahmeströme jedoch Provision und Marge.

Sie haben bereits die Unternehmenskultur erwähnt. Welche Rolle spielt sie nach Ihrer Meinung?

Es kommt auf das Team an. Wir haben bei Wucato seit zwei Jahren keine Fluktuation. Das ist für einen E-Commerce Player mit einem Altersdurchschnitt von 31 Jahren außergewöhnlich. Selbst in der Würth-Gruppe ist das bisher einmalig. Das macht uns stolz und zeigt uns, dass wir vieles richtig gemacht haben bezüglich Teamaufbau, Kommunikation und Führung. Wir beschäftigen 35 Leute und haben sehr flache Hierarchien. Ich stehe mit allen in regelmäßigem Austausch. Unsere Werte sind Vertrauen, fairer Umgang miteinander, Gleichberechtigung, Respekt, offene Kritik und Geradlinigkeit. Kritik sollte man aussprechen und dazu stehen. Wir pflegen den Zusammenhalt, indem wir hin und wieder gemeinsam etwas unternehmen.

Welche organisatorischen Anpassungen waren für die Entwicklung und Implementierung des Geschäftsmodells erforderlich und weshalb wurde für Wucato eine eigene Tochterunternehmung gegründet?

Christian Berndt und ich sind die Geschäftsführer von Wucato. Von Anfang an wurden Teamleiter installiert. Diese sind nach mir und Christian Berndt die nächste Hierarchiestufe. Daran sind die flachen Hierarchieebenen klar zu erkennen. Das Plattform-Team ist für das Herzstück von Wucato, die Technik, zuständig. Es gibt das Marketing, den Innendienst, den Außendienst und das Category-/Lieferantenmanagement. Ohne Lieferanten keine Kunden, ohne Kunden keine Lieferanten.

Die dezentrale Führung innerhalb der Würth-Gruppe ist für uns optimal. Sie gibt uns die Möglichkeit, unser Geschäftsmodell nach unseren Vorstellungen und Werten mit Blick durch die Kundenbrille zu entwickeln.

Natürlich stehen wir als Gesellschaft innerhalb der Gruppe in der Pflicht, Berichte abzugeben. Der Wucato-Beirat besteht aus den zwölf größten Würth-Gesellschaften in Deutschland, die auf Wucato auch als Lieferanten tätig sind. Während uns die Würth-Verkäufer und -Bereichsleiter teilweise als Konkurrenz für ihre Onlineshops betrachten, werden wir von den Geschäftsführern durch den Beirat unterstützt. Hauptsächlich geht es um die vertriebsseitige Unterstützung der 7.500 Verkäufer in Deutschland. Während wir eine digitale Initiative sind, betreiben die Würth-Gesellschaften lediglich Onlineshops. Im Plattformmarkt im B2B beträgt das Wachstum rund 30 Prozent. Damit wächst der Plattformmarkt viel stärker als Onlineshops.

Wie sehen Sie das Wucato-Geschäftsmodell in Bezug auf die Definition eines disruptiven Geschäftsmodells?

Ich sehe Wucato momentan als Mehrwert, nicht als Wettbewerbsmodell, also derzeit nicht als realisierte Disruption. Wir haben eine andere Klientel als die anderen Würth-Gesellschaften. Der Handwerker braucht einen Verkäufer vor Ort, eine stärkere Produktberatung und hat nur eine kleine Anzahl von Lieferanten. Für diese Kunden ist ein Onlineshop das Richtige. Größere Mittelständler, die Industrie wollen den Einkauf komplett digitalisieren. Wir wollen sie als Transformationsberater begleiten und auf diesem Weg unterstützen. Wenn ein Unternehmer oder Geschäftsführer den Einkauf digitalisieren möchte, begleitet den Einkäufer immer ein Stück weit die Sorge, wie diese Digitalisierung großflächig umzusetzen ist. Es besteht auch stets Unsicherheit darüber, inwieweit sich die bisherige Tätigkeit verändert. Diese Sorgen sind größtenteils unberechtigt, denn es geht darum, die Kapazitäten anders zu verteilen. Der Kunde digitalisiert immer schneller und hat Forderungen.

Wichtig ist, dass der Verkäufer erkennt, dass sich die Beschaffung der Kunden, geleitet vom digitalen B2C, verändert. In Kundengesprächen bemerken wir häufig, dass manche Außendienstmitarbeiter an ihrem traditionellen Verkaufsprozess festhalten und maximal den Onlineshop akzeptieren. Der Verkäufer ist im Irrtum, wenn er glaubt, dass der Onlineshop seines Unternehmens die digitale Lösung für alle Kunden ist. Für manche mag das stimmen. Aber einige Kunden erwarten mehr. Sie suchen nach einer Lösung, die ihnen den Prozess in der Beschaffung maximal optimiert. Deshalb möchte der Kunde bei Wucato bestellen. Er will nicht mehr 30 Onlineshops im Browser offen haben, sondern nur einen Zugang nutzen.

Wucato bietet mit 120 Lieferanten rund 20 Millionen Artikel. Eine solche Plattformlösung ist für einen externen Verkäufer nicht einfach zu präsentieren, erst recht nicht, wenn sich auch Wettbewerber auf der Plattform befinden. Der Verkäufer hat Angst, der Kunde könnte ihn und Würth austauschen. Doch der Kunde digitalisiert so oder so – mit oder ohne Würth. Dann ist es besser, Wucato als Plattform im Boot zu haben.

Wir führen viele Diskussionen, gehen auf Veranstaltungen und in Communitys, um die Menschen bzw. Verkäufer abzuholen, um zu erklären, dass wir das gemeinsam machen. Der Verkäufer denkt oft, er sei der einzige Lieferant des Kunden, aber das stimmt schon lange nicht mehr. Diese Digitalisierung im Kopf hat noch nicht stattgefunden. Prof. Würth selbst hat mir 2018 empfohlen, mich im Hinblick auf die Plattform nicht ausschließlich auf die Akzeptanz der Außendienstmitarbeiter im Konzern zu verlassen und einen eigenen Vertrieb aufzubauen.

Gibt es Ihrerseits noch eine Empfehlung oder ein Thema bezüglich der Entwicklung eines disruptiven Geschäftsmodells, das Sie Familienunternehmern mit auf den Weg geben möchten?

Auf jeden Fall sollte man für das neue Geschäftsmodell einen eigenen Vertrieb aufbauen und nicht versuchen, den traditionellen Vertrieb, der möglicherweise auf einem anderen Vergütungsmodell basiert, zu nutzen.

Nicht immer ist der eigene Marktplatz die Lösung. Viele Unternehmen haben zwar den Anspruch, einen eigenen Marktplatz zu bauen, aber die meisten wissen nicht, was alles damit einhergeht. Die erste Hürde ist die Talent Acquisition. IT-Spezialisten zu finden ist, wie eine Oase in der Wüste zu finden. Ein Team aufzubauen verursacht riesige Kosten. Man sollte überlegen, ob man stattdessen nicht an einen bestehenden Marktplatz andocken kann. Der ist vorhanden und neutral. Wenn Sie alles alleine machen, müssen Sie durch alle Prozesse waten. Wir hatten durch Würth eine IT mit 500 Leuten im Rücken, aber das ist nicht überall gegeben. Es wird unterschätzt, wie viele Ressourcen nötig sind, um geeignete Menschen zu finden, ein Konzept aufzubauen, eine Marke zu etablieren.

Ein digitales und/oder disruptives Geschäftsmodell verlangt nach Unabhängigkeit und sollte nicht innerhalb des Konzerns bzw. der Kernorganisation aufgebaut werden, sondern extern. Aber das neue Unternehmen braucht Fürsprecher wie Beirat, Familie und Konzernführung. Wucato lädt sie immer wieder ein, um unseren Spirit und unsere Lösungen zu zeigen und wie breit wir für die Zukunft aufgestellt sind.

5 Phase III: Disruptive Geschäftsmodellentwicklung

In dieser Phase geht es darum, die in Phase II generierten Ideen zum Fliegen zu bringen. Tatsächlich ist das Digitalteam – in größeren Firmen wird es »Lab« oder »Hub« heißen – hier schon gar nicht mehr in der Entwicklung, sondern schon ein Stück weit in der Umsetzung, denn in dieser Phase werden Ideen bereits am Markt getestet, auch wenn noch nicht alles perfekt ist.

Das Digitalteam ist der Experte !

Natürlich möchten Sie in die Suche nach digitalen Produkten, Dienstleistungen und disruptiven Geschäftsmodellen einbezogen werden, aber Sie sollten sich weitgehend heraushalten, sobald Sie den Rahmen gesteckt und das Digitalteam besetzt haben. Kommunizieren Sie und lassen Sie sich regelmäßig informieren. Doch sowohl die Ideenfindung, Selektion, Priorisierung als auch die Umsetzung sollten Sie zunächst dem Team überlassen. Sobald das Team mit seinen Tests beim Kunden so weit ist, Ihnen einen Business Case zu präsentieren, wird es das tun.

Im Folgenden beschreiben wir Ihnen, wie das Digitalteam vorgehen kann. Jedes Team wird seinen eigenen Weg beschreiben, aber üblicherweise kommen agile Vorgehensweisen wie Scrum, Design Thinking und Lean Startup oder eine Mischung zum Einsatz. Sie als Unternehmerin, Unternehmer oder Vorstand sind letztlich die Person, die entscheidet, welches Projekt weiterverfolgt wird. So weit ist es aber erst, wenn der Pitch vor dem Vorstand bzw. der Geschäftsführung stattfindet. Wie bereits beschrieben, haben Sie auch die Möglichkeit, diese Entscheidung der Leiterin oder dem Leiter digitale Innovation zu überlassen oder sie gemeinsam mit ihr/ihm zu treffen.

»Die Kontrolle seitens des Unternehmers, der Unternehmerin bzw. der Geschäftsführung ist abhängig davon, wie sie die unternehmerische Zukunft definieren. Wenn das Unternehmen beispielsweise Kabel herstellt und überzeugt ist, dass es immer Kabel herstellen wird, sie durch nichts ersetzt werden können, ist das strategisch eine sehr enge Definition und beschränkt die Suche nach einem neuen Geschäftsmodell«, gibt Johannes Ellenberg zu bedenken. »Ist die Definition offener, kann auch die Suche nach einem neuen Geschäftsmodell weiter gefasst werden. Der Unternehmer kann dann zum Beispiel eine Investorenrolle einnehmen.« Ist erst einmal klar, welche Ideen verfolgt werden sollen, sind drei Dinge wichtig:

5 Phase III: Disruptive Geschäftsmodellentwicklung

> **!** **Erfolgsfaktoren**
>
> - Seien Sie schnell! Je schneller Sie mit Ihrem digitalen Angebot oder Ihrem neuen Geschäftsmodell am Markt sind, desto größer die Erfolgsaussichten.
> - Testen Sie Ihre Ideen konsequent in Feedbackschleifen mit dem Kunden, bevor Sie viel Geld in eine Idee investieren, die der Markt möglicherweise gar nicht benötigt.
> - Vernachlässigen Sie die Datenerhebung nicht. Disruptive und/oder digitale Geschäftsmodelle sind daten- und kundengetrieben.

5.1 Go Start-up!

In diesem Kapitel gehen wir mit Ihnen den Weg von der abgeschlossenen Ideengenerierung bis zu dem fertigen digitalen Produkt, der Dienstleistung oder dem Geschäftsmodell so, als ob ihn ein Start-up gehen würde. Wenn Sie darüber mehr wissen möchten, empfehlen wir Ihnen das »Handbuch für Startups« von Steve Blank und Bob Dorf oder »The Lean Startup« von Eric Ries.

Gehen wir davon aus, dass es am Ende des Ideenfindungsprozesses drei Ideen für ein digitales und/oder disruptives Geschäftsmodell gibt. Dann wird das Digitalteam diese drei Ideen zuerst an einer kleinen Auswahl von Kunden testen (Protoyping). Lässt sich die Idee durch das Prototyping validieren, wird ein Minimum Viable Product (MVP) erstellt und breit am Markt getestet. Die Digitaleinheit begleitet diesen Weg entweder bis nach dem Prototyping oder bis das MVP marktfähig ist. Danach sollte die Neuheit in eine Ausgründung überführt werden. Diese Vorgehensweise bewahrt Sie davor, viel Geld in Ideen zu investieren, die am Markt nicht realisierbar sind. Nur wenn eine Idee am Markt, bei den Kunden positiv validiert werden kann, sollte diese weiterverfolgt werden.

5.1.1 Build – Measure – Learn

Start-ups validieren eine Idee zunächst über **Prototyping**. Das heißt, sie erstellen ein sogenanntes Mock-up des Angebots, das Sie Ihren Kunden mit dem neuen Geschäftsmodell anbieten möchten, und testen es an einer ausgewählten Kundengruppe bzw. einer bestimmten Anzahl von Kunden. Ein Mock-up ist noch nichts, das wirklich existiert. Im Prototyping gelten die Grundsätze »fail fast, fail often« und »fake it until you make it«. Wenn Sie zum Beispiel die Idee für eine App haben, können Sie diese von einem Designer auf einem Blatt Papier entwerfen lassen und damit zu ausgewählten Kunden oder auf die Straße gehen – je nachdem, in welchem Kundensegment Sie tätig sein wollen. Das Digitalteam zeigt die Zeichnung den Kunden. Sie werden dazu befragt, wie ihnen die App gefällt, ob sie gern darauf zugreifen würden und ob sie Verbesserungsvorschläge haben.

Mit einem Fake bzw. Mock-up kann man in kurzer Zeit herausfinden, ob sich die Zielgruppe nachweislich für das Produkt, den Service oder das Geschäftsmodell interessiert und ob sie bereit ist, dafür ihre Daten zu hinterlassen und/oder zu bezahlen. Prototyping bedeutet lediglich, eine Idee zu validieren, zu sehen, ob sich die Umsetzung lohnt oder nicht. Es versteht sich von selbst, dass Mock-up-Produkte, Fakes und Scribbles nicht sehr gut aussehen. Ein etabliertes Unternehmen würde sich dafür schämen oder könnte den Test wegen interner Regularien und Prozese gar nicht mit wenig Aufwand und schnell durchziehen. Ein von der Kernorganisation unabhängiges Digitalteam kann das. Es wird nicht an den gleichen Standards wie die etablierte Organisation gemessen. Ein Grund mehr, die Suche nach einem digitalen oder disruptiven Geschäftsmodell auszulagern.

> **Beispiel** !
>
> Sie produzieren und vertreiben Industriestaubsauger. Künftig möchten Sie Ihren Kunden Staubsauger zum Ausleihen über eine Plattform oder einen Onlineshop anbieten. Also kreieren Sie eine Website dafür. Diese Website muss aber nicht programmiert werden oder nur in einem sehr geringen Umfang. Im Grunde genommen reicht es, wenn Sie die Folien einer Powerpoint-Präsentation hintereinanderschalten. Man kann auch ohne aufwendige Programmierung eine Landing Page erstellen. Dafür gibt es geeignete Webbaukästen von verschiedenen Anbietern. Anschließend muss Aufmerksamkeit für das neue Angebot geschaffen werden, indem es online, in sozialen Netzwerken, eventuell auch analog oder über ein Callcenter beworben wird. Die Resonanz der ausgewählten Kundengruppe zeigt Ihnen, ob überhaupt ein Bedarf besteht, wie viel die Kunden bereit sind, dafür zu zahlen, was ihnen gefällt und was nicht. Außerdem verschafft Ihnen die Landing Page eine Menge Daten. Fällt das Angebot durch, können Sie es beerdigen, ohne viel Geld zu verlieren. Vielleicht muss das Digitalteam das Angebot auch nur ein bisschen verändern, damit es funktioniert. Danach wird es ein zweites Mal getestet. Es ist wichtig, sich immer am Kundenfeedback zu orientieren, denn nur so kann man eine Idee validieren und weiterentwickeln: build – measure – learn. Diese Endlosschleife kann man mehrmals wiederholen.

Jetzt fragen Sie sich vielleicht, was passiert, wenn tatsächlich jemand einen Staubsauger ausleihen möchte. Sie haben zwei Möglichkeiten:

5 Phase III: Disruptive Geschäftsmodellentwicklung

1. Sie stellen einige Staubsauger bereit und verleihen diese tatsächlich.
2. Sie teilen den Kunden offen mit, dass Sie an einem neuen Angebot arbeiten, und bieten ihnen für ihre Enttäuschung einen Ausgleich in Form eines Geschenks an, zum Beispiel einen Handstaubsauger oder einen Gutschein. Das Digitalteam wird prüfen, was geeignet ist.

Die meisten Kunden reagieren verständnisvoll und sind vielleicht sogar bereit, weitere Fragen zu dem neuen Angebot zu beantworten, oder lassen sich darauf ein, an weiteren Tests mitzuwirken. Auf diese Weise kann man sich sogar die Mitarbeit der sogenannten Early Adopters sichern, also derjenigen, die immer gern bei den ersten sind, die stets darauf aus sind, etwas Neues auszuprobieren. Sie fühlen sich geschätzt und sind stolz darauf, an einer Innovation mitzuwirken.

> **Beispiel – Fortsetzung**
>
> Sie haben das Angebot »Staubsauger zum Ausleihen« mit einer einfachen Website getestet. Sie haben festgestellt, dass viele Kunden auf die Website geklickt und meistens eine E-Mail-Adresse für weitere Informationen hinterlassen haben. Aber nur wenige haben tatsächlich einen Staubsauger zum Ausleihen bestellt. Eine Online-Befragung ergab, dass es zu viel Aufwand ist, jedes Mal, wenn man staubsaugen möchte, einen Staubsauger auszuleihen, und dass die Lieferzeit zu lang ist. Aber viele Kunden würden gern einen oder mehrere Staubsauger mit Service leasen, statt zu kaufen. Also muss das Angebot angepasst und noch einmal getestet und gegebenenfalls weiterentwickelt werden. Durch die Reaktionen der Kunden erhält das Team immer wieder wertvolle Erkenntnisse über deren Schmerzpunkte. Es kann so den Prototyp weiter verbessern.

Möglicherweise erweist sich die Idee auch als völlig wertlos und der Test zeigt, dass man den Prototypen einstampfen kann, weil kein potenzieller bzw. angestrebter Nutzer bereit ist, für das Angebot zu bezahlen. Bei einem solchen Ergebnis sollten Sie die Idee schnellstens begraben. Das Austesten dient insofern der Risikominderung.

Übrigens dauert die Prototyping- und Testphase meistens nicht viel länger als drei bis vier Monate.

5.1.2 Pitch vor der Geschäftsführung

Erst wenn sich eine Idee in dieser ersten Stufe beim Kunden als tragfähig erwiesen hat und Potenzial zeigt, eröffnen Sie einen testgestützten Business Case dafür. Die

5.1 Go Start-up!

Digitaleinheit muss jetzt die Frage beantworten, ob sich die Umsetzung der Idee, des Projekts lohnt und die Investition wirtschaftlich ist. Sie muss also wissen, ob die Idee auf echtes Kundeninteresse trifft und ob es sinnvoll ist, ein **Minimum Viable Product (MVP)** zu entwickeln und auf den Markt zu bringen. Die Testergebnisse aller Prototypen müssen bewertet werden, am besten in einer Matrix. Als hilfreich erweisen sich dabei Kriterien wie Nutzerinteresse, Umsatzpotenzial, Aufwand, Komplexität etc. Die Geschäftsführung wird relevante Kennzahlen erwarten. Das Team sollte jetzt auch wissen, was es ungefähr kosten wird, das MVP zu entwickeln und auf den Markt zu bringen. An dieser Stelle ist es für das Team und für die Geschäftsführung sinnvoll, das Innovationsprojekt in einer Business Model Canvas darzustellen. Kompakt und verständlich gibt die BMC einen schnellen Überblick und verschafft Klarheit. Der Business Case dient der Geschäftsführung als Entscheidungsgrundlage, ob und welches Projekt weitergeführt werden und in ein Vorprodukt, das MVP, münden soll.

Nehmen wir an, das Prototyping hat gezeigt, dass das Produkt, die Dienstleistung, das Geschäftsmodell die tatsächlichen Probleme und Ineffizienzen beim Kunden löst. Die Geschäftsführung kann jetzt den Business Case unter anderem nach folgenden Kriterien bewerten und entsprechend entscheiden:
- Strategic Fit
- Investitionsansprüche
- Erfolgspotenzial
- Kosteneffizienz
- Differenzierungsvorteil
- Machbarkeit
- Skalierbarkeit
- Verlässlichkeit der Zahlungseingänge

Vergeben Sie für jedes Kriterium eine Schulnote.

Entscheidet sich die Geschäftsführung/der Vorstand/die Leitung digitale Innovation dafür, die Sache weiterzuführen, ist jetzt der früheste Zeitpunkt für eine Ausgründung, für ein Spin-off aus dem Digitalteam heraus. Manchmal übernehmen Teammitglieder oder Teams aus Hub oder Lab die Ausgründung, manchmal geht nur eine Person mit und sucht sich für die Ausgründung ein neues Team. Auch das wird wieder von der individuellen Situation abhängig sein.

5 Phase III: Disruptive Geschäftsmodellentwicklung

5.1.3 Mit dem MVP an den Markt

Das MVP ist noch längst kein perfektes Produkt, Leistungsangebot oder Geschäftsmodell und nicht zu 100 Prozent ausgereift. Aber es ist ein »echtes« Angebot, kein Mock-up mehr. Es kann am Markt und nicht nur an einigen wenigen Kunden getestet werden, also in der Breite. Die Daten, die Sie dadurch gewinnen, helfen Ihnen, das Angebot weiter zu verbessern und Ihr Geschäftsmodell zu verfeinern und anzupassen.

Ein MVP wird in der Regel in wenigen Wochen entwickelt und etwa drei Monate oder länger am Markt getestet. Dabei spielen die Marketing- und Salesfachleute eine entscheidende Rolle, denn der Erfolg des MVP hängt von der Auswahl der richtigen Kundengruppen (siehe dazu Kapitel 3.2) und deren professioneller Betreuung ab. Während der Testphase des MVP geht es um Fragen wie:

- Wie gut passt das Produkt/Geschäftsmodell in den Markt?
- Löst es tatsächlich die Schmerzpunkte der Kunden?
- Bleibt der Kunde dabei oder springt er wieder ab?
- Welche Daten hinterlässt er?
- Wie kann das Produkt, die Dienstleistung oder die digitale und/oder disruptive Geschäftsmodellidee optimiert werden?

Auch in dieser Phase wird iterativ nach dem Prinzip »build – measure – learn« aufgrund des Kundenfeedbacks verfahren. Die Wirkung jeder Veränderung bzw. Verbesserung wird an den entsprechenden Kennzahlen gemessen wie Klicks, Käufen, Anfragen, Absprungraten oder Verweildauer.

Das MVP braucht nicht perfekt zu sein, aber es muss eine echte Lösung sein. In unserem Beispiel müssen die Staubsauger zum Leasen jetzt wirklich verfügbar sein. Die Website wird programmiert. Der Bestell- und der Bezahlprozess müssen online reibungslos laufen. Gleichzeitig wird das Angebot entsprechend dem Kundenfeedback weiter verbessert.

Im Falle einer App muss diese jetzt adäquat programmiert und verfügbar sein. Allerdings braucht sie noch nicht alle denkbaren Funktionen zu beinhalten, sondern nur die Kernfunktionen, aber die sollten problemlos laufen. Viele Apps scheitern, weil sie von Anfang an viel zu viele Features anbieten, die die Anwender weder wünschen noch nutzen. Das erfordert viel Programmierarbeit und ist unnötig, wenn der Kunde die tollen Features überhaupt nicht braucht. Die frühzeitige Berücksichtigung des Kundenfeedbacks bewahrt vor solchen Irrtümern.

Mit dem MVP können Sie Markterfahrung und Daten in größerem Umfang sammeln. Es ist sinnvoll, einen nicht zu lange dauernden Zyklus zu etablieren, der regelmäßige Feedbackschleifen und Überarbeitungen des MVP beinhaltet. Die Erkenntnisse aus diesen Schleifen sind anschließend umzusetzen und die neuen Releases mit den Kunden weiter zu testen. So wird sich nach und nach der geforderte Funktionsumfang herauskristallisieren. Auf diese Weise erhalten Sie sukzessive ein fortlaufend am Kundennutzen optimiertes Produkt bzw. Geschäftsmodell.

Auch in dieser Phase gilt: besser eine Ende mit Schrecken als ein Schrecken ohne Ende. Wenn das MVP keinen Erfolg am Markt hat, gilt es auszusteigen. Allerdings sollte man vor einem Abbruch des Projekts das Kundenfeedback sorgfältig analysieren. Möglicherweise hatte man die falsche Zielgruppe oder nicht das passende Preismodell oder die Kundenprobleme wurden nicht richtig erkannt. Eventuell ist es noch zu früh für diese Idee, denn eine erfolgreiche Innovation muss auch zum richtigen Zeitpunkt auf den Markt kommen. Je nach Ergebnis der Analyse lässt sich das Projekt vielleicht noch retten. Ein sehr gutes Beispiel hierfür ist YouTube. Kaum jemand kann sich noch daran erinnern, dass das Unternehmen 2005 als Video-Dating-Plattform gegründet wurde. Die User wollten jedoch keine Partner finden, sondern lieber witzige Videos hochladen. Als die Gründer das erkannten, änderten sie ihr Geschäftsmodell.

5.1.4 Businessplan – es wird ernst

Sobald kein Zweifel mehr daran besteht, dass das MVP die Schmerzpunkte der Kunden beseitigt, ist der Zeitpunkt gekommen, an dem Perfektion gefragt ist und man nicht mehr scheitern darf. Jetzt brauchen Sie einen klassischen Businessplan, der zeigt, wie genau die Ausgründung wirtschaftlich erfolgreich werden will. Der Businessplan basiert auf dem Geschäftsmodell. Im Businessplan wird beschrieben, wie die Geschäftsidee umgesetzt werden, die Zukunft des Unternehmens inklusive Vision und Mission aussehen soll. Er muss Informationen zu Zielen, Zielgruppen, Konkurrenzbetrachtung, Produkt-/Leistungspalette, Umsatzprognosen etc. enthalten – Sie kennen das.

Die Geschäftsführung muss auf dieser Grundlage nicht nur entscheiden, ob das Projekt als digitales und möglicherweise disruptives Geschäftsmodell tatsächlich umgesetzt wird, sondern auch – sofern sie es nicht längst getan hat –, ob dafür ein Start-up gegründet oder die Umsetzung der Kernorganisation überlassen wird. Denn spätestens zu diesem Zeitpunkt muss sich die Digitaleinheit oder das Team aus dem Lab/Hub zurückziehen und das Projekt abgeben. In kleineren Unternehmen, die nur ein Projekt verfolgen, wird möglicherweise das Digitalteam auch das Team für eine Ausgründung. Doch die eigentliche Aufgabe eines Digitalteams ist die fortwährende Suche nach neuen Ideen und deren erste Validierung.

Wenn die Umsetzung in der Kernorganisation erfolgen soll, ist spätestens jetzt der Zeitpunkt, das Projekt in die gesamte Organisation zu tragen – mit allen Konsequenzen für die Organisation und die Unternehmenskultur.

Die Erfahrung zeigt jedoch, dass die Gründung eines Start-ups außerhalb des Unternehmens umso sinnvoller ist, je digitaler und/oder disruptiver das Geschäftsmodell oder die Lösung und je geringer die digitale Reife der Organisation ist. Auch eine Ausgründung agiert unabhängig, mit eigenen Leuten sowie einer eigenen Organisationsstruktur und eigenen Regeln. Nur so kann Agilität erhalten werden. Bei Geschäftsmodellveränderungen ist die Rückführung in die Organisation eher machbar als bei völlig neuen, disruptiven.

5.1.5 Finanzierung disruptiver Geschäftsmodelle

Die Mutterorganisation sollte sich außerdem, sofern ein Start-up gegründet wird, ernsthafte Gedanken über die Finanzierung machen. Familienunternehmer tendieren in der Regel dazu, ein Spin-off oder Start-up als hundertprozentige Tochtergesellschaft zu gründen. Das macht das junge Unternehmen uninteressant für Investoren und beschränkt die Ressourcen für weiteres Wachstum. Investoren können auch das finanzielle Risiko für das Familienunternehmen mindern. Die Möglichkeit, mit einem digitalen oder disruptiven Geschäftsmodell das Familienunternehmen in seinem Bestand zu gefährden, kann mit einer Investorenbeteiligung erheblich reduziert werden.

»Die Finanzierung radikaler Ideen ist meistens sehr kapitalintensiv. Das steht den ursprünglichen Zielen des Familienunternehmens, also des Kontrollerhalts und des möglichst 100-prozentigen Eigenkapitals, entgegen. Doch es gibt mittlerweile Unternehmerinnen und Unternehmer, die bezüglich der Finanzierung und dem Umgang mit Risiken einen Unterschied zwischen dem Kernunternehmen und dem digitalen Start-up machen«, sagt Prof. Dr. Kammerlander. »Das Kernunternehmen nimmt keine oder möglichst geringe Darlehen bei der Bank, lässt keine anderen Eigenkapitalgeber zu, nur die Familie. Anders sieht es bei den digitalen Initiativen aus. Immer mehr Unternehmer, die Richtung Digitalisierung gehen, stellen fest, dass es auch für die Reputation am Start-up-Markt absolut von Vorteil ist, wenn es da ein, zwei gute Unternehmen wie sie gibt, die mit dabei sind. Anders als beim Familienunternehmen wird bei Start-ups Fremdfinanzierung nicht als Verlust von Kontrolle gesehen, sondern als legitim und sogar der Reputation förderlich. Das heißt, Familienunternehmerinnen und -unternehmer agieren im Bereich Start-up Ventures, was die Finanzierung betrifft, ganz anders als im eigenen Unternehmen. Das Familienunternehmen bleibt klassisch finanziert, was das finanzielle Risiko minimiert. Auf der anderen Seite hat die GmbH bzw. das Start-up, das die Digitalisierung vorantreibt, mehrere Venture-Capital-Geber. Durch die Aufspaltung in zwei unabhängig voneinander agierende Gesellschaften minimiert die Unternehmerfamilie natürlich auch das Risiko, dass sich das Scheitern der digitalen Aktivität negativ auf die finanzielle Stabilität im Familienunternehmen auswirkt.«

5.1.6 Exkurs: Dunkle Wolken am Finanzierungshimmel

Die Finanzierungsfrage wird mittel- bis langfristig nicht nur neue Produkte, Services und Geschäftsmodelle betreffen, sondern jedes Familienunternehmen. Abgesehen davon, dass nicht nur die digitale Transformation zu finanzieren ist, sondern auch die ökologische Transformation, ziehen am Finanzierungshimmel dunkle Wolken auf.

Nach wie vor ist für deutsche Familienunternehmen neben den Eigenmitteln der Bankkredit der bei Weitem meistgenutzte Zugang zu Fremdmitteln. Der Kapitalmarkt spielt in Deutschland eine völlig untergeordnete Rolle. Doch die Zeit der billigen Kredite ist so gut wie vorbei. Zum einen werden Banken durch die bereits im EU-Recht verankerte »Taxonomie« ab 2025 zu Gatekeepern der »Sustainable Finance«, der nachhaltigen Finanzierung. Dies wird dazu führen, dass Banken Kreditanfragen von wirtschaftlich gesunden, aber klimaschädlichen Unternehmen ablehnen werden. Zum anderen tritt schon ab 2023 das Regelwerk »Basel IV« in Kraft, das die Kreditversorgung kleinerer und mittelgroßer Unternehmen erheblich einschränken wird. Seit Januar 2021 fordert der Gesetzgeber darüber hinaus mit dem »Gesetz über den Stabilisierungs- und Restrukturierungsrahmen für Unternehmen« (StaRUG) auch von Familienunternehmen leistungsfähige Krisen- und Risikofrüherkennungssysteme, die es vielfach noch nicht gibt. Ohne entsprechendes Rating wird für zahlreiche Familienunternehmen die Finanzierung eng und sie werden den Kapitalmarkt benötigen. Damit bekommt unsere so oft vorgetragene These vom kapitalmarktfähigen Familienunternehmen als bester aller Unternehmensformen noch mehr Nachdruck und Gewicht. Kapitalmarktfähige Familienunternehmen verbinden das Beste aus zwei Welten miteinander: das langfristige Denken in Generationen, das Streben nach langfristiger Unabhängigkeit, die gesellschaftliche Verantwortung, die Werte gut geführter Familienunternehmen mit den Anforderungen des Kapitalmarkts. Dazu gehören unter anderem eine höhere Transparenz, professionelle Reportings, Ratings, Risikomanagement und Investor Relations. Solche Unternehmen haben tragfähige Strategien, finanzielle Stabilität und ausgeprägte Fähigkeiten im Umgang mit den Chancen und Risiken, die mit jeder unternehmerischen Tätigkeit verbunden sind.

! **Exkurs: Risikomanagement**

Seien Sie sich bewusst, dass digitale und disruptive Geschäftsmodelle Risiken bergen, sowohl Reputations- als auch finanzielle Risiken. Mit den zuletzt im Jahr 2021 erweiterten gesetzlichen Mindestanforderungen des Risikomanagements (StaRUG) sind nun auch alle haftungsbeschränkten mittelständischen Familienunternehmen verpflichtet, ein Krisen- und Risikofrüherkennungssystem zu implementieren. Eine Analyse der strategischen Risiken ist eine notwendige Voraussetzung für ein gesetzeskonformes und ökonomischen Mehrwert schaffendes Risikomanagement. Disruptive Geschäftsmodelle stellen in diesem Zusammenhang ein strategisches Risiko dar. Das Risikomanagement hinsichtlich der digitalen Innovation sollte die Kernorganisation und eventuelle Spin-offs davor schützen, zu hohe Risiken einzugehen oder gesetzliche Auflagen zu verletzen. Allerdings sollte Risikomanagement in diesem Rahmen die Digitaleinheit und Ausgründungen auch dazu befähigen, experimentell vorzugehen, ohne die Kernorganisation einem Risiko auszusetzen.

Die Finanzierung wird im kommenden Jahrzehnt entweder zu einem entscheidenden Wettbewerbsvorteil oder zum entscheidenden Wettbewerbsnachteil. Für viele Familienunternehmen deutet sich hier ein Paradigmenwechsel an: Neben dem traditionellen, sehr positiven wertebasierten Konzept kommt das Modell der wertorientierten Unternehmensführung zum Tragen. Genau jetzt ist der richtige Zeitpunkt, das Konzept der wertorientierten Unternehmensführung einzuführen. Es soll und muss schon jetzt implementiert werden, um das Unternehmen auf die sich verändernden Rahmenbedingungen am Kapitalmarkt vorzubereiten.

5.2 Ist Scheitern keine Option?

In der Begleitung von Familienunternehmen haben wir immer wieder festgestellt, dass ein deutsches Produkt erst mit einer hundertprozentigen Reife am Markt eingeführt wird. Dafür ist der deutsche Mittelstand bekannt und er ist auch zu Recht stolz darauf. Bei physischen Produkten ist dieser Wunsch nach Perfektion absolut nachvollziehbar.

Doch Produkte, Dienstleistungen und Geschäftsmodelle insbesondere in der digitalen Welt sind anders. Sie unterliegen viel schnelleren Veränderungen, sind nie zu hundert Prozent ausgereift und final. Abgesehen davon können physische Güter wie Maschinen und elektrische Geräte Menschen verletzen. Niemand möchte eine Bohrmaschine mit einem defekten Kabel. Ein digitales Preisvergleichsportal kann vielleicht falsche Zahlen ausspucken, aber niemanden physisch verletzen. Wenn Sie online einen Flug buchen, kann es sein, dass die Buchung gar nicht ausgeführt wird oder Sie mehr bezahlen als ein anderer. Aber wenn im Flugzeug etwas nicht richtig funktioniert, stürzt das Flugzeug möglicherweise ab. Fehler sind also in der physischen Produktwelt keine Option, in der digitalen schon.

>*»Scheitern ist eine Option. Wenn gewisse Dinge nicht scheitern,*
>*bist du nicht innovativ genug.«*
>Elon Musk

5.2.1 Spielfeld für die Nachfolger

Wir können uns sehr gut vorstellen, dass sich mancher Unternehmerin und manchem Unternehmer bei den Worten »Prototyping«, »MVP«, »Testen« und Sätzen wie »fail fast, fail often« die Haare sträuben. Daher rührt unter anderem unsere Empfehlung, ein Digitalteam außerhalb des Kernunternehmens für Ideengenerierung, Prototyping und erste Marktprobung zu etablieren und später Spin-offs bzw. Start-ups zu gründen, sobald das digitale oder disruptive Geschäftsmodell Marktreife erreicht hat.

Das hat neben den bereits genannten noch zwei Vorteile. Erstens kann der Kernorganisation selbst kein Reputationsschaden entstehen. Zweitens ist es für die Nachfolgergeneration eine perfekte Möglichkeit, eigene Themen anzugehen und somit in

5 Phase III: Disruptive Geschäftsmodellentwicklung

der Unternehmenswelt Fuß zu fassen. Ein Start-up, das getrennt vom Unternehmen agiert, hat viel mehr Handlungsspielraum und falls es scheitert, fällt das nicht auf die Kernorganisation zurück. Wenn es erfolgreich ist, kann sich die Muttergesellschaft in seinem Glanz sonnen oder es sogar in die eigene Organisation zurückholen.

Ein Start-up, ein schnelles, unabhängiges Beiboot, bietet für die Nachfolgerinnen und Nachfolger in Familienunternehmen eine hervorragende Chance, ihren eigenen Vorstellungen zu folgen. Die Nachfolgergenerationen sind heute meistens Digital Natives. Aufgrund ihrer eigenen Erfahrung wissen sie besser als ihre Eltern, was künftige Kundengenerationen erwarten. Viele von ihnen haben bereits bevor sie ins elterliche Unternehmen eintreten erste Erfahrungen in einem Start-up, in anderen Ländern oder Branchen gesammelt. Das gestattet ihnen den so dringend benötigten offenen Blick von außen auf das Unternehmen und sein Geschäftsmodell. Insofern können sie die idealen Kandidaten für ein solches Venture sein.

! **Beispiel**

»Wir hatten an unserer Universität ein Projekt zum Thema Onlineverkauf in einer sehr speziellen Branche, die Onlinehandel derzeit kaum ermöglicht. Stand heute wird in dieser Branche aufgrund von Regularien alles noch im physischen Geschäft vor Ort verkauft, aber keiner weiß, ob das in zehn Jahren noch genauso sein wird. Als traditionsreiches Familienunternehmen, das auch noch in 20 Jahren am Markt sein will, muss man sich also auf das Thema Onlinehandel vorbereiten. Eine Unternehmerfamilie hat das sehr schlau gelöst«, erzählt Prof. Dr. Kammerlander. »Der Sohn gründete nach seinem Studium ein eigenes Unternehmen, einen Onlinehandel. Wegen der bekannten Schwierigkeiten in Deutschland etablierte er das Unternehmen zunächst in anderen Teilen Europas. Auf diese Weise sammelte er großes Wissen und Erfahrung. Wenn es funktioniert und sobald sich in Deutschland die Bedingungen ändern, kann die Unternehmerfamilie das Onlinegeschäft als Erfolgsbeispiel ins Unternehmen integrieren. Vermutlich wird man sagen, dass der Sohn das so wunderbar vorangetrieben und erfolgreich geführt habe. Das Risiko, eine neue Technologie zu verschlafen, wurde somit minimiert.
Sollte es nicht funktionieren, kann man es einfach unter den Tisch fallen lassen und nicht mehr darüber sprechen. Im Lebenslauf des Sohnes heißt es dann nur, er habe in Start-ups gearbeitet. Die Familie kann steuern, ob und wie sie die Verbindung von Unternehmen und Start-up kommunizieren möchte. Damit ist der mögliche Reputationsschaden für das traditionelle Familienunternehmen und die Familie auch im Falle des Scheiterns des Start-ups minimiert.«

Prof. Dr. Kammerlander weist jedoch daraufhin, dass es sehr stark vom Verhalten bzw. von der Unterstützung der älteren Generation abhängt, wie gut die junge Generation das digitale Projekt durchführen kann: »Wenn die ältere Generation sagt: ›Passt auf, Leute. Digitalisierung ist wichtig, aber es ist nicht mehr Sache meiner Generation. Ich lasse die Digitalisierung meine Tochter, meinen Sohn durchführen. Unterstützt sie bitte. Ich unterstütze sie auch, indem ich das Budget und die notwendigen Ressourcen dafür zur Verfügung stelle‹, ist das eine sehr kraftvolle Unterstützung«, sagt die Wissenschaftlerin und fährt fort: »Die ältere Generation betont durch dieses Statement die Notwendigkeit der Veränderung und zeigt ihr Vertrauen in die nachfolgende Generation. Auch ältere Mitarbeitende, die der Digitalisierung eher zögerlich gegenüberstehen, können durch eine solche Unterstützung vielleicht besser überzeugt werden. Die Rolle der älteren Generation als Unterstützer sollte also nicht unterschätzt werden.«

5.2.2 Scheitern ist normal

Wenn es um digitale und vor allem disruptive Innovation geht, ist Scheitern völlig normal, sozusagen an der Tagesordnung. Osterwalder und seine Mitautoren haben in ihrem Buch »The Invincible Company« eine ganze Seite mit Geschäftsmodellen gefüllt, die Amazon seit 2001 getestet und verworfen hat. Dazu wird Jeff Bezos zitiert: »The big winners pay for thousands of failed experiments.« Bezos sagt außerdem: »Failure and invention are inseparable twins.« Wir möchten Ihnen diese beiden Sätze ans Herz legen, denn Sie werden mit Sicherheit viele Ideen begraben müssen, die anfangs wunderbar zu sein schienen. Die wichtigsten Gründe dafür sind:

- Die angestrebten Kunden sind nicht interessiert.
- Es zeigt sich, dass sich mit der Lösung oder dem Geschäftsmodell kurz-, mittel- und langfristig nicht genug Geld verdienen lässt.
- Das angestrebte Geschäft lässt sich nicht verwirklichen, weil der Zugang zu den notwendigen Ressourcen fehlt. Es kann zum Beispiel sein, dass die Technologie noch nicht weit genug fortgeschritten ist oder der Zugang zu Rohstoffen nicht möglich ist.
- Das Angebot oder das Geschäftsmodell lässt sich nicht mit den Umgebungsbedingungen vereinbaren, zum Beispiel mit Gesetzen, regulatorischen Vorgaben, sozialen Gegebenheiten.

Deshalb ist es sinnvoll, anfangs nicht nur eine Idee zu verfolgen, sondern mehrere, um dann diejenigen weiterzuverfolgen, die nach dem Testen tatsächlich Erfolg versprechen. Und auch das ist keine Garantie. Scheitern kann ein sorgfältig getestetes

5 Phase III: Disruptive Geschäftsmodellentwicklung

Geschäftsmodell auch noch, wenn Sie dafür bereits ein Start-up gegründet haben. Seien Sie sich bewusst, dass man nicht in *das* richtige Geschäftsmodell investieren kann, ohne in nicht funktionierende/scheiternde Geschäftsmodelle zu investieren. Lassen Sie sich nicht entmutigen, wenn sich etwas als schlechter entpuppt, als Sie erwartet haben. Setzen Sie nicht auf eine Idee bzw. ein neues Geschäftsmodell, sondern testen Sie immer mehrere Optionen. Man sollte mit der Ideengenerierung nie aufhören.

»Embrace Failure to let winners emerge.«
Alexander Osterwalder auf Twitter

Quick Check

- In der disruptiven Geschäftsmodell-Entwicklung arbeitet das Digitalteam/Lab/Hub mit agilen Methoden wie Lean Startup. Das heißt, dass immer im Einklang mit dem Kundenfeedback entwickelt wird.
- Zuerst wird in einem begrenzten Kundenkreis ein Produkt, eine Dienstleistung oder ein Geschäftsmodell getestet, das es noch gar nicht wirklich gibt. Im Rahmen des Prototyping gelten die Grundsätze »fail fast, fail often« und »fake it until you make it«.
- Prototyping bedeutet lediglich, eine Idee zu validieren, zu prüfen, ob sich die Umsetzung lohnt oder nicht.
- Erst wenn sich eine Idee in der Prototyping-Phase als tragfähig erwiesen hat, wird sie in einem testgestützten Business Case der Geschäftsführung vorgestellt.
- Der Business Case dient der Geschäftsführung als Entscheidungsgrundlage, ob und welches Projekt weitergeführt werden und in ein Vorprodukt, das Minimum Viable Product (MVP), münden soll.
- Das MVP ist keine zu 100 Prozent ausgereifte Lösung, aber es ist ein »echtes« Angebot und kann am Markt in der Breite getestet werden.
- Mit dem MVP können Sie Markterfahrung und Daten in größerem Umfang sammeln.
- Sobald kein Zweifel mehr daran besteht, dass das MVP die Schmerzpunkte der Kunden beseitigt, ist der Zeitpunkt gekommen, an dem man einen klassischen Businessplan braucht.
- Frühestens nach der Prototyping-Phase, spätestens nachdem das MVP am Markt validiert wurde, ist eine Ausgründung empfehlenswert.
- Wenn Sie für die disruptive Geschäftsmodellentwicklung ein Start-up gründen, das getrennt vom Unternehmen agiert, hat es mehr Handlungsspielraum und falls es scheitert, fällt es nicht auf die Kernorganisation zurück.

5.2 Ist Scheitern keine Option?

- Durch ein unabhängiges Start-up vermeidet man Reputationsschäden für das Familienunternehmen und bietet der Nachfolgergeneration ein Testfeld für ihre eigene unternehmerische Tätigkeit.
- Ein Start-up ist interessant für Investoren, die das finanzielle Risiko für das Familienunternehmen mindern können.
- Setzen Sie niemals nur auf eine Idee. Die Ideengenerierung ist ein fortlaufender Prozess.

Alle Welten verbinden – Interview mit Alexander Fackelmann

Alexander Fackelmann ist in dritter Generation Eigentümer des 1919 gegründeten Hersbrucker Familienunternehmens Fackelmann. Das Unternehmen produziert und verkauft Badmöbel, Küchenhelfer, Backformen, Töpfe und Pfannen. Zum Portfolio zählen neben Fackelmann renommierte Marken wie Nirosta, Stanley Rogers, Zenker und Dr. Oetker. Gemeinsam mit den Internet-Marken Tasty und Chefkoch hat Fackelmann spezielle Produktlinien auf den Markt gebracht. Beide werden online, über Handelspartner und in der Fackelmann-Welt vertrieben, Tasty über Kaufland, »CHEFKOCH trifft Fackelmann« über Rewe, XXXLutz, Galeria und KikaLeiner. Das Unternehmen beschäftigt weltweit rund 2.500 Mitarbeitende. Im Corona-Jahr 2020 konnte das Unternehmen seinen Umsatz auf 445 Millionen Euro (von 395 Millionen Euro 2019) steigern. 2021 werden 500 Millionen Euro Umsatz erwartet.

2019 wurde die Fackelmann-Welt eröffnet. Auf zwei Stockwerken und über 1.900 Quadratmetern können Besucher alle Fackelmann-Produkte kaufen. In der professionell ausgestatteten Küche finden regelmäßig Kochkurse, Backvorführungen und Workshops statt. Das Unternehmen investiert gleichzeitig massiv in Onlineshops, Communitys und Social Media.

Das Unternehmen hat seine Zentrale in Hersbruck und auch andere Standorte klimaneutral ausgerichtet. Mit Fotovoltaikanlagen wird der eigene Strom produziert. Bei den Produktneuheiten werden bereits jetzt nachwachsende Rohstoffe, Beschichtungen mit Wachs und recyceltes Alu statt Plastik eingesetzt. Bis 2025 soll ein großer Teil der Produkte und Verpackungen auf nachhaltige Materialien umgestellt werden.

5 Phase III: Disruptive Geschäftsmodellentwicklung

Herr Fackelmann, Sie verkaufen Badmöbel, Küchenhelfer und Backformen. Das ist auf den ersten Blick ein sehr traditionelles Geschäftsmodell. Der Handel ist Ihr Vertriebspartner Nummer eins. Wo ist das innovative Element?

Artikel bis zehn Euro werden kaum im Internet verkauft, sondern im Handel. Der Absatzkanal spielt für uns keine Rolle. Wir verkaufen über alle Kanäle. Das Internet und Social Media sind aber enorm wichtig, um sicherzustellen, dass unsere Innovationen und Produktneuheiten auch das sind, was der Kunde wünscht und braucht. Bei der Entwicklung der Produktlinie mit Chefkoch zum Beispiel haben die User getestet, Feedback gegeben und mitentwickelt.

Über verschiedene Tools können wir sehen, wo welche Produkte am meisten verkauft werden, wie sie von den Kunden bewertet werden, womit sie zufrieden sind, was sie kritisieren, was ihnen fehlt und wo wir im Vergleich zum Wettbewerb stehen. Durch unsere Online- und Social-Media-Präsenz lernen wir unsere Kunden und potenziellen Kunden immer besser kennen. Künstliche Intelligenz hilft uns bei der Auswertung der Daten, die wir gewinnen. An diesen Erkenntnissen richten wir unsere Produktpolitik aus. Das führt zu Produktverbesserungen und -neuheiten, die unsere Kunden haben möchten.

Sie haben mit der Fackelmann-Welt einen Treffpunkt für Ihre Kunden in der Offlinewelt geschaffen, gleichzeitig investieren Sie in Onlineshops, Communitys und Social Media. Welche Strategie verfolgen Sie damit?

Wir verfolgen schon seit Jahren eine Omnichannel-Strategie. Sie bringt uns, unseren Partnern im Einzelhandel und im Social-Media-Bereich Vorteile. Wir haben viel in Content, in Fotos und Videos investiert, die wir unseren Partnern für deren Onlineshops zur Verfügung stellen. Die Teilnehmer der Veranstaltungen in der Fackelmann-Welt machen Fotos von ihren Koch- und Backergebnissen und laden sie in ihre Profile hoch. Das ist authentisch und weckt Interesse für unsere Produkte. Tasty ist die größte Food-Community der Welt und der größte Content-Produzent auf Facebook. Wenn die Mitglieder dieser Community mit Produkten der Tasty-Linie kochen, dabei fotografieren und das in ihre Community hochladen, werden viele Leute diese Produkte bei Kaufland kaufen. Das Gleiche gilt für die Partnerschaft mit Chefkoch und Rewe. Die Verpackungen dieser Küchenhelfer sind sogar mit QR-Codes ausgestattet, die direkt zu den passenden Chefkoch-Rezepten führen. Social Media sind insofern der größte Disruptor. Es ist ein Kreislauf, in dem Kunden Werbung für Kunden machen. Social Media verbindet die Welten und führt zu einem ständigen Austausch zwischen Online und Offline. Kunden finden aus Online zurück in Offline und umgekehrt.

Woher kommt die notwendige digitale Kompetenz?

Wir haben digitale Kompetenz in Vertrieb, Marketing und IT. Daneben gibt es eine unabhängige Digitalabteilung mit über 30 Mitarbeiterinnen und Mitarbeitern, die meisten von ihnen zwischen 18 und 30 Jahre alt. Sie sind keiner der klassischen Abteilungen zugeordnet und arbeiten in einem separaten Gebäude, etwa 500 Meter entfernt von unserem Hauptgebäude. Man könnte die Digitalabteilung auch als Inkubator für neue Ideen bezeichnen.

Hersbruck ist nicht gerade der Nabel der Welt. Wie haben Sie es geschafft, so viele junge Menschen ins Fränkische zu locken?

Man muss nicht unbedingt nach Berlin gehen, um intelligente und kreative Menschen zu finden. Die gibt es auch in Bayern und bei uns in Franken. Gute Schulen und Universitäten sind ebenfalls vorhanden. Wir sprechen hier von jungen Menschen um die 20, die mit dem Internet aufgewachsen sind, die Social Media im Blut haben. Wir bieten ihnen ein duales Studium und viel Freiheit sowie eine Arbeitsumgebung, in der sie sich wohl fühlen und etwas erreichen können. Nürnberg ist nur eine 15-minütige Zugfahrt entfernt.

Wie wirkt es sich auf die Unternehmenskultur aus, wenn Sie Anpassungen am Geschäftsmodell vornehmen?

Die Mitarbeiterinnen und Mitarbeiter sind stolz auf das, was wir tun. Sie freuen sich, dass es vorwärts geht. Sie sehen der Zukunft nicht mit Angst entgegen, sondern versprechen sich etwas Gutes davon. Sie setzen Vertrauen in das Unternehmen und seine Führung. Das wirkt gegenseitig. Die Leute sehen, dass ihnen die Digitalisierung Vorteile bringt.

5 Phase III: Disruptive Geschäftsmodellentwicklung

Was ist der entscheidende Unterschied zwischen Fackelmann und seinen Wettbewerbern?

Fackelmann hat schon immer versucht, nicht einzelne Produkte zu verkaufen, sondern Systeme, also Lösungen. Auf der Fläche generieren wir mit unseren Kunden mehr Ertrag. Unsere Handelskunden delegieren an uns, was wir wann und wie viel davon auf der Fläche anbieten. Wir machen Renner-Penner-Analysen und können so ein optimales Angebot auf der Fläche bringen.

Welchen Tipp können Sie Unternehmern geben, die sich an Geschäftsmodellveränderungen wagen?

Der Kunde und die Mitarbeiter müssen im Mittelpunkt des Handelns stehen. Und das darf man nicht nur sagen, sondern muss es tatsächlich leben. Wenn Mitarbeiter und Kunden erleben, dass stimmt, was man sagt, dass Versprechen erfüllbar sind, entsteht ein langfristiges Vertrauensverhältnis.

6 Phase IV: Geschäftsmodell-Implementierung

Sobald Sie das neue Angebot oder das Geschäftsmodell realisieren wollen, sei es in einer Ausgründung oder im Unternehmen, werden zwei Dinge wichtig: Sie müssen zum einen dafür sorgen, dass es wirklich implementiert/umgesetzt wird. Zum anderen müssen Sie den Fortschritt der Umsetzung messen können. Die meisten Strategien und neuen Geschäftsmodelle scheitern an der Umsetzung. Gründe dafür gibt es genug. Gehen wir davon aus, dass sich die Führungsmannschaft einig ist, uneingeschränkt hinter dem Projekt steht, gibt es eigentlich nur fünf Gründe, weshalb die Umsetzung scheitern kann:

1. Fehlendes Verständnis und mangelnde Akzeptanz der Mitarbeitenden. Gründe dafür sind meistens eine unzureichende Kommunikation und unklare Ziele.
2. Das Personal kann den neuen Anforderungen nicht gerecht werden. Kompetenzen fehlen ebenso wie Motivation. Die Anreizsysteme wurden nicht angepasst.
3. Die Mitarbeitenden haben kein eindeutiges Verständnis ihrer Aufgaben und wissen nicht, welche Art der Zusammenarbeit gefordert ist. Die Organisationsstruktur bleibt unklar.
4. Die entscheidenden Werttreibergrößen wurden nicht klar herausgearbeitet und werden nicht standardisiert ermittelt, systematisch überwacht und gesteuert.
5. Verantwortung wurde nicht eindeutig delegiert und das überlagernde Tagesgeschäft steht in Konkurrenz zu neuen Aufgaben.

Wir möchten an dieser Stelle klarstellen, dass nicht jedes digitale oder disruptive Geschäftsmodell direkt oder in der Zukunft in die Kernorganisation gegeben werden kann. Am besten sind die Voraussetzungen für eine direkte Integration bei Geschäftsmodellveränderungen, wenn zum Beispiel das Produkt digitalisiert wurde wie beim Briefkastenhersteller Renz. Es werden immer noch Briefkästen hergestellt, die aber im Gegensatz zu früher kein rein mechanisches Produkt mehr sind, sondern jede Menge Elektronik enthalten. Die Produktion kann also mit zusätzlichen Kompetenzen der Mitarbeitenden weiterlaufen. Auch die Firma Fackelmann konnte das veränderte Geschäftsmodell ins Kernunternehmen integrieren. Die Nutzung von Social Media hat das Geschäftsmodell zwar verändert, aber nicht ein grundlegend neues geschaffen. Ein spezielles Team von Social-Media-Experten innerhalb des Marketings kümmert sich um diesen Aspekt. Selbstverständlich müssen in beiden Fällen

Anpassungen der Organisationsstruktur vorgenommen werden, aber die Veränderungen sind innerhalb der Organisation umsetzbar.

Handelt es sich aber um ein neues Geschäftsmodell, das das eigene Unternehmen und/oder die Branche disruptiert, ist eine Umsetzung in einem separaten Unternehmen empfehlenswert. Der Stahlhändler Klöckner hat mit XOM Materials ein disruptives Geschäftsmodell, eine Plattform, in einer separaten Gesellschaft umgesetzt, aber gleichzeitig auch im Kernunternehmen Prozesse digitalisiert und den Kunden neue Lösungen geboten. Den Mitarbeitern wurden umfangreiche Weiterbildungsangebote gemacht. Letztlich wurden aber Arbeitsplätze abgebaut.

6.1 Keine Umsetzung ohne die Mitarbeitenden

Genau hier liegt das Problem der Digitalisierung und der Transformation: Die Disruption folgt derzeit der Digitalisierung auf dem Fuß, denn die Digitalisierung verändert Prozesse, löst sie auf, senkt die Kosten und macht den Menschen an vielen Stellen überflüssig. Berufe wie Buchhalter, ja sogar Steuerberater, Banker, Versicherungsmakler werden voraussichtlich aussterben. Viele Berufsbilder werden sich verändern. Personalverwaltung, wie wir sie bisher kennen, kann von Algorithmen übernommen werden. Stattdessen brauchen die Unternehmen Leute, die dafür sorgen, dass immer die passenden Ressourcen für die anstehenden Aufgaben verfügbar sind.

Den meisten Menschen ist dieser disruptive Aspekt der Digitalisierung bewusst, vielleicht nur in Form einer diffusen Angst. Deshalb werden Sie im Falle der Implementierung eines digitalen bzw. disruptiven Geschäftsmodells aller Voraussicht nach auf den Widerstand von Teilen der Belegschaft treffen. Oft spielt die Sorge um den Arbeitsplatz mit. Deshalb ist es, wie schon mehrfach betont, wichtig zu kommunizieren, notwendige Weiterbildungsangebote zu machen und die Organisationsstrukturen anzupassen. Ohne die Mitarbeitenden werden Sie nichts erreichen. Sie sind mehr als je zuvor der Schlüssel zum Unternehmenserfolg. Norbert Heckmann betont:»Die Implementierung eines disruptiven Geschäftsmodells ist sehr eng mit dem bekannten Change-Management verbunden. Viele wehren sich gegen Neues. Ob das disruptiv ist oder einfach neu, ist egal. Man muss sich gegen die Bedenkenträger durchsetzen und alle durch eine geeignete Kommunikation mitnehmen, wenn man zu 100 Prozent überzeugt davon ist, dass es die einzig richtige Vorgehensweise ist.«

Auch wenn es lange dauert und manchmal zum Verzweifeln scheint, nehmen Sie sich die Zeit für intensive Kommunikation schon lange vor der Implementierung des neuen Angebots oder Geschäftsmodells. Sorgen Sie für Transparenz und erklären Sie immer wieder, weshalb die Veränderungen notwendig sind. Die Mitarbeiterinnen und Mitarbeiter müssen verstehen, dass der Bestand des Unternehmens und damit ihr Arbeitsplatz gefährdet ist, wenn nichts unternommen wird. Das heißt nicht, dass Sie ein Angstszenario aufbauen sollen, aber alle Beteiligten sollen begreifen, dass der Handlungsdruck da ist und nicht von Ihnen, sondern von außen, vom Markt, vom Kunden kommt.

6.1.1 Vertrauen treibt positive Veränderung

Die einzige Möglichkeit, Komplexität zu bewältigen, ist Vertrauen.

Menschen verändern sich nur aus Lust oder aus Leid. Es steht außer Frage, dass nur Veränderung, die aus Lust, aus positivem Antrieb erfolgt, dem Unternehmen nachhaltig nützt. Deshalb erklären Sie den Handlungsdruck, aber zeigen Sie auch die positive Zukunft, der die Veränderung dient. Setzen Sie sich mit den Bedenken der Menschen auseinander, aber vergessen Sie nie zu betonen, was alle zusammen, das ganze Unternehmen gewinnen kann. Gewähren Sie Einblick in die Fortschritte, feiern Sie Meilensteine und erste Erfolge. Das stärkt das Vertrauen in Sie als Unternehmer/Unternehmerfamilie, in die Richtigkeit Ihrer Vision und Entscheidungen.

Es ist sinnvoll, frühzeitig die Schlüsselpersonen im Unternehmen für die Veränderung zu gewinnen. Das sind Menschen, die im Unternehmen zu den Meinungsführern gehören, die über die Stimmungslage im Unternehmen Bescheid wissen, über soziale und fachliche Kompetenz verfügen und das Vertrauen der Kolleginnen und Kollegen besitzen. Sie verfügen über ein umfangreiches Netzwerk im Unternehmen. Wenn Sie diese Menschen von Anfang an einbeziehen und überzeugen können, haben Sie wertvolle Unterstützer an Ihrer Seite.

6.1.2 Digitalteam und Kernorganisation: Win-win

Die Implementierung eines tatsächlich disruptiven Geschäftsmodells ist wahrscheinlich einfacher, wenn es außerhalb der Kernorganisation bleibt, also in einem

6 Phase IV: Geschäftsmodell-Implementierung

Start-up oder einem Spin-off. Doch früher oder später muss und wird die Transformation im gesamten Unternehmen ankommen, denn in Zukunft werden Unternehmen, die nicht agil und flexibel arbeiten können, abgehängt werden. Außerdem wird sich das neue Geschäftsmodell in vielen Fällen langfristig gar nicht ohne die Unterstützung der Kernorganisation umsetzen lassen.

Man benötigt vielleicht den Vertriebsleiter der Kernorganisation, um bestehende Vertriebskanäle zu nutzen. Er muss durch die Tests des MVP überzeugt werden, muss den Nutzen der Datengenerierung begreifen und verstehen, dass das neue Geschäftsmodell zusätzlichen Umsatz bringt. Wir brauchen möglicherweise die IT-Leitung, die sich um die Anbindung der neuen digitalen Angebote oder des Geschäftsmodells an die Unternehmens-IT kümmern muss. Darauf sollte die IT vorbereitet sein. Der frühzeitige Austausch zwischen Digitalteam und Kernorganisation ist also unerlässlich, damit dieser Überführungsprozess gelingt. Digitalteam und Kernorganisation können voneinander profitieren, wenn sie sich auf Augenhöhe und in gegenseitigem Respekt begegnen.

6.1.3 Digitalteam: Motor der Kulturentwicklung

Die digitale Transformation ist kein Technologieprojekt,
sondern ein Kulturprojekt.

Die Unternehmenskultur und die Denkweisen müssen sich ändern, wenn die Unternehmen schneller und kundenfokussierter arbeiten wollen bzw. müssen. Doch das lässt sich nicht top-down verordnen. Eine Veränderung der Unternehmenskultur (mehr dazu in Kapitel 2.2) braucht Zeit. Je nach Größe des Unternehmens kann das Jahre dauern.

Das Digitalteam oder das neu gegründete Start-up kann hier ein willkommener Unterstützer sein, denn dort herrscht diese erstrebenswerte Kultur bereits. Außerdem beweisen die ersten digitalen Produkte, Services, Geschäftsmodelle, die aus diesen Teams kommen, den Menschen in der Kernorganisation, dass das, was die Geschäftsführung vorhat, funktionieren kann, dass die Digitalisierung dem Unternehmen neue Chancen bietet, dass die neuen Arbeitsmethoden tatsächlich zu Ergebnissen führen. Das Digitalteam und die Teams in eventuellen Ausgründungen sind der Beweis und Repräsentant der Transformation und bringen den Kulturwandel in der Kernorganisation in Schwung. Heiko Onnen von Wucato betont die

Wichtigkeit des Zusammenspiels zwischen der Kernorganisation und dem digitalen Spin-off: »Wir nutzen dankend das Wissen aus über 70 Jahren Kundenkontakt und das Vertriebs-Know-how aus den 74 Gesellschaften der Würth-Gruppe aus verschiedenen Branchenbereichen. Wir stehen in Kontakt mit den Gesellschaften und tauschen uns aus. Wir lernen ständig von den Kollegen und sie wiederum von uns. Wir sehen uns als digitale Initiative, die ihr Know-how in die Gruppe trägt. Das meiste Wissen kommt aber durch unsere Kunden, die uns sagen, wie sie in Zukunft digitalisieren wollen.«

Diese Rolle des Mittlers kann das Team jedoch nur ausfüllen, wenn es zuerst seine eigene Kultur entwickeln und festigen kann. Deshalb ist die Freiheit und Unabhängigkeit des Digitalteams von elementarer Bedeutung. Nur dann kann es sein Mindset, seine Werte, seine Art der Zusammenarbeit, die Methoden, wie es entscheidet, führt und scheitert – und ja, auch den Spaß an der Arbeit – in das gesamte Unternehmen tragen.

Allerdings sollte jedem bewusst sein, dass das nicht die Hauptaufgabe und nicht die erste Aufgabe des Digitalteams ist. Aber sind erst einmal die ersten funktionierenden Angebote oder Geschäftsmodelle vorzuweisen, kann das Digitalteam eine Brücke bauen zwischen der Welt des klassischen Arbeitens und der Welt des agilen Arbeitens. Wie sich der Austausch zwischen Digitalteam/Start-up und Kernorganisation letztlich gestaltet, muss von Fall zu Fall entschieden werden. Möglichkeiten sind unter anderem, das Digitalteam die Ergebnisse seiner Arbeit, zum Beispiel das erste MVP, vorstellen zu lassen, von seiner Methodik zu berichten, einen Vortrag zum Thema Scheitern zu halten und vieles mehr. In manchen Unternehmen werden auch gute Erfahrungen damit gemacht, interessierte Mitarbeitende einige Tage ins Digitalteam einzuladen. Sie können in der Organisation später als Digitalbotschafter fungieren.

Ganz entscheidend für den Erfolg des Transformationsprozesses der Kernorganisation ist die Befähigung der Mitarbeitenden entsprechend der Notwendigkeit und den Interessen (siehe Kapitel 2.2.4 Teamkompetenzmatrix). Beginnen Sie parallel zum Aufbau des Digitalteams deshalb mit der Befähigung der Mitarbeitenden in der Kernorganisation. Nicht jeder braucht die gleichen Fähigkeiten, aber alle Mitarbeitenden sollten über ein Grundverständnis agiler Arbeitsweisen und digitaler Technologien verfügen. Weiterbildungsangebote zu Digitalthemen, am besten hybrid, also Online- sowie Präsenzangebote, und während der Arbeitszeit, sind eine Möglichkeit, die Mitarbeitenden für diese Themen zu interessieren und zu begeistern. Onlineangebote haben den Vorteil, dass die Mitarbeitenden nicht nur mit einem Thema, sondern auch mit der Technologie in Kontakt kommen und arbeiten. Sobald die Menschen mit der Technologie und den Methoden des agilen Arbeitens umgehen können, gewinnen sie an Sicherheit und verlieren Ängste.

6.1.4 Konsequenz in der Umsetzung

Sobald Sie bereit sind, mit einem digitalen und/oder disruptiven Geschäftsmodell zu starten, muss es mit aller Konsequenz implementiert werden. Die Geschäftsführung muss dafür sorgen, dass die Mitglieder des Ökoystems und alle Stakeholder inklusive der Belegschaft verstehen, dass es sich dabei nicht um eine Spielerei handelt, sondern um eine ernsthafte Investition in die Zukunft. Wenn Sie beispielsweise ein Pay-per-Use- oder ein Abonnementmodell einführen, wird sich der Vertrieb um seine Provisionen betrogen fühlen. Im Falle des Vertriebs bedeutet das, dass das Entlohnungssystem und andere Incentives den neuen Gegebenheiten anzupassen sind. Genauso wichtig ist es aber, dem Vertriebsteam klarzumachen, dass und welche Vorteile das neue Geschäftsmodell nicht nur dem Unternehmen, sondern auch den Teammitgliedern persönlich bringt. Für eine separate GmbH oder ein Start-up ist möglicherweise ein eigener Vertrieb die bessere Lösung.

Vor allem wegen der zu erwartenden Widerstände ist im finalen Schritt der Geschäftsmodellimplementierung noch einmal Konsequenz gefragt. Dabei gibt es im Vorgehen keinen Unterschied zur Umsetzung einer neuen Strategie, Organisationsstrukturierung oder einer Produktinnovation. Sie müssen sich wie bei allen Tätigkeiten und Neuerungen auch bei der Implementierung eines digitalen oder disruptiven Geschäftsmodells gegen die Bedenkenträger durchsetzen.

>*»In einer bestehenden Infrastruktur neue Ideen umzusetzen ist natürlich immer mit Widerständen verbunden. Das ist auch bei Würth nicht anders. Würth hat 70.000 Mitarbeiter und zwangsweise geht dabei die Interessenlage auseinander.«*
>Johannes Keller, Gründer des Würth-Spin-offs Wucato,
>in einem Interview mit Lennart Paul auf wortfilter.de

Die Einführung eines solchen innovativen Geschäftsmodells wird – wie bereits betont – immer auf Widerstand, Ablehnung, Misstrauen oder Angst stoßen, denn es bedeutet Veränderung. Viele werden Sorge haben, was aus dem »traditionellen« Geschäft wird oder ob sie den sich verändernden Anforderungen noch gewachsen sein werden. Dem einen oder anderen wird bewusst sein, dass das neue Geschäftsmodell nicht nur die Branche disruptieren wird, sondern auch das eigene bisherige Geschäftsmodell kannibalisieren könnte. Wenn es Ihnen also ernst mit dem neuen Geschäftsmodell ist, sollten Sie sich bewusst sein, dass es Ihr Unternehmen insgesamt verändern wird und Sie dieser Entwicklung Rechnung tragen müssen. Im Grunde genommen handelt es sich um einen riesigen Change-Prozess, um eine Transformation, die von Ihnen als Führungsperson eng begleitet werden muss. Denken Sie an die Notwendigkeit von Kommunikation und Information. Bleiben Sie im Austausch mit Ihren Mitarbeiterinnen und Mitarbeitern.

Seien Sie mutig und setzen Sie das in der Entwicklungsphase ausreichend getestete und optimierte Geschäftsmodell konsequent um. Vergessen Sie nicht, dass es notwendig ist, die Begeisterung und die Bereitschaft zur kontinuierlichen Validierung des neuen Geschäftsmodells aufrechtzuerhalten. Denn ein einhundertprozentig ausinnoviertes Geschäftsmodell wird es nicht geben. Es befindet sich vielmehr in einem kontinuierlichen Verbesserungsprozess.

6.2 Ziele und Zahlen

Führungskräfte und Mitarbeitende, die etwas Neues umsetzen sollen, müssen das neue Geschäftsmodell zunächst einmal verstehen. Zwei Werkzeuge können bei der Visualisierung nützlich sein:
1. **Die Business Model Canvas**
   Sie zeigt Ihnen, welche Akteure Sie in Ihrem neuen Geschäftsmodell für die Wertschöpfung brauchen, welche Produkt-/Waren-, Dienstleistungs-, Geld- sowie Informationsströme zwischen ihnen fließen. Auf diese Weise bilden Sie die Wertschöpfungskette Ihres neuen Geschäftsmodells ab.
2. **Beschreibung des Geschäftsmodells**
   Eine klar und einfach formulierte Beschreibung des Geschäftsmodells fördert das Verständnis insbesondere bei Personen, die nicht an der Entwicklung des Geschäftsmodells beteiligt waren – und das ist meistens die Mehrheit der Mitarbeitenden in der Kernorganisation.

6 Phase IV: Geschäftsmodell-Implementierung

Die Roadmap ist Ihnen vermutlich aus der Strategieumsetzung oder aus der Projektplanung vertraut. Sie eignet sich auch zur Vorbereitung einer Geschäftsmodell-Implementierung. Dabei spielt es keine Rolle, ob es um eine Modifizierung oder disruptive Ausrichtung des Geschäftsmodells geht. Eine Roadmap strukturiert das Vorgehen und gibt ihm einen zeitlichen Rahmen. Hier können Sie Ziele, Meilensteine und übergeordnete Maßnahmen auf einem Zeitstrahl abbilden und den tatsächlichen Fortschritt messen. Bevor Sie damit beginnen, ist es sinnvoll, das alte Geschäftsmodell zum Beispiel in der Business Model Canvas über das neue Geschäftsmodell zu legen und die beiden miteinander zu vergleichen. Auf diese Weise sehen Sie schnell, wo Sie tatsächlich mit umfassenden Maßnahmen ansetzen müssen und wo Sie auf dem Bestehenden aufsetzen können.

Anschließend geht es darum, aus der Roadmap konkrete Maßnahmen abzuleiten, die sicherstellen, dass jedes Team, jeder einzelne Mitarbeiter genau weiß, was zu tun ist, um die übergeordneten und die Teamziele zu erreichen. Und: Sie müssen messen können, ob die Ziele erreicht werden – die übergeordneten Ziele, die Teamziele und die Ziele der Mitarbeitenden. Aber genau das erweist sich in der Praxis oft als nahezu unmöglich, weil Transparenz fehlt, manchmal die einen nicht wissen, woran die anderen arbeiten und die übergeordneten Ziele aus den Augen verloren werden. Teams oder Abteilungen beschäftigen sich parallel mit den gleichen Themen, ohne rechts und links zu schauen. Qualitative Messgrößen fehlen häufig.

6.2.1 Konkret werden mit OKR

Hier Transparenz zu schaffen ist das Ziel von »Objectives and Key Results (OKR)«. Sie brechen die übergeordneten strategischen Ziele des Unternehmens auf alle Hierarchiestufen der Organisation herunter. Gleichzeitig stellen OKR sicher, dass jedes einzelne Ziel auf die übergeordnete Vision einzahlt. Jeder im Unternehmen kann die OKR der Kollegen und des Managements sowie deren Umsetzungsfortschritt einsehen. Das fördert die Transparenz, den Wissensaustausch und den Teamgeist innerhalb des Unternehmens.

Erstmals eingeführt wurden OKR bei Google im Jahr 1999. Mittlerweile nutzen auch viele deutsche Unternehmen wie Otto, Mymuesli, Trivago, Edeka, Flixbus und zahlreiche Start-ups OKR.

6.2 Ziele und Zahlen

OKR setzen sich aus Objectives und Key Results zusammen. Objectives umfassen den in der Zukunft zu erreichenden Zielzustand (Was wollen wir erreichen?) in einer qualitativen Formulierung. Sie können von den definierten Zielen aus der Strategie- bzw. Geschäftsmodellentwicklung abgeleitet oder übernommen werden. Key Results sind konkrete, messbare Schlüsselergebnisse (Wie wollen wir das Ziel erreichen?) auf dem Weg zur Zielerreichung. Sie werden quantitativ formuliert, um eine objektive Bewertung zu ermöglichen.

> **Beispiel** !
>
> Google launchte seinen Browser Chrome 2008. Damals hatte der Internet Explorer von Microsoft einen Marktanteil von über 60 Prozent. Der damalige Chrome-Manager gab das Ziel (Objective) aus »Build the best web browser in the world«. Das daraus folgende Key Result: 20 Millionen Nutzer bis Ende 2008. 2010 hatte Chrome bereits die Marke von 100 Millionen Usern überschritten. Heute ist Chrome auf zwei Dritteln aller Geräte installiert. Vom Internet Explorer spricht kaum noch jemand.

Wenn Sie zum Beispiel einen neuen Service einführen möchten (Objective), könnte das Key Result lauten: Am Ende des Quartals haben 100 Kunden das Produkt getestet und einen Fragebogen ausgefüllt. Eine stark vereinfachte Darstellung, denn meistens wird es mehrere Key Results pro Objective geben.

OKR werden in einer Art Entscheidungskreis sowohl top-down als auch bottom-up erarbeitet. Zuerst legt das Management die übergreifenden OKR auf Unternehmensebene fest. Diese werden nun auf die nächsttiefere Hierarchie-Ebene (beispielsweise Abteilungs- oder Teamebene) heruntergebrochen. Im Anschluss wird zwischen beiden Ebenen über die OKR der Abteilungsebene »verhandelt«. Mit dem Ergebnis dieser Diskussion kann die Abteilungs- oder Teamebene die eigenen OKR fixieren und die Unternehmensebene ihre OKR noch einmal nachjustieren. Dieser Entscheidungskreis wird bis zur Mitarbeiterebene fortgesetzt. So wird garantiert, dass alle Parteien mit den Zielen und Schlüsselergebnissen konform gehen.

OKR sind ein agiles, iteratives Managementinstrument. Die klassischen Zielvereinbarungen gelten meistens für ein Jahr. Das bedeutet, wenn sich etwas ändert, läuft man möglicherweise lange Zeit in die falsche Richtung. OKR dagegen werden in festen Zyklen, meistens alle drei Monate, geprüft – und ob die Ziele erreicht wurden. Nicht funktionierende OKR werden gegen neue ausgetauscht, realisierte OKR abgeschlossen. Einzelne Mitarbeiter oder Ebenen sollten maximal fünf Objectives mit jeweils nicht mehr als fünf Key Results gleichzeitig verfolgen. Auf diese Weise werden die wichtigsten Objectives priorisiert und die verfügbaren Kapazitäten bestmöglich auf die übergeordneten Ziele fokussiert.

Das Endprodukt der OKR-Methode ist ein Netzwerk aus Zielen (Objectives) über die komplette Organisation hinweg, wobei alle Ziele am übergeordneten Unternehmensziel ausgerichtet sind. Zusätzlich sind alle Ziele mit konkreten, messbaren Schlüsselergebnissen (Key Results) hinterlegt, die festlegen, wie die Ziele erreicht werden sollen.

Der Zyklus der strategischen OKR, also auf Unternehmensebene, sollte möglichst nahe am Strategieprozess des Unternehmens ausgerichtet werden. Entsprechend dem 7-3-1-Prinzip werden strategische OKR somit jährlich im Strategie-Review überprüft und angepasst. Operative OKR folgen, wie bereits erwähnt, kürzeren Zyklen. Sie werden meistens quartalsweise angepasst. Auf diese Weise wird agiles und zielgerichtetes Handeln ermöglicht.

> **Vorteile von OKR**
>
> - OKR unterstützen dabei, sich zu fokussieren und Ressourcen effektiv einzusetzen.
> - Erfolge werden messbar.
> - Langfristige Unternehmensziele und kurzfristige Teamziele werden in Übereinstimmung gebracht.
> - OKR sind auf die Zukunft ausgerichtet.
> - Die Mitarbeitenden gewinnen Klarheit über die Ziele der eigenen Arbeit.
> - Agilität wird durch kontinuierliche Anpassung erreicht.
> - Die Kommunikation wird verbessert.

Wichtig: OKR sind kein Instrument zur Leistungsbeurteilung.

Wir empfehlen, den Mitarbeitenden zunächst zu erklären, wofür OKR eingeführt werden sollen und was sie dem Unternehmen bringen. Die Erfahrung zeigt, dass es für große Unternehmen besser ist, das neue Instrument nicht gleich unternehmensweit einzusetzen, sondern zunächst mit ein paar Projekten zu starten, zum Beispiel im Digitalteam. Es gibt mittlerweile ein Software-Angebot für OKR, anfangs reichen jedoch Excel- oder Word-Formate für die Dokumentation der Team-OKR aus. Die größte Herausforderung bei der Einführung von OKR ist nicht die Software, sondern wieder einmal die Denkweise. Führungskräfte und Teams müssen lernen, in Ergebnissen statt in Aktivitäten zu denken. Es kommt nicht mehr darauf an, möglichst viel zu tun, sondern mit dem Handeln ein Ergebnis zu erzielen. Ein weiteres Problem könnte ein Management darstellen, das noch den alten, auf Anweisung und Kontrolle basierenden Methoden anhängt. Denn die Teams brauchen Autonomie, damit die Vorteile von OKR zum Tragen kommen.

Die nachhaltige Implementierung der OKR-Methode in Unternehmen kann bis zu einem Jahr dauern. Sie kann aber beschleunigt werden, wenn man sich Hilfe ins Haus holt, zum Beispiel mit Inhouse-Trainings, der Ausbildung von OKR Masters, Workshops und von Experten begleiteten und moderierten ersten Zyklen.

Ob OKR nun Heilsbringer in der Strategieumsetzung und Geschäftsmodellimplementierung sind oder nicht, hängt maßgeblich davon ab, wie konsequent sie im Unternehmen verankert und durch Führungskräfte und Mitarbeitende gelebt werden.

»Die Praxis zeigt, dass OKR eine wenig komplexe und zugleich effektive Methode darstellen, mit der man den Umsetzungserfolg im Rahmen der Strategiearbeit auch im Umfeld von Familienunternehmen maßgeblich und nachweislich steigern kann.«
Dr. Alexander Koch, Partner Weissman & Cie.

6.2.2 KPI und OKR: Freunde oder Feinde?

Wenn Sie Großes vorhaben oder auf der Suche nach einem Wechsel in der allgemeinen Richtung sind, könnten OKR die meistens angewandten KPI übertreffen. Sie haben mehr Tiefe, die es Ihnen erlaubt, Ihre Ziele noch weiter auszudehnen, und sie ermöglichen auch mehr Kreativität bei der Planung, wie Sie diese Ziele erreichen möchten. OKR sind Instrumente der Unternehmensentwicklung und Implementierung und damit auch ein geeignetes Instrument für die digitale Transformation bzw. die Entwicklung und Implementierung neuer digitaler/disruptiver Geschäftsmodelle. Die digitale Transformation erfordert eine bereichsübergreifende Zusammenarbeit und agile Methoden. OKR sind ein geeignetes Instrument, um die Transformation zu steuern. Voraussetzung ist eine digitale Strategie bzw. ein digitales Zielbild. Darauf aufbauend müssen die Ziele und Maßnahmen für die nächsten zwölf bis 18 Monate formuliert und priorisiert werden. Die daraus abgeleiteten Team-OKR werden für einen OKR-Zyklus von meistens drei Monaten festgelegt. Die Teams formulieren ihre OKR selbstverpflichtend. Es gibt keine Kontrollgremien.

Die meisten Unternehmenscockpits und Dashboards basieren jedoch auf der Einbindung von KPI (Key Performance Indicators). Sie spielen eine wichtige Rolle im Zielsystem jedes Unternehmens, denn sie bilden dessen wirtschaftlichen Erfolg ab: Hier stehen wir aktuell. Während KPI eher die operative Exzellenz und die Performance des Unternehmens beurteilen, zeigen OKR die Entwicklung des Unternehmens.

KPI spiegeln also eher die Gegenwart und die Vergangenheit, während OKR auf die Zukunft gerichtet sind. Daraus folgt: Ein KPI kann ein Key Result sein, aber kein Objective.

Ein KPI hilft uns insofern zu verstehen, ob wir unserem Ziel näherkommen oder es erreicht haben. Es kann kein Objective sein, weil dieses immer qualitativ ist. Wenn ein KPI schlechter ist als erwartet, kann er Auslöser für OKR sein.

> **Beispiel**
>
> Für Ostern werden in einer Firma pro Tag 10.000 perfekte Schokoladenosterhasen produziert und verpackt. Das ist der KPI. Plötzlich kommt es immer wieder zu Produktionsstillständen und es werden nur noch 8.000 Osterhasen pro Tag produziert. Drei Prozent sind schlecht verpackt. Das Objective könnte jetzt lauten: »Wir sind die Osterhasen-Champions unserer Branche.« Key Results: 10.000 perfekte Osterhasen pro Tag, unter ein Prozent schlecht verpackte, null Prozent Produktionsstillstand. Natürlich könnte man genauso gut die Devise ausgeben: »Die Produktion muss laufen. Wir brauchen 10.000 perfekte Osterhasen pro Tag.« Doch auf diese Weise fokussiert man sich nicht auf die Lösung des Problems, sondern erhöht ganz allgemein den Druck auf die Produktion. Das ausgegebene Ziel ist nicht inspirierend und aktivierend, sondern übt lediglich Druck auf einige wenige aus.

Und noch ein wichtiger Unterschied: KPI werden dauerhaft erhoben. Sie sind quantitative Messgrößen. OKR gelten während eines begrenzten Zeitraums – bis das Problem gelöst wird. OKR geben ein zeitnahes Feedback, ob ein Team/ein Unternehmen auf dem richtigen Weg ist, um die KPI zu erreichen.

> **Umsatz** !
>
> Der Umsatz ist in Unternehmen ein wichtiger KPI. Er wird aber nur durch das Zusammenspiel unterschiedlicher Zielgrößen erreicht. Die Qualifikation der Mitarbeiterinnen und Mitarbeiter ist unter anderem verantwortlich für die Produkt- bzw. Dienstleistungsqualität. Das wiederum führt zu Kundenzufriedenheit und beeinflusst damit die Wiederkaufs- und Weiterempfehlungsrate. Daraus folgen die Wertschöpfung pro Kunde, Kundenbindung und Neukundengewinnung. All das schlägt sich schließlich im Umsatz nieder.

Fazit: KPI und OKR haben in der Unternehmensführung beide ihre Berechtigung. Gemeinsam machen sie die Steuerung eines Unternehmens agiler, transparenter und auf emotionaler Ebene einfacher. KPI zeigen, wo das Unternehmen steht, OKR sind ein Instrument, um Menschen bzw. Mitarbeitende zu begeistern und das Unternehmen zu entwickeln.

6.3 Das Unternehmenscockpit

Wenn wir davon ausgehen, dass wir mit OKR und KPI arbeiten oder es vorhaben, ist die Integration des neuen Geschäftsmodells in das Unternehmenscockpit oder -dashboard sinnvoll. Auch wenn es sich um die Neugründung einer disruptiven Einheit oder eines Start-ups handelt, werden Sie ein Cockpit brauchen, sobald sich das junge Unternehmen professionalisiert. Sie brauchen KPI nicht nur für die vom Gesetz geforderten Bilanzen und die Bank, sondern auch zur Strategieumsetzung und Unternehmenssicherung. Denn das Cockpit dient, sofern sorgfältig eingerichtet, als übergeordnetes Frühwarnsystem für alle strategisch relevanten Aspekte des Unternehmens. Sie brauchen verlässliche Zahlen für die wichtigsten Bereiche Ihres Unternehmens: Mitarbeiter, Kunden, Prozesse und Finanzen. Das Weissman-Unternehmenscockpit hat neben seiner Flexibilität einen Pluspunkt, der sich sehr gut mit OKR verbindet: Erkenntnisgewinn. Das Unternehmenscockpit lässt Sie erkennen, wie Ihr Unternehmen tatsächlich funktioniert. Sie lernen die Ursachen der Wirkungen kennen und erkennen so die Gründe für Erfolg und Misserfolg.

Lassen Sie uns an das Umsatzbeispiel oben anknüpfen: An der Umsatzwachstumsrate sieht man lediglich, ob die Wachstumsziele des Unternehmens erreicht wurden oder nicht. Die Ursachen dafür erkennen Sie erst, wenn Sie die Kausalkette bis zur Mitarbeiterebene verfolgen. Das hilft Ihnen, an den Wurzeln von Problemen anzusetzen.

6 Phase IV: Geschäftsmodell-Implementierung

6.3.1 Wertorientierte Unternehmensführung

Erfolg ist, wenn der Unternehmenswert nachhaltig gesteigert wird.

Nur die wenigsten neu gegründeten Unternehmen werden gleich Rendite erwirtschaften und den Unternehmenswert steigern können. Langfristig ist das aber auch für jedes Start-up das Ziel. Die nachhaltige Steigerung des Unternehmenswerts ist das oberste Ziel für alle Unternehmen. Die ultimative Finanzkennzahl ist demnach der Unternehmenswert, der dem Marktwert des Eigenkapitals entspricht. Diesen Wert ziehen auch die Banken als Kriterium zur Beurteilung der Bonität heran.

Der Unternehmenswert wird entscheidend beeinflusst von den Faktoren Rendite, Wachstum und Risiko. Wachstum ohne Rendite ist tödlich. Wachstum schafft grundsätzlich Wert, aber nur bei gleichzeitig positiver Ausprägung der Werttreiber Rendite und Risiko. Die Kapitalrendite muss also höher sein als die Kapitalkosten. Wer Wert schafft, kann bei Bedarf investieren und sich dadurch Zukunftschancen sichern. Das ist in einer Welt, in der Krisen, Volatilität und rasante Veränderung Normalität sind, absolut notwendig.

Unternehmenskrisen treten nicht plötzlich auf, sondern schleichend. Unternehmen, die in einer Krise stecken, haben es meistens versäumt, ersten Anzeichen wie zurückgehenden Umsätzen oder sich verändernden Marktbedingungen frühzeitig ausreichend Aufmerksamkeit zu schenken. Zwei Größen bewahren ein Unternehmen vor der Insolvenz: Die Liquidität sichert die Zahlungsfähigkeit, der Vermögenswert bewahrt das Unternehmen vor Überschuldung. Solange ein Unternehmen zahlungsfähig ist und der Vermögenswert die Verbindlichkeiten übersteigt, bestimmen die Gesellschafter die Zukunft des Unternehmens.

6.3.2 Keine Wirkung ohne Ursache

Für das Cockpit sollten Sie Kennzahlen festlegen, die dem Ursache-Wirkungsprinzip folgen. Hüten Sie sich davor, nur Finanzkennzahlen festzulegen, denn dies führt dazu, dass Sie nicht erkennen, wo die Ursachen für schlechte oder gute Zahlen liegen. Sie verlieren wertvolle Zeit für die Fehlersuche. Die Kennzahlen für die Bereiche Mitarbeiter/Führung, Prozesse und Kunde wirken sich direkt auf die Finanzzahlen aus, wie in Abbildung 12 dargestellt. Wenn Sie also keine Kennzahlen für die anderen drei Bereiche festlegen oder sie nicht sauber definieren oder falsche Zusammenhänge angenommen haben, sind Ihre Finanzkennzahlen nicht sehr viel wert. Außerdem berauben Sie sich so wichtiger Frühwarnindikatoren.

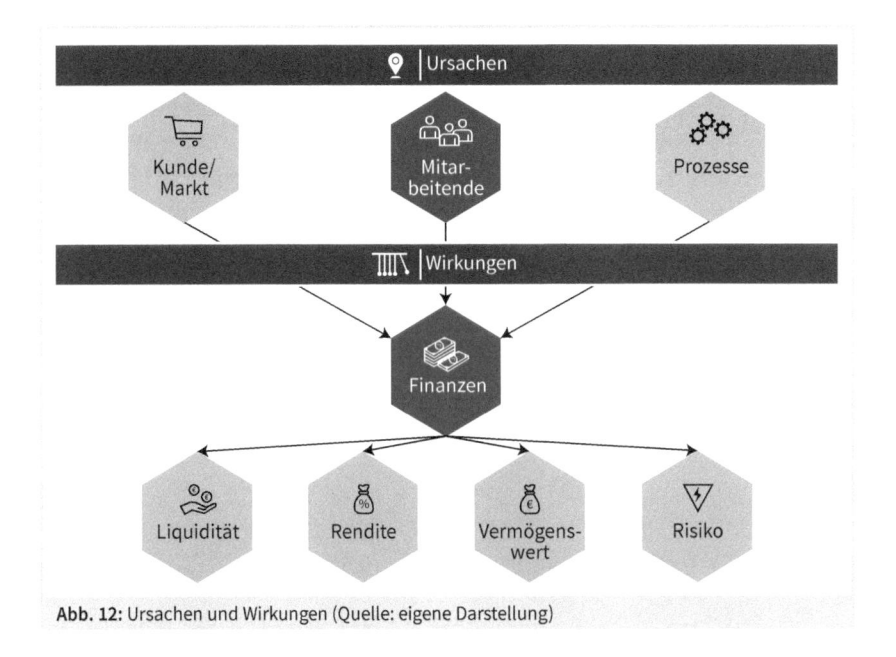

Abb. 12: Ursachen und Wirkungen (Quelle: eigene Darstellung)

Kennzahlen zeigen, wie gut ein Bereich läuft. Sie sind nur gut und hilfreich für die Unternehmensführung, wenn es ein quantitatives Ziel gibt, dessen Erreichung bzw. Abweichung vom Soll regelmäßig überprüft wird. Zu viele Kennzahlen verwirren, deshalb sollten Sie sich beschränken. Erheben Sie nur Zahlen, die einen messbaren Zusammenhang mit dem Unternehmenswert haben.

6.3.3 Digitalisierung und Unternehmenssteuerung

Die Digitalisierung ist in der Unternehmenssteuerung noch nicht richtig angekommen, obwohl das Potenzial hoch ist. Das Controlling kann durch die Digitalisierung zum Treiber von Wettbewerbsvorteilen werden. Standardisierte Prozesse zur Erhebung von Daten können fast vollständig automatisiert werden. Das bedeutet eine erhebliche Entlastung der Mitarbeitenden von Routinetätigkeiten – ein Ressour-

6 Phase IV: Geschäftsmodell-Implementierung

cengewinn, der für Datenanalyse und -interpretation genutzt werden kann. Durch den Einsatz von KI können weit größere Datenmengen als bisher ausgewertet, miteinander in Verbindung gebracht, verarbeitet und aufbereitet werden. Das heißt in der Konsequenz, dass Analysen und Forecasts künftig vermutlich automatisiert und funktionsübergreifend durch Maschinen und intelligente Algorithmen erarbeitet werden. Voraussetzung dafür sind Daten von hoher und konsistenter Qualität. Eine einheitliche Schnittstelle für Planung, Reporting und Risikomanagement über das ganze Unternehmen hinweg dient als zentraler Ort, an dem alle Daten zusammenfließen, geprüft und weiterverarbeitet werden, am besten cloudbasiert. Das ermöglicht den Zugriff verschiedener Personen von verschiedenen Orten und Geräten.

Die Rolle des Controllers in diesem Szenario ändert sich grundlegend: Er wird zu einem Fachmann für Daten und wird sich zunehmend mit strategischen Fragen befassen. Diese neue Rolle muss anerkannt und das daraus resultierende Potenzial sollte genutzt werden.

! **Quick Check**

- Die meisten Strategien und neuen Geschäftsmodelle scheitern an der Umsetzung.
- Bei der Implementierung eines digitalen Angebots oder eines digitalen bzw. disruptiven Geschäftsmodells werden Sie aller Voraussicht nach auf den Widerstand von Teilen der Belegschaft treffen. Oft spielt die Sorge um den Arbeitsplatz mit.
- Ohne die Mitarbeitenden werden Sie die Transformation nicht bewältigen. Sie sind mehr als je zuvor der Schlüssel zum Unternehmenserfolg.
- Es ist sinnvoll, frühzeitig die Schlüsselpersonen im Unternehmen für die Veränderung zu gewinnen.
- Die digitale Transformation ist kein Technologieprojekt, sondern ein Kulturprojekt.
- Die Geschäftsführung muss dafür sorgen, dass Mitarbeitende und andere Stakeholder verstehen, dass es sich bei dem neuen Angebot oder Geschäftsmodell um eine ernsthafte Investition in die Zukunft handelt.
- OKR sind ein agiles, iteratives Managementinstrument.
- Das Endprodukt der OKR-Methode ist ein sich über die komplette Organisation erstreckendes Netzwerk aus Zielen (Objectives), wobei alle Ziele am übergeordneten Unternehmensziel ausgerichtet sind. Zusätzlich sind alle Ziele mit konkreten, messbaren Schlüsselergebnissen (Key Results) hinterlegt, die festlegen, wie die Ziele erreicht werden sollen.
- OKR sind Instrumente der Unternehmensentwicklung und damit auch ein geeignetes Instrument für die digitale Transformation bzw. die Entwicklung und Implementierung neuer digitaler und/oder disruptiver Geschäftsmodelle.

6.3 Das Unternehmenscockpit

- KPI und OKR haben in der Unternehmensführung beide ihre Berechtigung.
- Das Unternehmenscockpit lässt Sie erkennen, wie Ihr Unternehmen tatsächlich funktioniert. Sie lernen die Ursachen der Wirkungen kennen.
- Die ultimative Finanzkennzahl ist der Unternehmenswert, der dem Marktwert des Eigenkapitals entspricht.
- Solange ein Unternehmen zahlungsfähig ist und der Vermögenswert die Verbindlichkeiten übersteigt, bestimmen die Gesellschafterinnen und Gesellschafter die Zukunft des Unternehmens.
- Das Controlling kann durch die Digitalisierung zum Treiber von Wettbewerbsvorteilen werden.

7 New Leadership

Wenn wir von »New Leadership« sprechen, bedeutet das, dass die alten Führungsmodelle und -grundsätze in einer digitalen, agilen Welt nicht mehr funktionieren. Unternehmerinnen, Unternehmer und Führungskräfte müssen umdenken, neu denken, ihre Haltung ändern, ihre Einstellung, ihre Denkweise – ihr Mindset. Denn die Haltung prägt das Verhalten, dieses wiederum die Kultur. Die Kultur prägt die Organisation. Wir nennen diese Wirkungskette das »Z-Modell« (Abbildung 13). Die digitale Transformation wird nur gelingen, wenn Unternehmerinnen, Unternehmer und Führungskräfte sie mit aller Macht vorantreiben. Nur wenn sie von der Notwendigkeit der digitalen Transformation überzeugt sind und als Vorbild vorangehen, werden sich die Mitarbeitenden anschließen. Sie müssen hinter dem Transformationsprozess stehen und ihr Führungsverständnis und -verhalten glaubhaft anpassen. Dafür müssen sie ihre Haltung ändern.

Wenn der Großteil aller Transformationen scheitert, so liegt dies nicht an fehlendem Methodenwissen, sondern an der fehlenden Bereitschaft der Führungskräfte, ihre Haltung und damit ihr kulturprägendes Verhalten zu verändern.

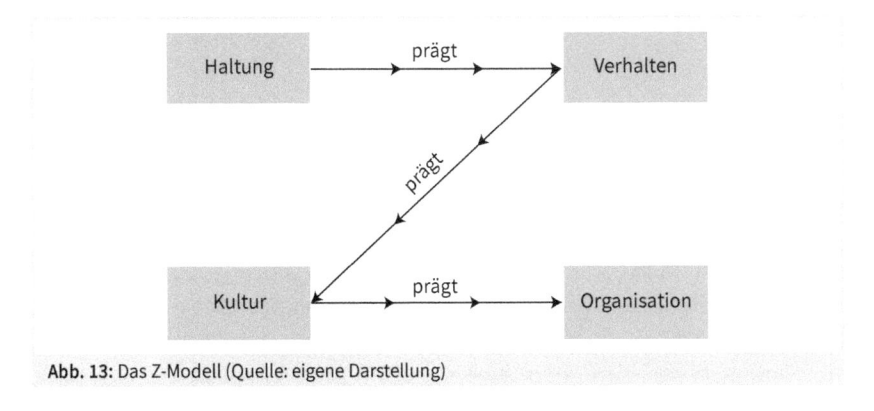

Abb. 13: Das Z-Modell (Quelle: eigene Darstellung)

Unternehmerinnen und Unternehmer müssen keine Digital Natives sein, um ein digitales Geschäftsmodell zu entwickeln und zu implementieren, sollten aber wissen, worum es geht, und ein grundsätzliches Verständnis für die notwendigen Veränderungen aufbringen und sie vorantreiben. Die Geschäftsführung und das Management müssen sich im Klaren darüber sein, dass die Transformation jeden Unternehmensbereich, alle Arbeitsmethoden und -prozesse sowie das Denken und Handeln verändert. Das Führungsverhalten ist dabei von höchster Wichtigkeit. Vor allem junge, gut ausgebildete Mitarbeiterinnen und Mitarbeiter fordern von ihrem Arbeitgeber Flexibilität, Selbstständigkeit, Verantwortung, Entscheidungsbefugnisse und Freiheit ein. Wenn ihnen das nicht gewährt wird, kündigen sie. Sie sind nicht bereit, in einer Umgebung zu arbeiten, in der sie sich nicht geschätzt fühlen. Gefragt sind keine Bosse, sondern Netzwerkspieler, Koordinatoren, Mediatoren, Förderer, Befähiger und Coaches. »Es geht bei der Implementierung digitaler Geschäftsmodelle nicht darum, ein IT-Tool einzuführen, sondern um einen riesigen Change, eine komplette Veränderung des Unternehmens. Das verlangt auch den Führungskräften einiges ab«, betont Johannes Steegmann, Co-Geschäftsführer Fressnapf-Gruppe, und fährt fort: »Sie müssen die Mitarbeiter nicht nur durch den Change begleiten, sondern eine neue Führungskultur entwickeln. Sie werden von Vorgesetzten zu Servant Leaders, die dafür Sorge tragen, dass die Teams die Befähigung, die Ressourcen und die Umgebung haben, um integrativ und kreativ zusammenzuarbeiten und ihre Aufgaben gut zu erfüllen.«

In vielen Familienunternehmen ist die Unternehmerin bzw. der Unternehmer nach wie vor der »Chef«/die »Chefin« bzw. der »Boss« – auf jeden Fall die Person, die sagt, wo es langgeht. Er/Sie ist der große Zampano, der letztlich die Entscheidungen trifft. Diese Person zweifelt nicht an sich, weiß alles und lenkt unangefochten das Schicksal des Unternehmens und der Mitarbeitenden. Aber was passiert, wenn die Chefin oder der Chef gar nicht mehr in der Lage ist, das Unternehmen und dessen Umfeld zu überblicken? Diese Person ist vielleicht schon über 60 Jahre alt und Onlinemarketing ist für sie ein Buch mit sieben Siegeln, über E-Shops hat sie wenig Kenntnis, Big Data hat sie schon gehört, aber ein echtes Verständnis davon besteht nicht. Eines ist der Chefin oder dem Chef allerdings klar: So wie bisher geht es nicht weiter. Es muss sich etwas ändern, wenn das Unternehmen weiterhin der Primus in seiner Branche bleiben möchte. Und es wurde auch erkannt, dass Unterstützung nötig ist. Denn diese neue, komplexe, digitale Welt erfordert neue Kompetenzen und sehr viel Wissen aufgrund der nahezu unendlichen Optionen. Als Einzelne oder Einzelner kann die Unternehmerin oder der Unternehmer diese vernetzte, komplexe und chaotische Welt nicht mehr im Griff behalten, auch nicht zusammen mit dem Management.

Die Lösung des Problems scheint auf der Hand zu liegen: Die Mitarbeitenden (die Experten) müssen zum einen mehr Verantwortung übernehmen und zum anderen in interdisziplinären, agilen Teams mit Spezialisten aus unterschiedlichen Fachgebieten zusammenarbeiten. Doch so einfach ist es nicht, denn jetzt prallen die alte und die neue Welt aufeinander. Mitarbeitende können Verantwortung nur übernehmen und Teams nur interdisziplinär zusammenarbeiten, wenn sie die notwendigen Rahmenbedingungen und Freiheiten haben. Doch die werden ihnen nur selten wirklich gewährt. Die Teams erhalten nicht die entscheidenden Informationen, die sie für ihre Arbeit benötigen, Mitarbeitende werden nicht vom operativen Tagesgeschäft freigestellt, um neue Ideen zu verfolgen. Die Incentivierung ist nicht auf die neuen Notwendigkeiten ausgerichtet. Führungskräfte, die Mitarbeitende in ein Team entsenden, können nicht zwischen fachlicher und disziplinarischer Führung unterscheiden. Sie verspüren ein Gefühl des Macht- und Kontrollverlusts, das häufig die Ursache dafür ist, dass Mitarbeitenden nicht das Vertrauen geschenkt wird, das unbedingt notwendig ist, um mehr Verantwortung zu übernehmen. Letztlich bleibt alles beim Alten und das Management kann guten Gewissens sagen: »Wir haben es probiert, hat aber nicht funktioniert.« Doch wie muss das Management der Zukunft aussehen? Ist es überhaupt möglich, dass sich die Führungskräfte aus überholten, kontraproduktiven Verhaltensmustern befreien?

7.1 Auf dem Weg zu einer neuen Führungskultur

Ein neues Führungsverständnis ist eine der Grundlagen der digitalen Transformation. Ohne eine veränderte Führungskultur bleiben Organisation und Unternehmenskultur in einer einfachen Welt verhaftet, die sich bereits jetzt auflöst. Wer in der komplexen und chaotischen digitalen Welt reüssieren möchte, muss an Führungskultur und -kompetenzen arbeiten. Führung brauchen die Unternehmen nach wie vor, aber sie unterscheidet sich von unserem bisherigen Führungsverständnis. Wir brauchen Führung und Netzwerke statt Hierarchien, Augenhöhe statt Status, Wertschätzung statt Kritik, Impulse statt Anordnung, Respekt statt Befehl und Vertrauen statt Kontrolle.

Führungskräfte, Unternehmerinnen und Unternehmer werden künftig vor allem **Orientierung** geben. Ihre Aufgabe ist es, die Marschrichtung des Unternehmens vorzugeben, zum Beispiel ob der Fokus auf Wachstum oder Renditesteigerung liegt, ob das Unternehmen Preisführerschaft oder Differenzierung anstrebt. Die zweite Führungsaufgabe ist es, **Leitplanken** zu setzen, also allen im Unternehmen klarzumachen, in welchen Bereichen Grenzen oder Freiheiten bestehen. Solche Leitplanken können zum Beispiel sein: Wir sind ein Familienunternehmen. Anorganisches Wachstum schließen wir aus. Wir überschreiten zu keinem Zeitpunkt den Verschuldungsgrad X. Das schafft Orientierung, Klarheit und hoffentlich ein Gemeinschaftsgefühl.

7.1.1 Der Servant Leader

In vielen Familienunternehmen gibt es ein Organigramm, an dessen Spitze die Unternehmerin bzw. der Unternehmer, eventuell mit dem Topmanagement, steht, darunter die Abteilungsleiterinnen und -leiter, unter diesen die Gruppenleiterinnen und -leiter und ganz unten die Mitarbeitenden, die Ausführenden. Drehen Sie dieses Schaubild um, damit die Mitarbeitenden und Teams ganz oben stehen, denn sie sind diejenigen, die das notwendige Wissen für eine komplexe Welt in ausreichender Breite verkörpern. Nur sie können gemeinsam komplexe Fragestellungen lösen, denn sie sind nah am Kunden und sie sind Experten in ihren Fachgebieten. Die Mitarbeitenden in der Produktion wissen meistens im Detail, wo die Engpässe in der Produktion liegen, die Kundenbetreuerin kennt die Probleme der Kunden genauer als jeder andere, der Data Engineer ist versierter in der Erhebung, Auswertung und Analyse von Daten als jeder andere. Dieses Expertenwissen fließt in alle Lösungen und Entscheidungen des Teams ein. Dies wiederum ermöglicht schnellere und bessere Entscheidungen, als sie das Management je treffen könnte.

Das Chef-Chef-Chef-Prinzip, das in vielen Unternehmen noch vorherrscht, verzögert Entscheidungen nicht nur, sondern macht sie auch schlechter. Es ist wie mit einem Gerücht: Bis die Fakten von unten nach oben gelangt sind, wurden sie so verwässert und an die Bedürfnisse der jeweiligen Ebene angepasst, dass kaum noch Substanz für fundierte Entscheidungen übrig bleibt. Überflüssige Hierarchien blockieren das Verantwortungsgefühl der Mitarbeitenden und nehmen ihnen die Freude an der Arbeit. Zu viele Hierarchieebenen führen dazu, dass sich das Unternehmen mehr mit sich selbst befasst als mit den drängenden Problemen seiner Kunden. Machtspiele und politisches Geplänkel schaffen ein ungesundes Klima, in dem jeder sich selbst der Nächste ist. In einer solchen Umgebung können Kreativität und Erfolg nicht gedeihen. Auch in einer Umgebung, in der die Mitarbeitenden lediglich versuchen, ihren direkten Vorgesetzten zufriedenzustellen, ist nur wenig Innovation zu erwarten.

Als »Servant Leader«, als »dienende Führungskraft«, müssen sich Führungskräfte von ihrem Selbstverständnis von Macht und Einfluss trennen. Sie müssen loslassen und den Mitarbeitenden Zutrauen und Vertrauen entgegenbringen, ihnen Verantwortung, Entscheidungsbefugnis und Freiräume zugestehen. Das ist nicht einfach, denn auch Führungskräfte bangen um ihren Arbeitsplatz. Auf der anderen Seite muss der Wandel nicht von heute auf morgen vollzogen werden. Gehen Sie Schritt für Schritt vor. Der erste Schritt ist, sich als Entwickler der Mitarbeitenden zu betrachten, dafür zu sorgen, dass sie alle Möglichkeiten haben, ihr volles Potenzial zu entfalten. Servant Leaders halten ihre Mitarbeitenden nicht klein, sondern freuen sich, wenn sie groß werden, und feiern Erfolge mit ihnen.

»*Nur wenn ich als Führungskraft mit Freude dabei zusehe, wenn Mitarbeitende wachsen und sich entwickeln, wenn ich mich vom klassischen Mindset löse, dass ich als Führungskraft ›der Schlaueste sein und die Vorgaben machen muss‹, wird es in der Arbeitswelt von morgen gelingen, Hochleistungsteams aufzustellen.*«
Moritz Weissman, geschäftsführender Gesellschafter Weissman & Cie.

Auch in agilen Organisationen gibt es eine Führung. Lediglich die klassischen Führungspositionen verschwinden. Führungsverantwortung wird nicht mehr einer Person zugeschrieben, sondern kann situativ variieren. Führungskräfte müssen sich Respekt und Vertrauen der Mitarbeitenden verdienen und ihre Aufgaben verändern sich. Sie werden als Mitarbeiter- und Organisationsentwicklungsexperten geschätzt.

7.1.2 Veränderung Schritt für Schritt

Sie müssen eine neue Führungskultur nicht von heute auf morgen etablieren. Das funktioniert sowieso nicht, denn Kulturveränderungen – auch in der Führungsetage – brauchen immer Zeit. Ohne die oben erwähnten Ziele und Leitplanken können Sie allerdings überhaupt keine Veränderung starten. Alle im Unternehmen müssen wissen, wohin die Reise geht und wo die Grenzen bzw. Leitplanken stehen. Ziele und Leitplanken können Sie auch nur für einzelne Bereiche, Abteilungen und Teams festlegen. Die Revolution kann bei Bedarf zunächst im Kleinen stattfinden. Hinterfragen Sie die gewachsenen Strukturen und Muster und suchen Sie nach Veränderungsmöglichkeiten. Hier einige Themen, mit denen Sie sich befassen sollten:

1. Verantwortung und Entscheidung

»*Gib deinen Mitarbeitern alle relevanten Informationen und du kannst nicht verhindern, dass sie Verantwortung übernehmen.*«
Jan Carlzon, CEO SAS-Group, 1981 bis 1994

Wenn Sie Ihren Mitarbeiterinnen und Mitarbeitern mehr Verantwortung und Entscheidungsbefugnis übertragen, steigert das deren intrinsische Motivation. Sie selbst können sich entlasten. Lassen Sie zum Beispiel die Experten/Mitarbeitenden ihre Entscheidungsvorlagen selbst dem Management präsentieren. Das spart Ihnen unnötige Abstimmungsschleifen und Zeit. Jedes Teammitglied wird stolz sein, wenn Sie ihm das zutrauen. Sobald es sich mit den Aufgaben, die vorher Sie als vorgesetzte Person erledigt haben, sicher fühlt, können Sie ihm oder ihr mehr Verantwortung übertragen.

Das Thema Verantwortung spielt auch eine große Rolle, wenn es um New Work geht. Es ist nicht einfach zu führen, wenn die Mitarbeitenden nicht anwesend sind oder ihre Arbeitszeiten selbst festlegen. In manchen Firmen wird New Work mit Remote Work verwechselt. Doch die Flexibilisierung von Arbeitsort und -zeit ist nur ein Teil von New Work. Das Konzept umfasst weit mehr. Es geht darum, Arbeitsorganisation und Führungsstrukturen zu verändern, um mit der Marktdynamik mithalten zu können.

Heike Bruch, Professorin für Betriebswirtschaftslehre und Leadership an der Universität St. Gallen hat dazu Studien erstellt und herausgefunden, dass 35 Prozent der Unternehmen in der DACH-Region New Work praktizieren. Allerdings sind über 80 Prozent davon bei der Umsetzung überfordert, weil die Unternehmenskultur nicht passt. An dem durch die Pandemie enorm gewachsenen Anteil von Mitarbeitenden im Homeoffice zeigt sich das Dilemma sehr deutlich: Vielen Führungskräften gelingt es nicht, ihr Bedürfnis nach Kontrolle durch Vertrauen in ihre Teammitglieder zu ersetzen. Sie tun sich schwer damit, den Mitarbeiterinnen und Mitarbeitern mehr Freiheit zuzugestehen und darauf zu vertrauen, dass sie zu Hause oder im Café genauso engagiert arbeiten wie im Büro. Auch für das Team ist das Homeoffice nicht die reine Freude, denn oft sind die Verhältnisse beengt, der informelle Austausch mit den Kollegen fehlt und ein virtuelles Meeting jagt das nächste. Ein Mitarbeiter bringt es auf den Punkt: »Ich hatte noch nie so viele Meetings, natürlich virtuell, wie zurzeit. Man kann dem Kollegen nicht mehr einfach etwas zurufen oder sich kurz mit ihm unterhalten, sondern muss sich virtuell verabreden. Ich kann kaum noch konzentriert über längere Zeit hinweg arbeiten.« Führungskräfte müssen angesichts dieser Auswüchse neue Formate der Zusammenarbeit und des Austauschs finden und vor allem eine sinnvolle Balance zwischen Präsenz- und Remotearbeit. Bedenken Sie: Nicht alle lieben das Homeoffice oder den Freiraum. Manche fühlen sich allein gelassen und überfordert. New Work ist ein Change-Prozess und kann nicht verordnet werden. In traditionellen Firmen hat New Work am ehesten eine Chance, wenn sie zunächst in einzelnen Bereichen getestet wird.

2. Information und Kommunikation

Führungskräfte verfügen oft über sogenanntes Herrschaftswissen. Das bedeutet nichts anderes, als dass sie Informationen für sich behalten, was wiederum zu Intransparenz und Gerüchten führt, die sich schwer wieder einfangen lassen. Manche Führungskräfte, Unternehmerinnen und Unternehmer sind der Ansicht, dass nicht jeder alles zu wissen braucht, was im Unternehmen vor sich geht. Das ist sicher richtig, aber wie soll jemand fundierte Entscheidungen treffen, wenn er gar nicht die dafür relevanten Informationen hat? Überlegen Sie, welche Informationen Sie zurückhalten und warum. Gibt es wirklich einen Grund dafür? Natürlich müssen Mitarbeitende nicht über alles im Detail Bescheid wissen, aber sie sollten wissen, wo das Unternehmen steht, über die wichtigsten Unternehmenskennzahlen, die strategische Ausrichtung und wichtige Managemententscheidungen informiert sein. Die Entscheidung, nach einem neuen Geschäftsmodell zu suchen und dafür ein Start-up oder eine Digitaleinheit zu gründen, gehört definitiv zu den Dingen, über die die Mitarbeitenden Bescheid wissen sollten. Bestimmt fällt Ihnen noch mehr ein. Erhöhen Sie die Transparenz schrittweise. Mitarbeitende sollten das große Ganze und ihren Beitrag dazu erkennen können. Sonst können sie weder ihre Kompetenzen richtig einbringen, noch mehr Verantwortung übernehmen.

Bedenken Sie, dass das Unternehmen für die meisten Mitarbeitenden deren Existenz sichert. Wer will aus der Zeitung erfahren, dass gegen das Unternehmen prozessiert wird oder der Seniorchef an den Junior übergibt? Auch unter diesem Aspekt ist es sinnvoll, für mehr Transparenz zu sorgen. Kommunizieren Sie auf den Kanälen, die sowohl für Sie als auch für die Mitarbeitenden funktionieren. Manche Unternehmerinnen und Unternehmer schreiben im Firmenblog, andere verschicken Newsletter, in größeren Unternehmen gibt es oft eine Mitarbeiterzeitschrift, manche sind zu bestimmten Zeiten im Intranet-Chat präsent, andere verschicken Rund-E-Mails oder machen einen Aushang am (digitalen) Schwarzen Brett. Welche Form der Kommunikation Sie wählen, ist egal, Hauptsache, Sie erreichen die Empfänger. Seien Sie ehrlich, wenn Sie kommunizieren. Wenn Sie zum Beispiel eine Frage nicht beantworten möchten, sagen Sie das.

3. Freiraum und Balance

Wenn Sie Mitarbeiterinnen oder Mitarbeiter für eine Extra-Aufgabe einsetzen wie die Entwicklung eines digitalen Produkts, Services oder Geschäftsmodells, die Einrichtung eines E-Shops oder was auch immer, brauchen diese Mitarbeitenden dafür Zeit. Die digitale Transformation bringt viele Mitarbeitende an den Rand der Erschöpfung oder sogar des Zusammenbruchs. Von ihnen wird erwartet, dass sie ihre normale Arbeit erledigen und irgendwie noch Zeit für das Extra-Projekt finden. Das wird auf Dauer nicht funktionieren. Personen, die eine solche Aufgabe übernehmen sollen, brauchen die nötige Zeit dafür und die Gewissheit, dass ihre laufenden Aufgaben jemand anders übernimmt. Wenn Sie wollen, dass ein Digitalprojekt zum Erfolg wird, sorgen Sie dafür, dass jedes Teammitglied die nötige Zeit dafür hat. Es muss ja nicht gleich eine Ganztagsbeschäftigung sein. Achten Sie darauf, dass während der Projektzeit weder Vorgesetzte noch Kollegen Zugriff auf den Mitarbeitenden haben. Digitalisierungsprojekte lassen sich nicht zwischen 9 und 9.15 Uhr erledigen.

Wenn Sie wollen, dass sich Ihr Team mit Freude und Engagement einem digitalen Projekt widmet, ist es obligatorisch, für Freiraum und Balance zu sorgen. Erschöpfte und unzufriedene Mitarbeitende tun sich schwer mit Kreativität und Motivation. Das ist einer der Gründe, weshalb in manchen Unternehmen mit der unvorbereiteten Einführung neuer Arbeitsweisen und -methoden zunächst ein Rückschritt verbunden ist.

4. Silos und Konkurrenz

Wenn Sie die interdisziplinäre Zusammenarbeit in Teams fördern wollen, werden Sie die bisherigen Silos/Abteilungen in einem ersten Schritt öffnen müssen. Nehmen wir an, Sie verfolgen eine Omnichannel-Strategie, aber die stationäre Fraktion weiß nicht, was die Online- und die Social-Media-Fraktion tun und umgekehrt. Bauen Sie die Barrieren für die Zusammenarbeit verschiedener Abteilungen ab. Dazu gehört auch die Incentivierung. Solange Sie das nicht tun, erschweren Sie den Mitarbeitenden nicht nur die Zusammenarbeit, sondern fördern auch die Konkurrenz zwischen den Silos. Das kann für den Kunden und somit für das Unternehmen nicht gut ausgehen.

In den meisten Unternehmen sind die internen Strukturen historisch gewachsen. Hinterfragen Sie die Sinnhaftigkeit dieser Strukturen und ändern Sie sie bei Bedarf. Wenn Sie alte Strukturen auflösen und neue schaffen, sollten Sie mit Widerstand aus Teilen des Managements rechnen. Bereiten Sie sich darauf vor.

> »Setzen Unternehmen auf bürokratische Strukturen, Kontrollen, Kennzahlen und Silos, ist der Einsatz neuer Arbeitsformen unmöglich.«
> Prof. Dr. Heike Bruch in ChangeRider, Pioniergeister statt Bedenkenträger

5. Menschen und Kompetenzen

Nicht jeder geht gut mit Veränderung um und viele Mitarbeitende haben wahrscheinlich keine große Lust, mehr Verantwortung zu übernehmen oder Entscheidungen zu treffen. Das mag vielleicht auch daran liegen, dass sie bisher wenig Unterstützung durch Führung und Management erfahren haben. Andere werden Bedenken haben, ob sie den neuen Anforderungen überhaupt gewachsen sind.

Versuchen Sie nicht, alle auf einmal zu überzeugen. Beginnen Sie mit denen, die Lust auf Veränderung und andere Arbeitsweisen haben. Wenn die Rahmenbedingungen stimmen, werden diese motivierten Mitarbeitenden bald erste Erfolge erzielen und weitere Kollegen begeistern. Die Begeisterung wächst, wenn Teammitglieder ihr Wissen teilen, selbst Lösungen für Probleme erarbeiten können und Anerkennung dafür erhalten. Wie stolz wird der Kollege aus der Produktion sein, wenn er vor dem Kauf einer neuen Maschine konsultiert wird? In einem Familienunternehmen zum Beispiel bezieht der Chef regelmäßig einen der Produktionsmitarbeiter und einen Auszubildenden in die Auswahl einer neuen Maschine ein. Er sucht ihren Rat, wenn es um die Spezifikationen geht, und nimmt sie zu den Verhandlungen mit dem Verkäufer mit. Die Mitarbeiter studieren die verschiedenen Angebote intensiv, bereiten sich akribisch vor und kehren mit stolz geschwellter Brust von solchen Ausflügen zurück.

> »*The joy of leadership comes from seeing others achieve more than they thought they were capable of.*«
> Simon Sinek am 19. Mai 2021 auf Twitter

Leiten Sie aus Ihrer Strategie ab, welche Kompetenzen das Unternehmen in Zukunft benötigen wird. Bieten Sie interessierten Mitarbeiterinnen und Mitarbeitern, vor allem den zögerlichen, entsprechende Weiterbildungsmöglichkeiten an, am besten online und offline. Wenn Mitarbeitende sich während der Arbeitszeit weiterbilden können, ist das ein zusätzlicher Anreiz. Fragen Sie die Mitarbeitenden, was sie brauchen, um mitzumachen, was ihnen fehlt, um die Veränderung mitzugehen. Je sicherer sich jemand seiner selbst und seiner Kompetenzen ist, desto eher wird er bereit sein, den Weg der Veränderung mitzugehen. Ordnen Sie nicht an, sondern bieten Sie Unterstützung.

Lassen Sie sich nicht entmutigen, wenn Sie auf Ablehnung treffen. Es wird immer einige aus dem Management oder der Belegschaft geben, die den Weg nicht mitgehen wollen. Es ist besser, sich aktiv von ihnen zu trennen, als sie die Entwicklung bremsen zu lassen.

Sofern Sie neue Mitarbeitende einstellen, sollten Sie darauf achten, dass sie in das Unternehmen passen und die Veränderung mittragen werden. Alle im Team sollten lern- und entwicklungswillig sein, das Management sollte Ihrer Führungsphilosophie folgen können und wollen. Mit einem Management, das eine andere Führungsphilosophie und womöglich noch andere Werte hat als die Unternehmerin/der Unternehmer, tun Sie dem Unternehmen keinen Gefallen. Dagegen wird das Unternehmen von Managern und Mitarbeitenden profitieren, die sich mit der Unternehmensvision identifizieren können und dafür brennen.

Egal wie gut Sie diese ersten Schritte durchdenken, entscheidend für den Erfolg wird die Haltung von Führungskräften und Management sein. Sie müssen ihr altes Führungsverhalten, basierend auf Macht, Einfluss und Kontrolle ablegen und ihre neue Rolle als Servant Leader annehmen. Vielleicht müssen einige auch auf einen eindrucksvollen Titel wie »Head of ...« verzichten, doch sie werden unglaublich viel gewinnen, wenn die Mitarbeitenden sie aufgrund von Fähigkeiten und Arbeit schätzen und respektieren und nicht, weil sie Vorgesetzte sind.

7.2 Zum New Leader werden

In diesem Kapitel sprechen wir von Unternehmerinnen und Unternehmern oder von CEOs und Führungskräften. Wir nennen sie bewusst nicht Digital Leader, denn die meisten Führungspersonen in Familienunternehmen sind keine Digital Natives und haben keine entsprechende Ausbildung. Für die Entwicklung und Implementierung eines digitalen bzw. disruptiven Geschäftsmodells werden sich die meisten die Nachfolgergeneration oder einen Digitalexperten an die Seite holen. Die Aufgabe von Unternehmerinnen/Unternehmern ist es, in unsicheren Zeiten Stabilität zu vermitteln. Im Idealfall sind sie Visionäre, die dem Unternehmen mit ihrer Vision einen Sinn verleihen. Für die Vision einer digitalen Zukunft ist digitales Grundwissen unverzichtbar. Ein New Leader muss keinen Code schreiben können, aber über das Funktionieren und die Zusammenhänge in der digitalen Welt Bescheid wissen. Wenn er von all dem gar keine Ahnung hat, steht seine Vision auf tönernen Füßen. Im Idealfall gelingt es ihm, das Bild einer erstrebenswerten, begeisternden Zukunft zu zeichnen und auf dem Weg dorthin mutig voranzugehen. Ein New Leader ist derjenige, dem alle anderen im Unternehmen folgen wollen, dem sie zutrauen, sie und das Unternehmen sicher durch unbekanntes Terrain in eine erfolgreiche Zukunft zu leiten.

> *»Keep your eyes on the stars and your feet on the ground.«*
> Theodore Roosevelt

Das heißt, von einem wahren New Leader werden, wie bereits in Kapitel 2.2 ausgeführt, nicht so sehr Managementfähigkeiten erwartet als Führungsfähigkeiten. Es geht darum, durch Charakter, Persönlichkeit, Auftreten, Erfahrung und Ausstrahlung wirksame »Führungs-Kraft« zu entfalten. Das hat Auswirkungen auf das Umfeld, auf Motivation und Stimmung der Mitarbeitenden, auf die Unternehmenskultur sowie die im Unternehmen herrschende Geisteshaltung und die Fähigkeit zur Teambildung. Leadership bedeutet in diesem Sinne, sein gelebtes Wertesystem mit sozialer Kompetenz und Selbstkompetenz zu verbinden.

Laut dem österreichischen Philosophen, Psychotherapeuten und Kommunikationswissenschaftler Paul Watzlawick entspricht »Führen« dem Verhalten auf der Beziehungsebene. Es ist die Kunst, Menschen zu bewegen. Dagegen bedeutet »Managen« für ihn das Verhalten auf der Sachebene, das Organisieren von Aufgaben und Abläufen. So betrachtet, ist Managen die Technik von Delegation und Kontrolle. Doch diese Fähigkeiten werden in einer digitalen, agilen Welt immer weniger gebraucht. Vielmehr werden Manager künftig verschiedene Rollen übernehmen müssen. Manche werden sich zu Enablern ihrer Teams, zu Servant Leaders, zu Moderatoren und Netzwerkern entwickeln. Sie werden lernen, die Lösungsfindung dem Team zu überlassen, den Weg zur Lösungsfindung nicht vorzugeben, auf Kontrolle zu verzichten und die Hindernisse für ihre Teams aus dem Weg zu räumen. Manche werden andere Rollen in der Organisation übernehmen und von manchen werden Sie sich trennen müssen, denn Priorität wird die Transformation des Unternehmens haben.

Agile Unternehmen werden nur entstehen, wenn es der Führung gelingt, die Silos in der Organisation und in den Köpfen – auch im eigenen Kopf – einzureißen und bereichsübergreifendes Arbeiten zu etablieren. Die hierarchische Organisation muss Communitys und Netzwerken weichen, die es den Mitarbeitenden ermöglichen, mehr Verantwortung zu übernehmen. Das ist kein Selbstzweck, sondern macht das Unternehmen schneller und agiler und vergrößert die Berührungsfläche mit dem Kunden. Was wiederum dazu führt, dass die Schmerzpunkte des Kunden schneller erkannt und gelöst werden.

Solche fundamentalen Veränderungen verlangen von Führung und Management ebenso viel Offenheit, Veränderungs- und Lernbereitschaft wie von den Mitarbeitenden. Hinzu kommt die Daueraufgabe Change-Management, denn die digitale Transformation ist nie abgeschlossen. Mit der ökologischen Transformation steht schon der nächste große Change vor der Tür.

> **!** **Die wichtigsten Fähigkeiten des New Leader**
> - wertschätzende Führung
> - positive Risikobereitschaft
> - Bereitschaft zur Selbstreflexion
> - Open Mind und Lernbereitschaft
> - Fehlertoleranz
> - Sozial- und Kommunikationskompetenz
> - Teamfähigkeit
> - Netzwerk- und Digitalkompetenz
> - strategisches und analytisches Denken

7.2.1 Sich selbst führen

Wer sich nicht selbst führen kann, sollte andere auch nicht führen dürfen.

Erfolgreiche Führungskräfte haben die Fähigkeit, eigene Verhaltensmuster selbstkritisch zu reflektieren. Das ist in Zeiten des digitalen Wandels nötiger denn je, weil uns dieser Wandel dazu zwingt, ganz neue Wege zu gehen und uns für andere Sichtweisen und ein neues Denken und Handeln zu öffnen. Es ist notwendig, dass wir den Mut haben, uns regelmäßig den Spiegel vorzuhalten, unsere Handlungs- und Verhaltensmuster immer wieder zu hinterfragen. Nur auf diese Weise können wir uns weiterentwickeln und eine bessere Führungskraft werden. Vertrauen, Offenheit und Kommunikation sind die Basis einer guten Führung. Eine gute Führungskraft ist für die Mitarbeitenden in allen Belangen ein Vorbild. Erfüllt sie diese Rolle nicht, indem sie zum Beispiel Vertrauensbrüche begeht oder Mitarbeitende geringschätzt, wird das nur schwer verziehen.

Wie gehen Sie damit um, wenn Sie Fehler machen? Sachliche und fachliche Fehler werden leichter verziehen als Fehler auf der emotionalen Ebene. Stehen Sie zu Fehlern, entschuldigen Sie sich und arbeiten Sie aktiv an einer Verbesserung? Können Sie konstruktive Kritik annehmen? Halten Sie ein begründetes Nein aus?

Eine echte Führungskraft fördert die Mitarbeitenden nicht nur, sondern fordert sie auch: Die Pflicht zur Mitsprache ist in einem gesunden Unternehmen, dessen Kultur auf Vertrauen, Verantwortung und Verbindlichkeit basiert, eine Selbstverständlichkeit. Wer Ja-Sager um sich versammelt, Eigenverantwortung unterdrückt und Widerspruch als persönlichen Angriff auffasst, wird feststellen, dass das Unternehmen Schaden nimmt.

Führen heißt, andere emporheben.

Sind Sie bereit und in der Lage, Ihren Mitarbeitenden mehr Verantwortung, eine größere Entscheidungsbefugnis und größere Freiräume zu schenken? Nur wenn Sie als Unternehmerin bzw. Unternehmer, als New Leader, voll und ganz hinter der digitalen Transformation stehen, bereit sind, dafür an sich selbst zu arbeiten, sich weiterzuentwickeln, werden Sie mit Ihrem Team erfolgreich sein. Wenn Sie Agilität predigen und selbst in alten Mustern verharren, werden es die Mitarbeitenden auch tun.

So sieht gute Führung aus

- wertschätzender und respektvoller Umgang auch unter Druck
- Glaubwürdigkeit, basierend auf einem stabilen Wertesystem
- Bereitschaft zur Selbstreflexion
- Zielklarheit
- Talententdecker und Entwickler der Mitarbeitenden
- Kommunikations- und Feedback-Fähigkeit
- kreative Problemlösungsfähigkeit

Leadership ist nicht, den Menschen zu sagen, was sie zu tun haben. Leadership bedeutet Empathie, Geduld, aktives Zuhören, effektives Feedback, Fehler machen und aus ihnen lernen.

7.2.2 Der Unternehmensgarten

Pflanzen brauchen für ein gesundes Wachstum ein optimales Maß an verschiedenen Wirkstoffen. Fehlt ein Wirkstoff oder ist zu wenig davon vorhanden, wird das Wachstum gestört. Das Gleiche gilt, wenn zu viel eines Wirkstoffs vorhanden ist. Zu viel ist ebenso schädlich wie zu wenig. Stellen Sie sich einen Garten mit vielen verschiedenen Pflanzen vor, in dem der Gärtner als der Verantwortliche dafür sorgt, dass jede

Pflanze zum jeweils richtigen Zeitpunkt mit den jeweils richtigen Mengen an Wasser, Wärme, Licht und Nährstoffen versorgt ist. Hat die Pflanze alle Wirkstoffe, wird sie ihr Wachstum selbst optimal organisieren. Man bezeichnet dieses Versorgungsprinzip als »Minimumfaktor«.

Unternehmerinnen, Unternehmer und Führungskräfte sind Gärtner, die für die Rahmenbedingungen sorgen müssen, unter denen sich das Unternehmen und alle, die dazugehören, optimal entwickeln können. Führungskräfte sollten ihre Mitarbeiterinnen und Mitarbeiter in ihrer beruflichen und persönlichen Entwicklung fördern, ihnen beste Rahmenbedingungen für erfolgreiches Arbeiten bieten sowie sie am richtigen Platz und im richtigen Team einsetzen. Bezüglich des Unternehmens muss immer wieder neu definiert werden, was extern (drängende Kundenprobleme) und intern die Minimumfaktoren sind. Muss mehr in Online-Marketing und Digitalisierung investiert werden oder eher in Mitarbeiterentwicklung und Produktinnovation? Die Minimumfaktoren beeinflussen die Entwicklung der Mitarbeitenden ebenso wie das Unternehmenswachstum.

7.3 Den Change begleiten

Change ist nichts Neues. Stimmt, aber das Veränderungstempo ist heute viel höher. Die Digitalisierung mit digitalen und disruptiven Geschäftsmodellen ist ein riesiger Change. Wie Norbert Heckmann, CEO Adolf Würth GmbH & Co. KG, sagt: »Die Implementierung eines neuen Geschäftsmodells ist sehr eng mit dem bekannten Change-Management verbunden. Ob das disruptiv ist oder einfach neu, ist egal.«

Trotzdem werden über der Notwendigkeit zur Veränderung oft die Grundlagen des Change-Managements vergessen. Wir wundern uns, dass wir nur langsam vorankommen, mit großem Widerstand zu kämpfen haben und ein Teil der Belegschaft glaubt, das Ganze aussitzen zu können. Selbstverständlich ist es einfacher, wenn wir die ganze Digitalisierungs- und Disruptionsgeschichte in ein neues Unternehmen auf die grüne Wiese auslagern. Zunächst, denn irgendwann kommt das innovative und digitale Produkt oder Geschäftsmodell vielleicht in die Kernorganisation zurück. Und seien wir ehrlich: Kein Unternehmen kann sich der digitalen Transformation entziehen, sofern es in zehn oder 20 Jahren noch am Markt erfolgreich sein will. Wollen Sie sich vorstellen, dass Audi oder BMW zur verlängerten Werkbank von Tesla mutiert und dort nur noch perfekte Karosserien hergestellt werden?

Wenn wir der Veränderung also nicht entgehen können, müssen wir sie so verkraftbar und attraktiv wie möglich machen. Prinzipiell gibt es drei Arten von Change: die Evolution (Entwicklung einer Corporate Identity), die Revolution (Strategieprojekt) und die Überraschung (Verkauf). Bei der digitalen Transformation handelt es sich um eine Revolution. Es besteht ein hoher Problemdruck, die Mitarbeitenden empfinden die Veränderung als radikal und sehen teilweise (noch) keinen Handlungsdruck. Es besteht ein großer Erklärungsbedarf, denn die Mitarbeitenden müssen erkennen, weshalb die Veränderung notwendig ist, weil sie sich nicht ohne die Mitarbeitenden erreichen lässt. Viele Change-Prozesse scheitern übrigens an der Führung, die zwar erwartet, dass sich alle anderen ändern, aber nicht die Führung selbst.

Veränderung will geplant sein. Am wichtigsten sind eine genaue Zieldefinition und ein Streckenplan. Bei der Zieldefinition sollten Sie klären, welches Verhalten von den Mitarbeitenden erwartet wird und wie die Kultur sein soll. Jeder empfindet Veränderung anders. Bewerten Sie deshalb Veränderung nie als »klein« oder »groß«. In Unternehmen, in denen es ständig Veränderung gibt, gehen die Mitarbeitenden anders damit um als in Unternehmen, in denen sich seit Jahrzehnten so gut wie nichts verändert hat. Ein Großteil aller Widerstände entsteht, weil den Beteiligten nicht klar ist, was von ihnen erwartet wird. Deshalb haben sie Angst, und die kann man nicht einfach abstellen, auch nicht, wenn sie unberechtigt ist. Werden Ängste nicht berücksichtigt, kostet das umso mehr Zeit und Geld.

In Familienunternehmen wird meistens versucht, alle Mitarbeitenden »mitzunehmen«. Natürlich sollen alle einbezogen werden. Sie sollen die Veränderung schließlich umsetzen. Verhindern lässt sich eine notwendige Veränderung aber nicht. Das sollte von Anfang an klar kommuniziert werden: Die Veränderung ist gesetzt. Dinge, die gesetzt sind, werden nicht diskutiert. Die Beteiligten sollten jedoch auch wissen, wo sie die Möglichkeit haben, mitzugestalten und sich einzubringen. Eine eindeutige und ehrliche Kommunikation bedeutet Wertschätzung. Wenn Sie die Mitarbeitenden dagegen über Dinge diskutieren lassen, die längst feststehen, wird das als Hohn und Missachtung empfunden. Sorgen Sie deshalb immer für Klarheit.

7.3.1 House of Change

Change-Management arbeitet mit verschiedenen Tools wie Change-Matrix, Change-Philosophie, Klimakurven, Stabilitätsmanagement und House of Change. Niemand wird alle Werkzeuge nutzen. Schließlich sollten alle noch zum Arbeiten kommen. Am Anfang jedes Change-Prozesses sollte die Analyse der Ist-Situation stehen. Dabei wird geklärt, welche Einstellung zum Thema Veränderung im Unternehmen herrscht, welcher Veränderungsbedarf quantitativ und qualitativ besteht, wer was benötigt, damit er die Veränderung mitgehen kann.

Wir stellen Ihnen als Werkzeug das House of Change vor, denn es ist eine Metapher, die Führungskräften das Verständnis der Mitarbeitenden und deren aktueller Gefühlslage erleichtert und ihnen dabei hilft, alle in Bewegung zu bringen.

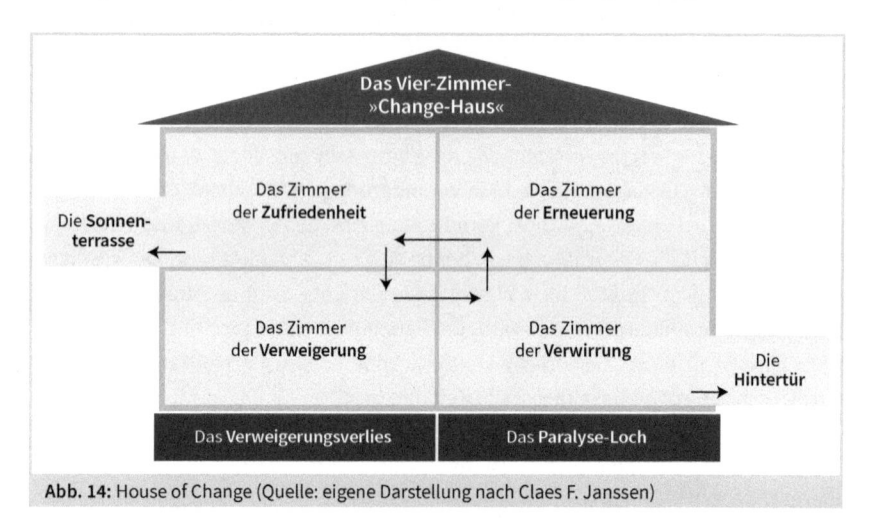

Abb. 14: House of Change (Quelle: eigene Darstellung nach Claes F. Janssen)

Das zweistöckige Haus steht für die Einstellung des einzelnen Mitarbeiters zur geforderten Veränderung. Die Zimmer stehen für unterschiedliche Befindlichkeiten und Erkenntnisse über die Notwendigkeit der Veränderung und das Vorgehen. Die »Hausbewohnerinnen und -bewohner« nehmen immer denselben Weg. Sie gehen vom Zimmer der Zufriedenheit ins Zimmer der Verweigerung und anschließend ins Zimmer der Verwirrung. Über das Zimmer der Erneuerung gelangen sie wieder ins Zimmer der Zufriedenheit und nach einer gewissen Zeit beginnt der Kreislauf von Neuem. Schauen Sie sich das Haus an und überlegen Sie, wie sich die Mitarbeitenden in den verschiedenen Zimmern verhalten, was Sie tun können und nicht tun dürfen, damit es weitergeht.

Gehen wir davon aus, dass Sie mit Ihrem Unternehmen ein erfolgreicher Marktführer sind, dessen Umsatz stetig wächst und dessen Auftragsbücher voll sind. Dem

Unternehmen geht es gut bis sehr gut. Ihre Mitarbeitenden wissen das. Sie sitzen im Zimmer der Zufriedenheit und freuen sich über die gute Auftragslage. Einige haben es sich sogar auf der Sonnenterrasse bequem gemacht, haben Drinks mit bunten Schirmchen in der Hand und eine Sonnenbrille auf der Nase. Jetzt kommen Sie um die Ecke und sagen: »Leute, wir müssen dringend etwas ändern, sonst sind wir in fünf Jahren nicht mehr am Markt. Wir brauchen ein digitales oder sogar disruptives Geschäftsmodell.«

Damit werden Sie keine Begeisterungsstürme ernten, höchstens Kopfschütteln. Schließlich war das letzte Jahr das beste der Unternehmensgeschichte. Erzählen Sie jetzt von den neuen Wettbewerbern, die Ihnen schlaflose Nächte bereiten, von den Entwicklungen in der Branche. Informieren Sie über Ihre Gründe für die Veränderung und vor allem: Bleiben Sie dran! Irgendwann beginnen die Leute im Zimmer der Zufriedenheit nachzudenken. Je nach Typ landen sie früher oder später im Zimmer der Verweigerung. Das heißt, sie denken zwar nach, sind aber noch weit davon entfernt, die Veränderung gutzuheißen oder gar zu unterstützen. Sie werden eher versuchen, das Projekt zu torpedieren. In dieser Situation läuft der Flurfunk auf Hochtouren. Man klammert sich an die Erfolge der Vergangenheit und der Gegenwart. Aus diesem Zimmer kommen die Mitarbeitenden erst heraus, wenn sie akzeptieren, dass etwas unternommen werden, sich etwas verändern muss. Das kann einige Zeit dauern. Deshalb laden Sie zu einer Veranstaltung ein und zeigen, was »draußen« los ist. Sie können ruhig etwas übertreiben. Sollte jemand im Verweigerungsverlies sitzen, ist ein Gespräch dringend notwendig. Ohne Hilfe kommt er dort nicht heraus. Manche werden Sie gar nicht aus dem Verlies befreien können. In diesen Fällen ist eine Trennung unumgänglich.

Im Zimmer der Verwirrung sind alle im »Headless Chicken Mode«. Sie flattern wild durcheinander, gackern aufgeregt, denn jetzt wird den Mitarbeitenden bewusst, was auf sie zukommt. Sie sind durcheinander, ängstlich, ärgerlich, überfordert. Sie befürchten, dass sie den neuen Anforderungen nicht gewachsen sind und haben Selbstzweifel. Sie suchen Führung, jemanden, der die Richtung vorgibt, ihnen sagt, wie es weitergeht, und sie ermutigt. Ihre Chance: Präsentieren Sie Ihre Vision, geben Sie die Richtung vor, betonen Sie Dinge, die sich nicht ändern werden, geben Sie schnelles Feedback auf Ergebnisse, honorieren Sie neues, erwünschtes Verhalten und ermutigen Sie. Sie sind der Kapitän, der das Schiff sicher durch den Sturm steuert. Im Paralyse-Loch sitzen die Mitarbeitenden, für die die Zukunft nicht mehr vorstellbar ist. Sie haben Angst, ob sie im neuen Gefüge ihren Platz finden, und würden am liebsten davonlaufen. Diese Menschen brauchen Ihre Fürsorge, egal ob ihre Ängste und Gefühle für Sie nachvollziehbar sind oder nicht.

Einige Leute werden mit dem Gedanken spielen, das Haus durch die Hintertür zu verlassen und es früher oder später auch tun. Sie sind überfordert. Bieten Sie rechtzeitig ein Gespräch an.

Im Zimmer der Erneuerung geht es vorwärts. Die Menschen sind positiv gestimmt und fühlen sich stark. Sie haben verstanden, worum es geht, und ihre Rollen akzeptiert. Sie übernehmen Verantwortung, gehen motiviert an ihre Aufgaben, kommunizieren, lernen und vertrauen auf ihre Fähigkeiten. Sie nehmen die Herausforderung an und kommen mit der Veränderung besser zurecht als erwartet. Das Gefühl, es geschafft zu haben, macht sie glücklich.

Möglicherweise fallen manche Mitarbeitenden in den Zustand der Verwirrung zurück. Andere gehen gleich durch ins Zimmer der Zufriedenheit oder nehmen wieder den Liegestuhl auf der Terrasse in Beschlag. Versuchen Sie das zu verhindern. Heben Sie das Niveau an oder formulieren Sie anspruchsvollere Ziele, ermutigen Sie zu Weiterentwicklung. Werfen Sie ab und zu ein kräftiges »Ja, und ...« ein. Die Mitarbeiter sollen erkennen, dass Veränderung nicht aufhört.

Vergessen Sie aber nie, dass Change mit Menschen zu tun hat. Als Führungskraft müssen Sie wissen, was mit den Menschen passiert. Sie müssen sie dabei unterstützen, aktiv an der Veränderung teilzunehmen und Gewinn daraus zu ziehen. Letztlich geht es um Effizienz und Arbeitsfähigkeit. Man wird zwar nie 100 Prozent der Beteiligten mitnehmen können, aber 70 Prozent sind ein sehr gutes Ergebnis. Ja, der Aufwand ist hoch und es dauert einige Zeit – einer der Gründe, weshalb wir Ihnen empfehlen, zunächst eine Digitaleinheit oder eine Ausgründung aufzusetzen. Das verschafft dem Gesamtunternehmen Zeit, sich zu verändern.

7.3.2 Kommunikation und Konsequenz

Das House of Change zeigt, dass die wichtigsten Faktoren in Veränderungssituationen Information, Kommunikation und Konsequenz sind. Die Bedeutung dieser Faktoren wird verstärkt durch die veränderten Erwartungen heutiger und künftiger Generationen an Transparenz. Transparenz und Kommunikation werden zu Kriterien für die Beurteilung der Arbeitgeberattraktivität. Heutige Arbeitnehmerinnen und Arbeitnehmer wollen wissen, wie es dem Unternehmen geht, wie Entscheidungen getroffen werden, warum sie so und nicht anders aussehen und was diese Entscheidungen für sie selbst und das Unternehmen bedeuten. Die Aussage: »Wir brauchen ein neues Geschäftsmodell« reicht nicht aus. Das Warum ist entscheidend. Menschen tendieren dazu, in einer gegebenen Situation zu verharren, anstatt sie aktiv zu verändern, weil die Veränderung bedrohlich ist und deren Ausgang im Dunkeln liegt. Deshalb ist ein »großartiges Bild der Zukunft«, eine Vision, so wichtig. Verzichten Sie auf übermächtige Bedrohungsszenarien. Veränderung aus Lust ist allemal besser als Veränderung aus Leid bzw. Angst und hat weit größere Erfolgsaussichten auf eine nachhaltige Veränderung.

Je offener und regelmäßiger Sie kommunizieren, desto besser werden die Beteiligten den Sinn und die positive Seite der Veränderung erkennen und sich dafür engagieren. Das heißt nicht, die Dinge schönzureden oder den Mitarbeitenden Angst zu machen. Vertrauen entsteht nur, wenn Kommunikation ehrlich, glaubwürdig und keine Einbahnstraße ist. Eine offene, vertrauensvolle Kommunikation erleichtert allen das Leben und verhindert im Voraus viele Schwierigkeiten, die letztlich dem Erfolg im Weg stehen. In einer Kultur des Misstrauens und der übermäßigen Kontrolle gedeihen weder Kreativität noch Motivation. Wenn der Flurfunk übernimmt, werden viele Mitarbeitenden ihre Energie in die Beantwortung der Frage »Was stimmt und was nicht?« stecken statt in die Arbeit. Das kann nicht in Ihrem Sinne sein.

Natürlich ist es anstrengend, wenn Sie sich mit Widerspruch und unterschiedlichen Meinungen auseinandersetzen müssen, doch letztlich trägt das zum Unternehmenserfolg bei. Widerspruch kann bereichernd und Kritik konstruktiv sein. Dafür können Regeln aufgestellt werden. Kein Team und kein Unternehmen kommt ohne Mitglieder aus, die Dinge infrage stellen und über den eigenen Tellerrand hinausschauen. Wer versucht, sie mundtot zu machen, tut weder sich selbst noch dem Team und schon gar nicht dem Unternehmen einen Gefallen. Kommunikation sollte auf Augenhöhe und im Geiste gegenseitiger Wertschätzung erfolgen, nicht zu vergessen, dass Kommunikation auch Zuhören einschließt.

»Manche Chefs hören nicht zu, sondern reden lieber selbst. Dabei ist das Zuhören eine der wichtigsten Aufgaben einer Führungskraft. Nur so erfährt sie konstruktive Kritik, die, sofern sie gehört wird, einhergeht mit Verbesserungen des Bestehenden.«
Abtprimas Notker Wolf

Wie Sie die interne Kommunikation gestalten, ist abhängig von der Unternehmenskultur. Ob Sie als Führungskraft einen eigenen Blog betreiben, ob Sie Online-Fragestunden für Mitarbeitende, einen regelmäßigen Newsletter, Info-Fridays, Chat-Roulette während des Mittagessens oder eine »Kaffeestunde mit dem Chef« anbieten, zu der Sie immer wieder andere Mitarbeitende einladen, bleibt Ihnen überlassen. Das Angebot muss zum Unternehmen und den Themen passen. Die Empfänger müssen mit dem jeweiligen Format erreicht werden. Jede Kommunikationsstrategie ist nur dann erfolgreich, wenn die Führungskräfte sie im Alltag umsetzen. Referieren Sie nicht über Vertrauen, Offenheit und Transparenz, wenn Sie diese Werte selbst nicht leben.

Kommunikation ist keine Eintagsfliege. Sie muss regelmäßig erfolgen. Eine einmalige Motivationsrede an Weihnachten verpufft schnell oder wird ins Lächerliche gezogen. Kommunizieren Sie regelmäßig und liefern Sie für die Mitarbeiterinnen und Mitarbeiter relevante Informationen. Am besten erstellen Sie einen Kommunikationsplan, in den Sie sowohl den zeitlichen als auch den inhaltlichen Aspekt sowie die passenden Kanäle integrieren. Halten Sie sich konsequent daran. Und vergessen Sie nicht die Kommunikation der Mitarbeitenden untereinander. Stellen Sie Tools bereit, die auf dem aufbauen, was die Menschen aus dem privaten Bereich kennen. Ein Intranet mit Chats und Social Media dient sowohl dem beruflichen als auch dem informellen Austausch.

! **Kommunikation im Veränderungsprozess**

- Sprechen Sie geplante Veränderungen so früh wie möglich an.
- Sagen Sie, welche Dinge bereits feststehen und welche noch nicht.
- Erklären Sie den Grund für die Veränderung.
- Teilen Sie Ihre Vision einer großartigen Zukunft. Sprechen Sie über Erwartungen, Ziele, Strategie und Bedeutung für das Unternehmen.
- Erläutern Sie die grundlegenden Veränderungen sowie mit welchen Maßnahmen und in welchem Zeitraum sie umgesetzt werden sollen.
- Erklären Sie, welche Auswirkungen die Veränderungen auf die Mitarbeiterinnen und Mitarbeiter, ihren Arbeitsplatz und ihre Entwicklungsmöglichkeiten haben.
- Sorgen Sie für Feedback und Dialog, denn alle sollen den Sinn der Veränderung verstehen und sie mittragen.
- Führen Sie Mitarbeiter- und wenn nötig Konfliktgespräche.
- Ermutigen Sie Ihre Führungskräfte, die Mitarbeitenden am Arbeitsplatz zu informellen Gesprächen aufzusuchen.
- Richten Sie Begegnungszonen für die Mitarbeitenden ein, zum Beispiel eine Kaffeeküche oder Sitzecken. Manchmal entstehen in informeller Runde ganz nebenbei die besten Ideen.

7.3.3 Exkurs: Externe Kommunikation

Die externe Kommunikation ist ähnlich wichtig wie die interne, denn sie prägt das Bild des Unternehmens nach außen. Denken Sie daran: Man kann nicht nicht kommunizieren. Familienunternehmen tendieren dazu, die Presse und damit die Öffentlichkeit auszuschließen. Das hat drei mögliche Auswirkungen:
1. Die Öffentlichkeit nimmt das Unternehmen nicht wahr – weder negativ noch positiv. Das Unternehmen bleibt auch für potenzielle Bewerberinnen und Bewerber unsichtbar.
2. Die Presse beobachtet das Unternehmen sehr genau und sucht nach negativen Nachrichten.
3. Das Bild des Unternehmens in der Öffentlichkeit wird durch andere Quellen, zum Beispiel durch Posts der Mitarbeitenden auf Social Media oder Bewertungsportalen, bestimmt. Das kann möglicherweise ein negatives Bild des Unternehmens in der Öffentlichkeit zur Folge haben oder Bewerberinnen und Bewerber abschrecken.

Es ist keine gute Idee, das Bild Ihres Unternehmens – und damit seinen Ruf – in der Öffentlichkeit dem Zufall zu überlassen. Mit einer guten und ehrlichen externen Kommunikation schaffen Sie nach innen und außen ein positives Firmenimage. Die Effekte sind unbezahlbar: Die Motivation nimmt zu und die Verbindung der Mitarbeitenden zum Unternehmen wird enger, weil sie stolz auf »ihr« Unternehmen sind. Die Attraktivität des Unternehmens bei Bewerbern, Kunden, Lieferanten und der Presse steigt.

Öffentlichkeitsarbeit bietet Ihnen die Chance, das Unternehmen als attraktiven Arbeitgeber zu präsentieren. Nutzen Sie dafür alle Kanäle, die die Zielgruppe nutzt. Nahezu jedes Familienunternehmen nimmt seine soziale Verantwortung wahr. Familienunternehmen unterstützen Sportvereine, soziale Projekte, sponsern Schulen, medizinische Einrichtungen und vieles mehr. Sprechen Sie darüber, denn solange niemand von Ihren guten Taten weiß, tragen sie nichts zum Ansehen und Erfolg Ihres Unternehmens bei. Darüber hinaus bieten ein positives Firmenimage und ein gutes Verhältnis zur Presse Schutz in schwierigen und kritischen Situationen. Die Presse wird bei Ihnen nachfragen, bevor sie sich auf dubiose Quellen verlässt. Die Öffentlichkeit wird Ihnen einen Fehler eher verzeihen als einem Unternehmen mit einer schlechten Reputation.

Auch für die externe Kommunikation gilt: ehrlich und glaubwürdig. In Anbetracht der sozialen Netzwerke können Sie davon ausgehen, dass nichts geheim bleibt. Die bewusste Fehlinformation der Öffentlichkeit beschämt und verärgert nicht nur die Mitarbeiterinnen und Mitarbeiter, sondern macht auch die Presse zu einem Feind.

Überlassen Sie in der Öffentlichkeitsarbeit nichts dem Zufall. Erstellen Sie einen Plan, benennen Sie einen Verantwortlichen und mögliche Gesprächspartner für die Presse. Für die Umsetzung der Öffentlichkeitsarbeit können Sie viele Formate nutzen: Broschüren, Internetseiten, Veranstaltungen, Pressegespräche, Interviews, Mailings, Unternehmensführungen, soziale Netzwerke, einen YouTube-Channel oder einen Podcast.

Für Krisensituationen sollten Sie einen Aktionsplan bereithalten, zu dem auch Mustertexte für Presse-, Kunden-, Behörden- und Mitarbeiterinformation gehören. Versammeln sich die Mitarbeitenden erst einmal vor dem geschlossenen Werkstor, um gegen die Werksschließung zu protestieren, in Interviews ihrem Unmut Luft zu machen und ist die Geschäftsführung dann »nicht erreichbar« oder gibt »keinen Kommentar« ab, ist nichts mehr zu retten.

Geschichten erzählen

Die Gründung einer Digitaleinheit oder eines Start-ups bietet einen guten Anlass für eine Pressemeldung oder ein Interview – vielleicht nicht direkt bei Gründung, aber wenn erste Erfolge sichtbar sind. Das Unternehmen kann sich auf diese Weise als innovativ und attraktiv für junge Talente präsentieren und bei den Mitarbeitenden positive Reaktionen hervorrufen. Wenn der Freund im Sportverein sagt: »Hey, bei euch in der Firma werden ja tolle Sachen gemacht, hab ich online gelesen. Ich wusste gar nicht, dass ihr so innovativ seid«, bewirkt das wahrscheinlich weit mehr als eine interne Information.

Erfolgreiche Familienunternehmen werden nicht umsonst »Hidden Champions« genannt. Viele von ihnen verstecken sich tatsächlich. Unser Rat: Tun Sie es nicht. Geschichten aus Familienunternehmen können ein unwahrscheinlicher Sympathieträger sein und jedes Familienunternehmen hat Geschichten zu erzählen. Jubiläen, soziales Engagement, Nachfolgeregelungen, Innovationen sind nur einige mögliche Themen. Familienunternehmen sind Teil der Geschichte einer Region. Sie schreiben Wirtschaftsgeschichte. Die Menschen haben ein natürliches Interesse daran, etwas über die Unternehmen vor ihrer Haustür zu erfahren. Nutzen Sie dieses Interesse zu Ihrem Vorteil.

7.3 Den Change begleiten

Quick Check !

- Führungskräfte, Unternehmerinnen und Unternehmer werden künftig vor allem Orientierung geben müssen.
- Gefragt sind keine Bosse, sondern Netzwerker, Koordinatoren, Mediatoren, Förderer, Befähiger und Coaches.
- Mitarbeiterinnen und Mitarbeiter können erst Verantwortung übernehmen und Teams nur interdisziplinär zusammenarbeiten, wenn sie die notwendigen Rahmenbedingungen und Freiheiten haben.
- Mitarbeitende verkörpern das notwendige Wissen für eine komplexe Welt in ausreichender Breite. Nur sie können gemeinsam komplexe Fragestellungen lösen, denn sie sind in ihren Fachgebieten nah am Kunden und sie sind die Experten.
- Zu viele Hierarchieebenen führen dazu, dass sich das Unternehmen mehr mit sich selbst befasst als mit den drängenden Problemen seiner Kunden.
- Als Servant Leader, als »dienende Führungskraft« müssen sich Management und Führungskräfte von ihrem Selbstverständnis von Macht und Einfluss trennen.
- Servant Leaders halten ihre Teammitglieder nicht klein, sondern freuen sich, wenn sie groß werden, und feiern Erfolge mit ihnen.
- Auch in agilen Organisationen gibt es eine Führung. Lediglich die klassischen Führungspositionen verschwinden. Führungsverantwortung wird nicht mehr einer Person zugeschrieben, sondern kann situativ variieren.
- Mitarbeitende sollten wissen, wo das Unternehmen steht, über die wichtigsten Unternehmenskennzahlen, die strategische Ausrichtung und wichtige Managemententscheidungen informiert sein.
- Die Aufgabe von Unternehmerinnen und Unternehmern ist es, in unsicheren Zeiten Stabilität zu vermitteln. Im Idealfall sind sie Visionäre, die dem Unternehmen mit ihrer Vision einen Sinn verleihen.
- Von einem wahren New Leader werden nicht so sehr Management- als Führungsfähigkeiten erwartet. Es geht darum, durch Charakter, Persönlichkeit, Auftreten, Erfahrung und Ausstrahlung wirksame »Führungs-Kraft« zu entfalten.
- Agile Unternehmen werden nur entstehen, wenn es der Führung gelingt, die Silos in der Organisation und in den Köpfen einzureißen und bereichsübergreifendes Arbeiten zu etablieren.
- Erfolgreiche Führungskräfte haben die Fähigkeit, eigene Verhaltensmuster selbstkritisch zu reflektieren.
- Wenn wir der Veränderung nicht entgehen können, müssen wir sie für alle Beteiligten so verkraftbar und attraktiv wie möglich machen.
- Im Change-Management ist der Mensch das zentrale Element. Als Führungskraft müssen Sie wissen, was mit den Menschen passiert. Sie müssen sie dabei unterstützen, aktiv an der Veränderung teilzunehmen und Gewinn daraus zu ziehen.

- Kommunikation muss ehrlich, glaubwürdig und mehrgleisig sein.
- Je offener und regelmäßiger Sie kommunizieren, desto besser werden die Mitarbeitenden den Sinn und die positive Seite der Veränderung erkennen und sich dafür engagieren.
- Mit einer guten und ehrlichen externen Kommunikation schaffen Sie nach innen und außen ein positives Firmenimage.

8 Zukunftsfähig sein und bleiben

Wen Gott vernichten will, dem schenkt er 30 Jahre ununterbrochenen Erfolg.

Erfreulicherweise bleibt die Strafe manchmal aus.

Viele Familienunternehmen haben seit mehr als 30 Jahren Erfolg. Zahlreiche Familienunternehmen sind Hidden Champions, Weltmarktführer. Ihr Geschäftsmodell, das die Familie vermögend gemacht und vielen Menschen Lohn und Brot gegeben hat, ist auf kontinuierliche Weiterentwicklung, Spitzenqualität und Fehlerlosigkeit getrimmt. Doch das ist nicht mehr ausreichend. Die Digitalisierung hat fast alles verändert. Das Hardware-Denken, das Denken in Produktoptimierung wurde ersetzt durch Schnelligkeit, Ausprobieren und Fehlermachen. Die New Economy aus dem Silicon Valley zwingt uns zu radikalen Veränderungen, die etwas komplett Neues entstehen lassen. Die Mehrzahl der Unternehmen hat dies erkannt, doch es hapert an der Umsetzung. Wir digitalisieren zwar Produkte und Dienstleistungen, aber wir bringen kaum digitale und disruptive Geschäftsmodelle auf den Markt. Digitale Services, Marktplätze und Ökosysteme überlassen wir Firmen wie Amazon, Apple, Google oder Tesla.

Es ist zu befürchten, dass nahezu alle Produkte, Dienstleistungen, Geschäftsmodelle und Unternehmen, die den Wandel von analog zu digital nicht mitgehen können, gefährdet sind oder ganz verschwinden werden. Wenn alles, was digitalisiert werden kann, auch digitalisiert wird, wer braucht dann noch gedruckte Tageszeitungen, Bankfilialen, Universitäten, Bargeld, unverbundene Produkte wie Heizkörper und Automobile? Alles wird digital, alles wird mobil.

Die Corona-Pandemie hat in diesem Szenario als Katalysator gewirkt und die Kluft zwischen Gewinnern und Verlierern der Krise vertieft. Die Statistik zeigt, dass der Einzelhandel in Deutschland 2020 insgesamt um 5,4 Prozent gewachsen ist – der größte Zuwachs seit Jahrzehnten. Keine Überraschung: Gewinner sind die Geschäftsmodelle, die auf dem Onlinehandel, Marktplätzen, Plattformen, Home Delivery und Ökosystemen basieren. Amazon, Hellofresh, Zalando sind geradezu explodiert. Das durch den Lockdown nachhaltig veränderte Kaufverhalten hat dem Onlinehandel 2020 ein sattes Plus von 14,6 Prozent beschert, vor allem durch Güter des täglichen

Bedarfs. Im »eCommerce Report 2021« erwartet Statista bis 2025 ein jährliches Umsatzwachstum des E-Commerce in Höhe von 11,82 Prozent. Ein Händler, der in den vergangenen Jahren kein ernst zu nehmendes Onlinegeschäft aufgebaut hat, kann dies nicht in einem Jahr nachholen. Er hat seine Chance verspielt.

> **! Survival of the fittest**
>
> Der englische Naturwissenschaftler und Begründer der Evolutionstheorie Charles Darwin hat erstmals in seinem Werk »Die Entstehung der Arten« von »survival of the fittest« gesprochen. In vielen Übersetzungen wurde daraus fälschlicherweise »das Überleben des Stärksten«. Das war keineswegs in Darwins Sinn. Mit »fit« beschrieb er den Grad der Anpassung von Lebewesen an die Umwelt und nicht ihre körperliche Stärke und Durchsetzungsfähigkeit im Sinne einer Konkurrenzverdrängung. Das darwinsche Evolutionsprinzip lässt sich perfekt auf Unternehmen übertragen. Langfristig werden nicht die größten Unternehmen überleben, auch nicht die schnellsten, sondern diejenigen, die sich am besten an die Rahmenbedingungen, an ihre Umwelt anpassen. Je stärker und schneller sich die Rahmenbedingungen verändern, umso stärker und schneller müssen sich die Unternehmen verändern. Wer sich auf alten Erfolgen ausruht, wird auf der Strecke bleiben.
>
> Allerdings kann man erst im Nachhinein erkennen, wie gut man angepasst ist bzw. war. Unternehmen, denen es heute gut geht, wissen, dass sie in der Vergangenheit die richtigen Entscheidungen getroffen haben. Damit sie weiterhin erfolgreich sind, müssen sie sich immer wieder die Frage stellen, ob sie für die Zukunft richtig gerüstet und gut angepasst sind und die notwendigen Maßnahmen ergreifen. Die richtigen Weichenstellungen müssen aus den Anforderungen der Zukunft abgeleitet werden und nicht aus denen der Vergangenheit.

8.1 Wir brauchen einen Bewusstseinssprung

Zuerst haben wir zu lange gebraucht, um die Radikalität der Transformation zu erkennen. Viele Unternehmen haben sich auf den Lorbeeren und Erfolgen der Vergangenheit ausgeruht. Jetzt sind zwar die meisten aufgewacht, aber es fehlt noch immer am richtigen Mindset, um den Weg der radikalen Veränderung zu gehen. Hier sehen wir die Unternehmerinnen und Unternehmer, die Unternehmerfamilie und die Führungskräfte der obersten Ebene in der Pflicht.

Gewinnen werden nur die Führungskräfte, die mit Weitsicht, Mut und angemessener Risikobereitschaft ihre Unternehmen strategisch führen und steuern. Gewinner

8.1 Wir brauchen einen Bewusstseinssprung

führen viel mehr über »End-to-end«-Prozesse als über hierarchische Strukturen, die letztlich sowieso nur Abbildungen der Machtstrukturen eines Unternehmens sind. Oder kommt in Ihrem Organigramm der Kunde vor? Ehrlich gesagt: In 99 von 100 Organigrammen ist dies nicht der Fall. Aber in erfolgreichen Unternehmen bedienen die Mitarbeitenden nicht ihre Vorgesetzten, sondern den Kunden. Führung muss dieses Bewusstsein schaffen und Mitarbeiterinnen und Mitarbeiter befähigen, dies in hohem Maße selbstständig und eigenverantwortlich zu gestalten.

Organisationen zu verändern geht jedoch nur, wenn sich die Kultur verändert. Kultur kann man nicht managen, denn sie entsteht durch das täglich vorgelebte Verhalten von Führungskräften. Und das Verhalten von Führungskräften wird bestimmt durch ihre Haltung, ihr Mindset. Dies ist der Hebel, an dem Unternehmen ansetzen müssen.

Metanoia als Chance
Wir alle wissen seit Langem, dass der Turbokapitalismus ausgedient hat und die Welt immer digitaler wird. Es ist offensichtlich, dass die vom Menschen angestoßene Evolution viel schneller ist als die biologische Evolution. Rohstoffe werden nicht mehr knapp, sondern sind es schon, die De-Globalisierung hat begonnen, Ökologie und Umweltschutz sind Megatrends in Gesellschaft, Politik und Wirtschaft. Was haben wir aufgrund dieser Erkenntnisse getan? Wenn wir ehrlich sind: nicht viel.

Eine Krise wirkt wie ein Brandbeschleuniger, der uns unmissverständlich zeigt, dass ein »weiter wie bisher« keine Lösung ist und wir uns schneller und nachhaltiger mit einem neuen Selbstverständnis befassen müssen als angenommen. Um das zu bewältigen, brauchen wir Metanoia. Der altgriechische Begriff setzt sich zusammen aus »meta« für »nach, jenseits« und »noein« für »denken«. »Metanoia« bedeutet eine radikale Umkehr im Denken, eine Bewusstseinsänderung, eine Veränderung unserer Haltung und damit eine nachhaltig wirksame Veränderung unseres Verhaltens.

> *»Probleme kann man niemals mit derselben Denkweise lösen,*
> *durch die sie entstanden sind.«*
> Albert Einstein

Etwas so Grundlegendes wie Metanoia findet nur aus zwei Gründen statt: Lust oder Leid.

Versinken Sie nicht im Leid, setzen Sie auf Lust: Beginnen Sie damit, etwas gänzlich Neues zu schaffen, eine Vision, die einen Sog auf andere ausübt, einen Traum, aus dem heraus die Veränderung stattfindet. Fangen Sie bei sich selbst an:
- Sind Sie in der Lage und willens, Ihre Haltung zu verändern und neu zu denken?
- Was ist heute der Auftrag Ihres Unternehmens?
- Was würde der Welt fehlen, wenn es Ihr Unternehmen morgen nicht mehr gäbe?

»*Die Zukunft ist der Raum der Möglichkeiten, der Raum der Freiheit.*«
Karl Jaspers

8.2 Das Haus modernisieren

Im digitalen Wandel liegt eine Monsterchance, die gerade Traditionsunternehmen ergreifen müssen. Die starke, wertebasierte Kultur von Familienunternehmen ist dabei ein ganz zentraler Hebel. Noch wichtiger aber ist das Geschick der Chefetagen, Innovation als Kernkompetenz zu etablieren, ein digital souveränes Unternehmen zu schaffen, ohne dabei die Herkunft zu vergessen. Nur wer im Sinne einer traditionserhaltenden Erneuerung immer wieder systematisch und kritisch den Zustand seines Unternehmens, seines Geschäftsmodells überprüft und neue, notwendige Maßnahmen ergreift, sich immer wieder neu erfindet, kann sicher sein, dass er auch in zehn oder 20 Jahren noch am Markt ist. Deshalb sind die wichtigsten Fragen, die sich ein Unternehmer stellen sollte:
- Wo stehen wir mit unserer Familie und unserem Betrieb in zehn bis 15 Jahren?
- Machen wir dann noch das Gleiche wie heute?
- Womit verdienen wir morgen unser Geld?

Gerade wenn die Märkte unsicher und volatil sind, sollte für Unternehmerinnen und Unternehmer die Auseinandersetzung mit ihrem Unternehmen an erster Stelle stehen. Sie müssen ihr Haus modernisieren, damit das Unternehmen optimal für die Zukunft aufgestellt ist. Dazu gehören zwei Aufgaben: die Überprüfung des Unternehmensleitbilds und die Entwicklung einer soliden Strategie. Unternehmen, die der Veränderung nur hinterherlaufen, werden keinen nachhaltigen Erfolg haben. Unternehmen mit einer zukunftsweisenden Strategie setzen die Maßstäbe.

8.2 Das Haus modernisieren

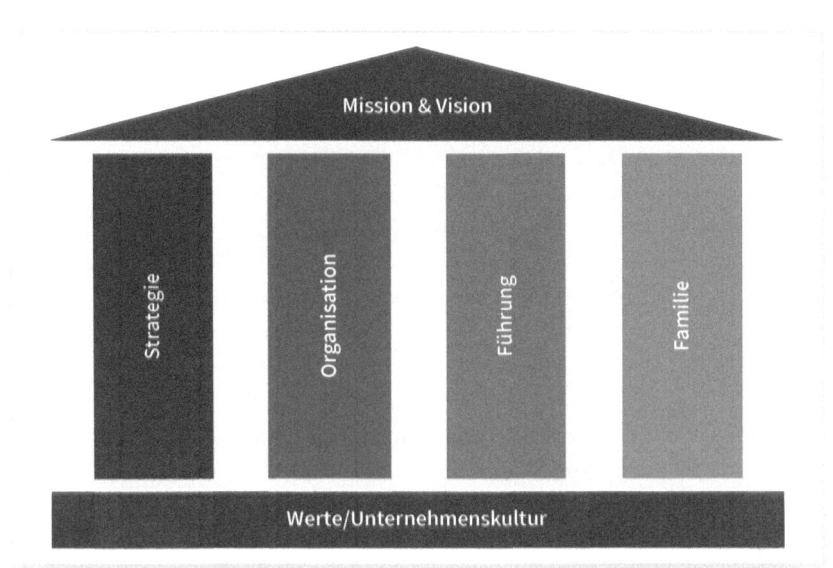

Abb. 15: Haus zur strategischen Entwicklung von Familienunternehmen (Quelle: Weissman & Cie.)

Zu einem Unternehmensleitbild gehören **Mission, Vision** und **Werte**. Sie geben uns den Rahmen für unser Handeln. Sie geben uns die Richtung vor und sind ein ethischer, moralischer, aber auch ein ökonomischer Kompass.

Die **Mission** drückt aus, welchen Beitrag das Unternehmen für die Gesellschaft, für die Menschen leistet, was fehlen würde, wenn es nicht da wäre. »Protecting People« – Menschen schützen – ist die Mission der Firma Uvex. Das ist der Nutzen, den das Unternehmen der Welt, den Menschen bietet: Schutz bei der Arbeit, beim Sport und in der Freizeit, von Kopf bis Fuß. Eine wunderbare Aufgabe, für die es sich lohnt zu arbeiten.

Die **Vision** ist der Traum der Unternehmerin/des Unternehmers, ein »attraktives Bild einer möglichen Zukunft«. Es ist eine Vorstellung, ein inneres Bild. Die Vision muss möglich sein, denn sonst rutschen wir in den Bereich der Utopie ab und verlieren die Kraft, die von einer echten Vision ausgeht. Die Vision soll die Mitarbeitenden mit Stolz erfüllen, Antriebsmoment sein, um in einem Unternehmen die Erfüllung der beruflichen Wünsche zu suchen. Unternehmen mit einer Vision reagieren nicht, sondern agieren.

8 Zukunftsfähig sein und bleiben

Mission und Vision bilden das Dach des strategischen Hauses. Das Fundament bilden die **Werte**. Werte helfen uns, die Orientierung zu bewahren, zu »be-werten«. Sie sind wie ein innerer Kompass, der uns sagt, ob unser Verhalten richtig oder falsch ist. Werte kann man – anders als Ziele – nie erreichen. Man kann sie nur leben, heute und in jedem Augenblick. Werte sind die Grundlage für Identität und Stolz und oft die Basis starker Marken. Menschen können sich nicht mit einem Unternehmen identifizieren, das keine Werte hat. Werte machen stark, entfalten ihre positive Wirkung jedoch nur, wenn sie gelebt werden. Der Schlüssel zum Erfolg ist also mit Sicherheit in einer starken, wertebasierten Führung zu finden, in Führungskräften, die für die Mitarbeitenden Vorbild, Leader und Coach sind.

Getragen wird das Haus von vier Säulen: **Strategie, Organisation, Führung und Familie**. Strategie ist der »Weg zu den Wettbewerbsvorteilen von morgen«. Sie baut auf Kernkompetenzen auf, die Wettbewerbsvorteile schaffen. Wenn dies gelingt, ist der finanzielle Erfolg des Unternehmens nicht aufzuhalten. Die Struktur folgt der Strategie. Es muss geprüft werden, ob Strategie und Struktur zusammenpassen, ob die Organisation die Erfordernisse der Strategie abbildet. Die Führung muss stimmen, denn ein negativer Energieträger demotiviert, enttäuscht und kann letztlich den Unternehmenserfolg verhindern. Die Unternehmerfamilie braucht Regeln, denn ein Zwist in der Familie kann ein Unternehmen zugrunde richten. Deshalb sollte Family Governance zwingend zu den Schlüsselthemen für einen Unternehmenscheck gehören. Nicht nur die rechtlichen Grundlagen des Unternehmens sollten regelmäßig auf Stimmigkeit und Richtigkeit hinterfragt werden, sondern auch die Regeln für die Familie. Erfolgreiche Unternehmen haben eine klare Governance-Struktur und richten ihre Professionalität daran aus. In dieser Family und Corporate Governance ist die Rolle der Familie und der externen Führungskräfte klar geregelt. Zudem ist festgelegt, wie Entscheidungen getroffen werden und welche Kontrollmechanismen notwendig sind.

Familienunternehmerinnen und -unternehmer sind also Architekten, die idealerweise stabile Häuser bauen, die von allen vier Säulen gleichermaßen getragen werden und ein übergeordnetes Ziel verfolgen: die gesteigerte Überlebensfähigkeit des Unternehmens. Wer regelmäßig den Zustand des Hauses überprüft und dafür sorgt, dass es den neuen Erfordernissen seiner Bewohnerinnen und Bewohner und der Umwelt angepasst wird, kann sicher sein, dass sein Haus in 20 Jahren immer noch steht.

8.2 Das Haus modernisieren

Quick Check !

- Traditionelle Unternehmen digitalisieren zwar Produkte und Dienstleistungen, aber sie bringen kaum digitale und disruptive Geschäftsmodelle auf den Markt.
- Die richtigen Weichenstellungen müssen aus den Anforderungen der Zukunft abgleitet werden und nicht aus denen der Vergangenheit.
- Gewinnen werden nur Unternehmerinnen und Unternehmer, die mit Weitsicht, Mut und angemessener Risikobereitschaft ihre Unternehmen strategisch führen und steuern.
- In erfolgreichen Unternehmen bedienen die Mitarbeitenden nicht ihre Vorgesetzten, sondern den Kunden.
- Das Verhalten von Führungskräften wird bestimmt durch ihre Haltung, ihr Mindset.
- Metanoia bedeutet eine radikale Umkehr im Denken, eine Bewusstseinsänderung, eine Veränderung unserer Haltung und damit eine nachhaltig wirksame Veränderung unseres Verhaltens.
- Gerade wenn die Märkte unsicher und volatil sind, sollte für Unternehmerinnen und Unternehmer das Hinterfragen und die Auseinandersetzung mit ihrem Unternehmen an erster Stelle stehen.
- Unternehmen mit einer zukunftsweisenden Strategie setzen die Maßstäbe.

9 Schlusswort – Loslassen lernen

Die Fähigkeit loszulassen ist für jede Form von lernender Organisation von zentraler Bedeutung. Auf dem Weg zu einem digitalen und/oder disruptiven Geschäftsmodell werden Sie immer wieder loslassen müssen, wenn Sie weiterkommen wollen. Sie müssen sich von der Vorstellung verabschieden, dass alles weitergeht wie bisher. Sie werden viele Ihrer Erfahrungen und Glaubenssätze überdenken, alte Hierarchien und Grundsätze infrage stellen, einmal Gelerntes und lieb gewordene Arbeitsweisen loslassen, Kontrolle abgeben müssen. Wahrscheinlich werden Sie auch Führungskräfte und Mitarbeitende loslassen müssen, die den Weg nicht mitgehen wollen oder können.

Loszulassen befreit Sie – auch wenn es manchmal wehtut – von Ballast und Problemen, die Sie davon abhalten, sich mit dem zu beschäftigen, was wirklich wichtig ist: die Zukunft Ihres Unternehmens.

> *»Mehr als mit der Vergangenheit beschäftige ich mich mit der Zukunft,*
> *denn dies ist die Zeit, in der ich gedenke zu leben.«*
> Albert Einstein

Legen Sie die Probleme auf den Tisch, denn erst wenn Sie das getan haben, können Sie mit der Lösung beginnen. Eine Lösung gibt es immer, egal wie groß die Schwierigkeiten sind. Probleme, die ignoriert und verdrängt werden, haben die Tendenz, immer größer und komplexer zu werden. Erliegen Sie nicht dem Irrtum, Sie könnten »das Problem« digitale Transformation und Neuausrichtung mit digitalen oder disruptiven Geschäftsmodellen in ein paar Jahren der nächsten Generation hinterlassen. Sie müssen *jetzt* daran arbeiten, sonst setzen Sie die Zukunft des Unternehmens aufs Spiel.

Dinge loszulassen, die Sie nicht länger brauchen, wird Sie befreien, Kreativität, Freude, Energie und Mut freisetzen, die Sie in die Zukunft Ihres Unternehmens stecken können. Je freier Sie selbst sind, desto freier werden auch Ihre Mitarbeiterinnen und Mitarbeiter sein. Damit haben Sie schon die erste Hürde auf dem Weg zu einem neuen Geschäftsmodell geschafft – die Barrieren im Kopf zurückgebaut.

Gleichgültig, wie Ihr neues Geschäftsmodell am Ende aussehen wird, ob es digital oder disruptiv ist, nur eine Geschäftsmodellveränderung oder ein radikaler Schnitt: Wir versprechen Ihnen, dass sich die Anstrengung lohnen wird.

Danke!

Dieses Buch ist ein Werk, an dem viele Menschen Anteil haben, denen wir in den vergangenen Jahren begegnet sind, mit denen wir gearbeitet, deren Vorträge und YouTube-Beiträge wir gehört und gesehen oder deren Bücher, Artikel und Blogs wir gelesen haben. Ihnen allen möchten wir herzlich danken, denn sie haben uns inspiriert, angespornt und unseren Horizont erweitert.

Wir danken auch den Gesellschaftern, Partnern und Mitarbeitern der Weissman Gruppe, die ihr Wissen und ihre Erfahrung mit uns geteilt haben. Ganz besonders bedanken möchten wir uns bei den zahlreichen Unternehmerinnen und Unternehmern für die intensiven Gespräche. Sie haben uns tiefe Einblicke in ihre Unternehmen gewährt und uns an ihren Schritten in eine digitale Zukunft teilhaben lassen. Erst durch sie ist ein spannendes und praxisnahes Buch entstanden.

Es ist unmöglich, allen Personen einen persönlichen Dank auszusprechen, die uns bei der Erstellung unseres Buches zur Seite standen, in Gesprächen, im Diskurs und mit ihren Unternehmensbeispielen, allen voran unsere Interviewpartner: Johannes Ellenberg, mehrfacher Start-up-Gründer und Geschäftsführer der Ellenberg GmbH, Professorin Nadine Kammerlander, Co-Direktorin des Instituts für Familienunternehmen und Mittelstand an der WHU-Otto Beisheim School of Management, Alexander Fackelmann, Hauptgesellschafter der Fackelmann-Gruppe, Norbert Heckmann, CEO Adolf Würth GmbH & Co. KG, Heiko Onnen, Geschäftsführer WUCATO Marketplace GmbH, Johannes Steegmann, Co-Geschäftsführer Fressnapf-Gruppe, und Armin Renz, Geschäftsführer Erwin Renz Metallwarenfabrik. Namentlich erwähnen möchten wir auch Torsten Toeller, den Gründer und Inhaber der Fressnapf Holding SE, Michael Winter, CEO der Uvex-Winter-Gruppe, Michael Oschmann von Müller-Media, einen der absoluten Vordenker der digitalen Transformation, Folkert Schultz, Verwaltungsrat der Fressnapf-Gruppe, sowie Christoph Keese mit seinen inspirierenden Büchern und Vorträgen.

Last, but not least, möchten wir allen Vorablesern danken, die uns bei diesem Buch unterstützt haben: mit Ideen, Vorschlägen und kritischem Feedback.

Literaturverzeichnis

Bieger, T., Reinhold, S. (2011): Das wertbasierte Geschäftsmodell – Ein aktualisierter Strukturierungsansatz. In: T. Bieger (Hrsg.), Innovative Geschäftsmodelle (Academic Network, S. 13–70), Berlin/Heidelberg

Blank, S., Dorf, B. (2014): Das Handbuch für Startups, Köln

Chan Kim, W., Mauborgne, R. (2005): Der Blaue Ozean als Strategie: Wie man neue Märkte schafft, wo es keine Konkurrenz gibt, München

Christensen, C. M. (2016): The Innovator's Dilemma, Reprint Edition, Harvard

Depiereux, P. (2019): Changerider. Pioniergeister statt Bedenkenträger, München

Doerr, J. (2018): Measure What Matters: How Google, Bono, and the Gates Foundation Rock the World with OKR, London

Ellenberg, J. (2017): Der Startup Code, Esslingen

Erner, M. (Hrsg.) (2019): Management 4.0 – Unternehmensführung im digitalen Zeitalter, Berlin, S. 43–46, S. 171–205

Gassmann, O., Frankenberger, K., Csik, M. (2017): Geschäftsmodelle entwickeln. 55 innovative Konzepte mit dem St. Galler Business Model Navigator, 2. Aufl., München

Gassmann, O., Sutter, P. (2019): Digitale Transformation gestalten, 2. Aufl., München

Gleißner, W., Weissman, A. (2001): Kursbuch Unternehmenserfolg: 10 Tipps zur nachhaltigen Steigerung des Unternehmenswertes, Offenbach

Grothe, U., Lock, M. (2017): Rocking the Ship: Turning Corporate Managers into Business Model Mavericks, Austin/Texas

Gürtler, J., Meyer, J. (2013): 30 Minuten Design Thinking, Offenbach

Junker, C., Baaken, T. et al. (2021): Disruptive Innovation und Ambidextrie. Grundlagen, Handlungsempfehlungen, Case Studies, Wiesbaden

Kammerlander, N., Prügl, R. (2016): Innovation in Familienunternehmen. Eine Einführung für Akademiker und Praktiker, Wiesbaden

Kammerlander, N., Soluk, J., Zöller, M. (2020): Digitale Transformation im Mittelstand und in Familienunternehmen, WHU – Otto Beisheim School of Management, Institut für Familienunternehmen, Vallendar

Kaplan, R. S., Norton, D. P. (2001): Die strategiefokussierte Organisation: Führen mit der Balanced Scorecard, Stuttgart

Keese, C. (2014): Silicon Valley, Knaus, 8. Aufl., München

Keese, C. (2018): Disrupt yourself. Vom Abenteuer, sich in der digitalen Welt neu erfinden zu müssen, München

Kompetenzzentrum eStandards (Hrsg.): Geschäftsmodellideen priorisieren und implementieren: Leitfaden zur Nutzung der Werkzeuge zum Thema Geschäftsmodelle, www.kompetenzzentrum-estandards.digital

Mewes, W. (1976): Die Energo-Kybernetische Strategie (Lehrgang), Frankfurt/Main

Michailov, G., Düsberg, V. (2021): Geschäftsmodelle richtig bewerten, Frankfurt/Main

Osterwalder, A., Pigneur, Y., Etiemble, F., Smith, A. (2020): The Invincible Company, Hoboken, New Jersey, USA

Osterwalder, A., Pigneur, Y. (2011): Business Model Generation: Ein Handbuch für Visionäre, Spielveränderer und Herausforderer, Frankfurt/Main

Pellny, M., Schmelcher, J., Beinlich, A. (2014): Führungskompetenz. Was wirklich wichtig ist, Erlangen

Schallmo, D. R. A. (Hrsg.) (2014): Kompendium Geschäftsmodell-Innovation, Wiesbaden

Schmelcher, J. (2002): Die unsichtbare Kraft, Wiesbaden

Schüller, A. (2016): Touch Point Sieg. Kommunikation in Zeiten der digitalen Transformation, Offenbach

Sinek, S. (2014): Frag immer erst: warum. Wie Top-Firmen und Führungskräfte zum Erfolg inspirieren, München

Weissman, A., Gleißner, W. (2001): Kursbuch Unternehmenserfolg, Offenbach

Weissman, A. (2008): Erfolgreich mit den Großen des Managements, Frankfurt/Main

Weissman, A. (2015): Die großen Strategien für den Mittelstand, 3. Aufl., Frankfurt/Main

Weissman, A., Wegerer S. (2018): Digitaler Wandel in Familienunternehmen, Frankfurt/Main

Weissman, A. (2014): Erfolgreich im Familienunternehmen, Freiburg

Weissman, A. (2014): Unternehmenserfolg durch Werteorientierung, Freiburg

Weissman, A., Augsten, T., Artmann, A. (2012): Das Unternehmenscockpit, Wiesbaden

Weissman, A., Knöll, A. (2021): Thesen zur Zukunft von Familienunternehmen

Zeitschriften

Cassia, L., De Massis, A., Pizzurno, E. (2012): Strategic innovation and new product development in family firms. An empirically grounded theoretical framework. In: International Journal of Entrepreneurial Behavior & Research, S. 198–232

Christensen, C. M., McDonald, R., Altman, E. J., & Palmer, J. E. (2018). Disruptive innovation: An intellectual history and directions for future research. In: Journal of Management Studies, 55(7), S. 1043–1078

Christensen, C. M., Raynor, M. E., McDonald, R. (2015): What Is Disruptive Innovation? In: Harvard Business Review, S. 44–53

Literaturverzeichnis

Denning, S. (2016), Christensen updates disruption theory. In: Strategy & Leadership, Vol. 44 No. 2, S. 10 – 16

Gleißner, W. (2020): Unternehmensstrategie und strategische Positionierung im Zeitalter der Digitalisierung. In: Controller Magazin, 1/2020, S. 169 – 174

Przyklenk, A. (2017): Mutig in die digitale Welt. In: Die News, 34. Jg., 2017, S. 16 – 17

Weissman, M. (2017): Den Elefanten in Scheiben schneiden. In: Die News, 34. Jg., 2017, S. 8 – 10

Online-Quellen

https://de.wikipedia.org/wiki/Amazon, Abrufdatum 30.08.2021

https://de.wikipedia.org/wiki/Hochbegabung, Abrufdatum 03.10.2021

https://de.wikipedia.org/wiki/Kodak, Abrufdatum 30.08.2021

https://wirtschaftslexikon.gabler.de/definition/blue-ocean-strategie-120549, Abrufdatum 03.10.2021

https://vuca-welt.de, Abrufdatum: 24.08.2021

Avesco. Strategien für Familienunternehmen. Interview mit Professor Arnold Weissman. https://www.avesco.de/interview-mit-prof-arnold-weissman/, Abrufdatum: 24.08.2021

Christensen, C. M., Raynor, M. E., McDonald, R. (2015). What Is Disruptive Innovation? In: Harvard Business Review, S. 44 – 53. https://hbr.org/2015/12/what-is-disruptive-innovation, Abrufdatum: 02.09.2018

da Silva, G.: Metaversum: Diese Firmen konkurrieren mit Meta um eine aufstrebende Milliardenindustrie. https://www.nzz.ch/technologie/mit-dem-metaverse-entsteht-eine-milliardenindustrie-aber-zuckerberg-wird-bei-weitem-nicht-allein-ueber-sie-bestimmen-ld.1653163, Abrufdatum: 21.12.2021

Die Erfolgsstory hinter OKRs bei Google, https://www.workpath.com/magazin/okr-google, Abrufdatum 02.12.2021

Die Megatrends nach Corona: Zeit für eine Revision. https://www.zukunftsinstitut.de/artikel/megatrends-nach-corona-zeit-fuer-eine-revision/, Abrufdatum 04.10.2021

Hackstein, S. (2020). Start-ups kaufen – erst zusammenleben, dann heiraten. https://www.berndtsoninterim.de/aktuelles/start-ups-kaufen-erst-zusammenleben-dann-heiraten, Abrufdatum: 27.08.2021

Jakobs, H.-J.: Susanne Klatten startet Gründerzentrum für den Mittelstand, https://www.handelsblatt.com/unternehmen/mittelstand/familienunternehmer/familienunternehmertum-susanne-klatten-startet-gruenderzentrum-fuer-den-mittelstand/27683176.html, Abrufdatum 07.10.2021

Janzen, O.: Was die Digitalisierung mit uns Menschen macht. https://www.computerwoche.de/a/was-die-digitalisierung-mit-uns-menschen-macht,3544795, Abrufdatum: 17.12.2021

Literaturverzeichnis

Kavadias, S., Ladas, K., Loch, C.: Das transformative Geschäftsmodell. In: Harvard Business manager 4/2017. https://www.manager-magazin.de/harvard/innovation/geschaeftsmodelle-mit-diesen-schritten-klappt-die-transformation-a-00000000-0002-0001-0000-000150155025, Abrufdatum 07.08.2021

Koch, A. (Weissman & Cie): Googles »Wunderwaffe« für den Umsetzungserfolg. https://blog.weissman.de/okr-googles-wunderwaffe-fuer-den-umsetzungserfolg, Abrufdatum 02.12.2021

Koch, A. (Weissman & Cie.): Agile Strategieumsetzung mit dem 7-3-1-Prinzip, https://www.weissman.de/aktuelles/agile-strategieumsetzung-mit-dem-7-3-1-prinzip/, Abrufdatum: 06.09.2021

Kümmerli, B., Pardo, C., Werner, T.: Meister der Transformation. In: Harvard Business manager 9/2020. https://www.manager-magazin.de/harvard/strategie/disruption-welchen-unternehmen-der-wandel-am-besten-gelingt-a-00000000-0002-0001-0000-000172382643, Abrufdatum: 07.07.2021

Matthes, S. (2021). Max Viessmann: »Unser Land braucht mehr Vertrauen in seine Innovationsfähigkeit«, Podcast. https://www.handelsblatt.com/audio/disrupt-podcast/handelsblatt-disrupt-max-viessmann-unser-land-braucht-mehr-vertrauen-in-seine-innovationsfaehigkeit/26838988.html?nlayer=Themen_11804704, Abrufdatum 07.10.2021

Meyer, P. (Weissman & Cie): Googles »Wunderwaffe« für den Umsetzungserfolg OKR – auch eine Methode für den Mittelstand! https://www.weissman.de/aktuelles/okr-googles-wunderwaffe-fuer-den-umsetzungserfolg/, Abrufdatum 07.09.2021

Mičijević, A.: KI to go: Was Crashkurse und vorgefertigte Softwarelösungen leisten können – und was nicht. https://www.handelsblatt.com/technik/digitale-revolution/digitale-revolution-ki-to-go-was-crashkurse-und-vorgefertigte-softwareloesungen-leisten-koennen-und-was-nicht/26675616.html, Abrufdatum 05.10.2021

Paul, L.: WUCATO: Würths Antwort auf Amazon Business. https://wortfilter.de/wucato-wuerths-antwort-auf-amazon-business/, Abrufdatum: 20.11.2021

Plattner, H. (Institute of Design at Stanford University) (2020). Method: Empathy map. http://dschool-old.stanford.edu/wp-content/themes/dschool/method-cards/empathy-map.pdf, Abrufdatum: 15.12.2021

Renner P. (Weissman & Cie): Die Zukunft des Innovationsmanagements – Vom Zufall zum wirkungsvollen Innovationsmanagement, https://www.weissman.de/aktuelles/die-zukunft-des-innovationsmanagements/, Abrufdatum: 31.08.2021

Sommer, U. (2021). Die wertvollsten Konzerne der Welt: Wie Apple, Microsoft und Alphabet Europa abhängen. In: Handelsblatt. https://www.handelsblatt.com/finanzen/anlagestrategie/trends/top-100-nach-boersenwert-die-wertvollsten-konzerne-der-welt-wie-apple-microsoft-und-alphabet-europa-abhaengen/27916288.html, Abrufdatum: 28.12.2021

Literaturverzeichnis

Statista. eCommerce. Digital Markets, Deutschland. https://de.statista.com/outlook/dmo/ecommerce/deutschland, Abrufdatum 10.01.2022

Streim, A. (Pressemitteilung). Künstliche Intelligenz kommt in Unternehmen allmählich voran. https://www.bitkom.org/Presse/Presseinformation/Kuenstliche-Intelligenz-kommt-in-Unternehmen-allmaehlich-voran, Abrufdatum 30.09.2021

Terpitz, K.: Was Familienunternehmen von Start-ups lernen können – und umgekehrt. https://www.handelsblatt.com/unternehmen/mittelstand/familienunternehmer/neue-allianzen-was-familienunternehmen-von-start-ups-lernen-koennen-und-umgekehrt/22790170.html?ticket=ST-5899330–0XmfYfwKfBlGYDqfcGNO-cas01. example.org, Abrufdatum: 09.12.2021

Weilbacher, J. C.: »Die agile Organisation ist kalter Kaffee«, Interview mit Stefan Kühl, https://www.humanresourcesmanager.de/news/die-agile-organisation-ist-kalter-kaffee.html, Abrufdatum: 16.12.2021

Weissman, M: Mittelstand x Disruption, https://dienews.net/artikel/mittelstand-x-disruption/, Abrufdatum: 16.12.2021

Wittrock, M: Wie wir arbeiten: Das OKR-Modell von Google bei mymuesli, https://www.mymuesli.com/blog/2015/08/28/wie-wir-arbeiten-das-okr-modell-von-google-bei-mymuesli/, Abrufdatum: 02.12.2021

Zukunftsinstitut. Megatrend-Map. https://www.zukunftsinstitut.de/fileadmin/user_upload/Megatrend_Doku/MT_Maps_und_Grafiken/Megatrend-Map_2021.jpg, Abrufdatum 04.10.2021

Persönliche Interviews mit

Ellenberg, Johannes, Geschäftsführer Ellenberg GmbH, am 12.11.2021, Freigabe am 20.11.2021

Heckmann, Norbert, CEO Adolf Würth GmbH & Co. KG, am 29.11.2021, Freigabe am 06.12.2021

Prof. Dr. Kammerlander, Nadine Co-Direktorin des Instituts für Familienunternehmen und Mittelstand an der WHU-Otto Beisheim School of Management, am 12.11.2021, Freigabe am 22.11.2021

Onnen, Heiko, Geschäftsführer WUCATO Marketplace GmbH, am 24.11.2021, Freigabe am 08.12.2021

Renz, Armin, Geschäftsführer Renz Metallwarenfabrik, am 25.10.2021, Freigabe am 22.11.2021

Dr. Steegmann, Johannes, Co-Geschäftsführer Fressnapf-Gruppe, am 25.11.2021, Freigabe am 06.12.2021

Stichwortverzeichnis

7-3-1-Prinzip 29

A
agile Methoden 45
— Design Thinking 124, 133
— Lean Startup 133
— Objectives and Key Results (OKR) 158
— Scrum 133
agile Organisation 52
— Amöbenorganisation 54
— Formen 54
— Gründe 53
— Matrixorganisation 54
— Netzwerkorganisation 54
— Projektorganisation 54
— Satellitenorganisation 54
— Stagilität 55
— Unterschiede zu klassischen Organisationen 55
— Vorteile 52
Ambidextrie 58
Amöbenorganisation 54
Augmented Reality 75

B
BANI 31
Basel IV 141
Benchbreak 96
— Branchenneuheit 97
— Marktneuheit 97
— Unternehmensneuheit 97
Benchmarking
— Geschäftsmodellanalyse 96

Branchenlogik 107
— dominierende Geschäftsmodelle 108
— durchbrechen 108
Business Case
— Kriterien 137
Business Model Canvas (BMC) 98, 157

C
Change-Management
— externe Kommunikation 189
— House of Change 183
— Kommunikation 186
— Kommunikationstipps 188
— Konsequenz 186
— Tools 183
Customer Experience Lifecycle 17
Customer Journey 86

D
Design Thinking 124
Digital Cells 45
Digitaleinheit 56
— Budgetverantwortung 60
— Kommunikation 57
— Unabhängigkeit 60
digitaler Reifegrad 94
— Dienstleistungen 94
— Kultur 94
— Kunden 95
— Leadership 94
— Marke 95
— Menschen 94
— Online-Reifegrad-Checks 95
— Organisation 94

Stichwortverzeichnis

— Produkte 94
— Prozesse 94
— Steuerung 94
— Strategie 94
— Technologie 94
digitale Technologien
— Augmented Reality 75
— Extended Reality 75
— Kundenfokus 81
— künstliche Intelligenz 74
— Plattformen 79
— Servicefokus 78
— Smart Services 78
— Trends 76
digitale Transformation 17
Digitalisierung
— Analyse disruptiver Komponenten 98
— Benchmarking 95
— digitaler Reifegrad 93
— Disruptionstreiber 71
— Geschäftsmodellanalyse 96
Digitalisierungsstrategie 33
Digital Mindset 43
Digitalteam
— Diversität 117
— Dos and Don'ts 114
— Expertise 133
— Ideengenerierung 121
— Klarheit 119
— Kompetenzen 115
— Kundenfokus 123
— Unabhängigkeit 117, 118
— Unternehmensbeispiele 115
— Unterstützung 120
— Veränderung der Unternehmenskultur 154
— Voraussetzungen 122
— Zusammensetzung 115
Disruption 19

Disruption in der Branche 89
— Analyse der digitalen Player 90
— disruptive Wettbewerber 89
— Hackathon 91
— Kooperation 90
— Mittelstandsinitiativen 92
— Start-up-Scouting 92
Disruptionsanalyse
— Geschäftsmodell 37
disruptive Geschäftsmodellentwicklung 133
— Business Case 137
— Businessplan 139
— Fake 135
— Finanzierung 140
— Gründe für Scheitern 145, 151
— Implementierung 151
— künftige Finanzierung 141
— Minimum Viable Product (MVP) 134, 136
— Mock-up 135
— Nachfolgergeneration 143
— Prototyping 134
— Risikomanagement 142
— Scheitern 143
— Scribble 135
— Start-up 134
disruptive Innovation 19
disruptives Geschäftsmodell 19
— Ideengenerierung 107
— Kerngeschäft 57
Diversität
— Digitalteam 117

E
Early Adopters 85
Empathy Map 88
Evolution 109
Extended Reality 75

Stichwortverzeichnis

F
Family Governance 198

G
Geschäftsmodell
— Disruptionsanalyse 37
Geschäftsmodellanalyse
— Business Model Canvas (BMC) 98
Geschäftsmodellimplementierung 151
— Beschreibung des Geschäftsmodells 157
— Business Model Canvas (BMC) 157
— Integration ins Unternehmen 153
— Kommunikation 152
— konsequente Umsetzung 156
— KPI 161
— Objectives and Key Results (OKR) 158
— Quick Check 166
— Roadmap 158
— Unternehmenscockpit 163
— Veränderung der Unternehmenskultur 154
— Vertrauen 153
— wertorientierte Unternehmensführung 164
— Zahlen 157
— Ziele 157
Geschäftsmodellinnovation
— vier Schritte 23
Gesetz über den Stabilisierungs- und Restrukturierungsrahmen für Unternehmen (StaRUG) 141

H
Hackathon 91
Homeoffice 174
House of Change 183
Hub 61

I
Ideengenerierung
— Digitalteam 121
— Kundenfokus 123
— Quantität 124
— Quick Check 126
— Schmerzpunkte 123
— Team 121
— Vorgehen 124
Innovation
— disruptive 23
— inkrementelle 23
— iterative 23
— kontinuierliche 23
Innovation Funnel 125
Innovationsmanagement 21
— Erfolgsfaktoren 22

K
Kerngeschäft 57
Key Performance Indicator (KPI) 161
— Umsatz 163
Kommunikation 49
— Blog 188
— Chat-Roulette 188
— Digitaleinheit 57
— externe 189
— Grundsätze 50
— Info-Friday 188
— New Leadership 175
— Online-Fragestunde 188
— technische Voraussetzungen 51
Kompetenzentwicklung 44
— agile Methoden 45
— Digital Cells 45
— Teamkompetenzmatrix 46
Kreativitätstechniken
— 6-3-5-Methode 122
— Bingo Selection 125

211

Stichwortverzeichnis

— Blue-Ocean-Strategie 113
— Design Thinking 124
— Innovation Funnel 125
— Kopfstandmethode 122
— Now-Wow-How-Matrix 125
— Red-Ocean-Strategie 113
Kundenfokus 81
— Analyse der Customer Journey 86
— Datenerhebung 82
— Early Adopters 85
— Empathy Map 88
— Persona 87
künstliche Intelligenz 74

L
Lab 61

M
Matrixorganisation 54
Metanoia 195
Minimumfaktor 181
Minimum Viable Product (MVP) 134
— Kriterien 138
— Marktreife 138
Mittelstandsinitiativen
— Digitalisierung 92

N
Netzwerkorganisation 54
New Leader
— Fähigkeiten 180
— Faktoren guter Führung 181
— Prozess 178
— Selbstreflexion 180
New Leadership
— Balance 175
— Change-Management 183
— Entscheidung 173
— externe Kommunikation 189

— Formen der Veränderung 183
— Freiraum 175
— Information 175
— Kommunikation 175
— Kommunikationskanäle 175
— Kompetenzen 177
— Konkurrenz 176
— Minimumfaktor 181
— New Work 174
— Prozess 173
— Quick Check 191
— Servant Leader 172
— Silos 176
— Transparenz 175
— Veränderungsbegleitung 182
— Verantwortung 173
— Weiterbildung 177
— Z-Modell 169
New Work 174

O
Objectives and Key Results (OKR) 158
— Verhältnis zu KPI 161
— Vorteile 160
Öffentlichkeitsarbeit 189
Organisationsstruktur 51
— agile Organisation 52
— Ambidextrie 58
— Digitaleinheit 56, 59, 61
— Forschungseinrichtung 61
— Hub 61
— Lab 61
— Leitung digitale Innovation 60
— Partnernetzwerk 61
— Start-up 61
— Tochterunternehmen 59
— Unternehmenskooperation 61
— Voraussetzungen für disruptive Geschäftsmodelle 55

P

Persona 87
— Faktoren 87
Plattformen 79
Projektorganisation 54
Prototyping 134
— Fake 135
— Mock-up 135
— Scribble 135

Q

Quick Checks
— Disruption 25
— disruptive Geschäftsmodell-
  entwicklung 146
— Geschäftsmodellimplementierung 166
— Ideengenerierung 126
— New Leadership 191
— Organisationsstruktur 62
— Umweltanalyse 101
— Zukunftsfähigkeit 199

R

Remote Work 174
Risikomanagement 142
Roadmap
— Geschäftsmodellimplementie-
  rung 158

S

Satellitenorganisation 54
Servant Leader 172
Smart Services 78
Stagilität 55
Start-up
— Regeln für Zusammenarbeit 61
Start-up-Scouting 92
Strategiesystem Weissman
— Geschäftsmodell 36

T

Teamkompetenzmatrix 46

U

Umweltanalyse 69
— Datenanalyse 72
— Datenqualität 72
— digitale Technologien 73
— Disruption in der Branche 89
— PESTEL-Analyse 69
— Quick Check 101
— SWOT-Analyse 69
— vierphasiges Vorgehensmodell 69
Unternehmenscockpit 163
Unternehmensführung
— Digitalisierung 165
— Erfolgsfaktoren 181
Unternehmenskultur 39
— digitale vs. analoge Kultur 42
— Digital Mindset 43
— Familienunternehmen 40
— Kommunikation 49
— Kompetenzentwicklung 44
Unternehmensstrategie 28
— 7-3-1-Prinzip 29
— BANI 31
— Digitalisierungsstrategie 33
— Disruptionsanalyse 37
— Geschäftsmodell 36
— Vision 35
— VUCA-Welt 30
— Warum 35

V

Vision 35
VUCA-Welt 30

W

Werte 32

Z
Zukunftsfähigkeit 193
— Anpassungsfähigkeit 194
— Bestandsaufnahme 196
— Family Governance 198
— Haus für Strategieentwicklung 196
— Metanoia 195
— Quick Check 199
— Vision 196

Die Autoren

Prof. Dr. Arnold Weissman begleitet seit mehr als 35 Jahren inhaber- und familiengeführte Unternehmen in verschiedenen Funktionen, als Aufsichtsrat, Verwaltungsrat, Sparringspartner, Executive Coach und manchmal auch als Investor. Er ist Gründer der Strategieberatung für Familienunternehmen Weissman & Cie. in Nürnberg, die heute in zweiter Generation von seinem Sohn Moritz erfolgreich geführt wird. Bekannt wurde Arnold Weissman durch seinen strategischen Ansatz der »10 Stufen zum Erfolg«, dem heutigen »System Weissman«, speziell konzipiert für Familienunternehmen mit ihren spezifischen Herausforderungen. Er ist Autor zahlreicher Fachbücher, praxisorientierter Fachartikel und Begründer einer digitalen Wissensplattform für Familienunternehmen.

Pascal Barreuther, Wirtschaftsingenieur mit einem Master in Mittelstandsmanagement, ist derzeit als Unternehmensberater tätig und selbst in einem mittelständischen Familienunternehmen aufgewachsen. Sein Fokus liegt in erster Linie auf Strategie- und Geschäftsmodellentwicklung. Er hat gemeinsam mit Professor Weissman auf Grundlage zahlreicher Tiefeninterviews mit Inhabern und Geschäftsführern von Familienunternehmen das Vier-Phasen-Modell für die digitale und/oder disruptive Geschäftsmodellentwicklung in Familienunternehmen erarbeitet.

HAUFE.

Werden Sie uns weiterempfehlen?

www.haufe.de/feedback-buch